Die Magie des Hufeisens, mit anderen folkloristischen Anmerkungen

Robert meint Lawrence

Writat

Diese Ausgabe erschien im Jahr 2023

ISBN: 9789358811995

Herausgegeben von
Writat
E-Mail: info@writat.com

Inhalt

VORWORT

Das Studium des Ursprungs und der Geschichte volkstümlicher Bräuche und Glaubensvorstellungen ermöglicht einen sonst unerreichbaren Einblick in die Funktionsweise des menschlichen Geistes in frühen Zeiten. Aberglaube, so trivial er auch sein mag, obwohl er Relikte des Heidentums ist und oft mit giftigen Unkräutern vergleichbar ist, gilt heute als geeigneter Gegenstand wissenschaftlicher Forschung. Während der unwissende Wilde ein Sklave vieler abergläubischer Fantasien ist, die jede seiner Handlungen beherrschen, strebt der gebildete Mann danach, sich von einer solchen Knechtschaft zu befreien, erkennt jedoch das Studium derselben Überzeugungen als lohnend an. Der heterogene Charakter des aus so vielen Quellen stammenden Materials hat es schwierig, wenn nicht unmöglich gemacht, einer eindeutig systematischen Behandlung des Themas zu folgen. Allerdings rechtfertigt die Entwicklung eines weitverbreiteten Interesses an allen Zweigen der Folklore in den letzten Jahren die Hoffnung, dass jeder diesem Thema gewidmete Band, der einigermaßen sorgfältige Forschung darstellt, trotz seiner Unvollkommenheiten einen gewissen Wert haben kann . Der erfahrene Volkskundler mag vieles zu kritisieren finden; Aber dieses Buch, in dem es um Volksglauben geht, ist für die breite Lektüre gedacht. Es war das Ziel des Autors, das Kapitel über das Hufeisen so umfassend wie möglich zu gestalten, da dieses attraktive Symbol des Aberglaubens offenbar bisher nicht die Aufmerksamkeit erhalten hat, die es verdient. Dieses Kapitel ist das Ergebnis eines Aufsatzes, der auf der siebten Jahrestagung der American Folk-Lore Society am 28. Dezember 1895 in Philadelphia gelesen wurde und dessen Zusammenfassung im Dezember 1896 im Journal der Society erschien.

Erweiterte Zitate werden durch kleinere Schrift gekennzeichnet.

RML

BOSTON , 1. September 1898.

DIE MAGIE DES HUFEISEN

Und noch über so manche Nachbartür

Sie sah den geschwungenen Charme des Hufeisens.

WHITTIER , *Die Tochter der Hexe* .

Glücklich bist du, als hättest du jeden Tag ein Hufeisen in die Hand
genommen.

LONGFELLOW , *Evangeline* .

I. GESCHICHTE DES HUFEISENS

Die Entwicklung des modernen Hufeisens vom primitiven Hufeisen für
Zugtiere, das in der Antike verwendet wurde, bietet ein interessantes
Untersuchungsobjekt. Xenophon und andere Historiker empfahlen
verschiedene Verfahren zur Härtung und Stärkung der Hufe von Pferden
und Maultieren [1] und aus diesen negativen Beweisen folgerten einige
Autoren, dass die Menschen der Antike keine Ahnung von Hufschmieden
hatten. Es scheint in der Tat sicher, dass die Praxis, die Füße von Pferden zu
schützen, bei den Griechen und Römern nicht allgemein verbreitet war.
Fabretti, ein italienischer Antiquar, untersuchte sorgfältig die Darstellungen
von Pferden auf vielen antiken Säulen und Murmeln und fand nur einen Fall,
in dem das Pferd beschlagen zu sein schien; [2] und in den meisten
Exemplaren der antiken Kunst fällt das eiserne Hufeisen durch seine
Abwesenheit auf. Aber in dem Mosaik, das die Schlacht von Issus darstellt,
das 1831 in Pompeji ausgegraben wurde und sich heute im Museum von
Neapel befindet, ist die Figur eines Pferdes zu sehen, dessen Füße mit
Eisenschuhen beschlagen zu sein scheinen, ähnlich denen, die heute
verwendet werden; [3] und in einer alten finnischen Beschwörungsformel
gegen die Pest, zitiert in Lenormants „Chaldäische Magie und Zauberei",
kommen diese Zeilen vor:

Oh Geißel, geh weg; Pest, nimm die Flucht ... Ich werde dir ein Pferd geben,
mit dem du entkommen kannst, dessen Schuhe nicht auf dem Eis
ausrutschen, noch dessen Füße auf den Felsen ausrutschen.

Frühe Autoren zu veterinärmedizinischen Themen erwähnen das Hufeisen
nicht. Andererseits gibt es zahlreiche Belege dafür, dass die Alten manchmal
die Füße ihrer Lasttiere schützten. Winckelmann, der preußische
Kunsthistoriker, beschreibt einen antiken gravierten Stein, der einen Mann
darstellt, der einen Pferdefuß hochhält, während ein Assistent kniend einen
Schuh anzieht. [4] In den Werken des römischen Dichters Catullus findet sich
das Gleichnis vom eisernen Schuh eines Maultiers, der im Sumpf steckt. [5]

Zeithistoriker berichten, dass Kaiser Nero seine Maultiere mit Silber beschlagen ließ, [6] während goldene Schuhe die Füße der Maultiere der berüchtigten Kaiserin Poppæa schmückten. [7] Ein eisernes Hufeisen wird von Appian erwähnt, [8] einem Schriftsteller, der sich in der Tat nicht durch Genauigkeit auszeichnet; Aber der Ausdruck „Mahlfüßige Rosse", der in Homers Ilias vorkommt, wird von Kommentatoren als metaphorischer Ausdruck für Stärke und Ausdauer angesehen. Umhüllungen aus geflochtenen Fasern wie Hanf oder Ginster wurden von den Alten zum Schutz der Füße von Pferden verwendet. [9] Die gebräuchlichste Form der Fußbedeckung für Tiere scheint jedoch eine Art Ledersocke oder Sandale gewesen zu sein, die manchmal mit einer Eisensohle versehen war. Dieser Überzug wurde mit Riemen um die Fesseln befestigt und konnte leicht entfernt werden. [10]

Eisenhufeisen von besonderer Form, die in den letzten Jahren in Großbritannien exhumiert wurden, waren für Archäologen Objekte von großem Interesse. Im Jahr 1878 wurden an einem Ort namens Cæsar's Camp in der Nähe von Folkstone, England, mehrere solcher Relikte in Hufform und mit durchbohrten Nägeln gefunden. [11] Auch im Süden Schottlands wurden alte Hufeisen gefunden, die aus einem massiven Stück Eisen bestanden, das den gesamten Huf bedeckte und sehr schwer waren. Im Jahr 1653 wurde im Grab von Childerich I., dem König der Franken, der 481 n. CHR. starb, ein Stück Eisen gefunden, das einem Hufeisen ähnelte und neun Nagellöcher aufwies. Professor NS Shaler glaubt, dass das eiserne Pferd- Der Schuh wurde im vierten Jahrhundert erfunden, und aus der Tatsache, dass er aufgrund seiner etwas halbmondähnlichen Form zunächst *Selen , der Mond, genannt wurde, schließt er, dass er aus Griechenland stammt.* [12] Aber auch im neunten Jahrhundert wurden in Frankreich Pferde nur zu besonderen Anlässen mit Eisen beschlagen, [13] und die frühen Briten, Sachsen und Dänen hatten offenbar keine großen Kenntnisse im Hufschmiedehandwerk. Es wird angenommen, dass die moderne Kunst des Pferdebeschlagens in England von den Normannen unter Wilhelm dem Eroberer allgemein eingeführt wurde. [14] Henry de Ferrars, der diesen Monarchen begleitete, soll seinen Nachnamen erhalten haben, weil ihm die Aufsicht über die Hufschmiede übertragen wurde; und das Wappen seiner Nachkommen trägt noch immer sechs Hufeisen. [15]

Am Tor von Oakham Castle, einem alten normannischen Herrenhaus in Rutlandshire, das von Wakelin de Ferrars, dem Sohn des ersten Grafen dieses Namens, erbaut wurde, waren früher eine Reihe von Hufeisen mit unterschiedlichen Mustern zu sehen.

Das Anwesen ist berühmt für die Herrschaft der Barone, die es bewohnten. Jeder Adlige, der durch seine Bezirke zog, war aus Huldigung verpflichtet, einen Hufbeschlag des Pferdes, auf dem er ritt, einzubüßen oder ihn gegen eine Geldsumme auszutauschen; und die so erhaltenen Hufeisen wurden an das Tor genagelt, hängen aber jetzt drinnen an den Mauern der Burg.

Diese Mauern sind mit Denkmälern von königlichen Persönlichkeiten und Adligen bedeckt, die damit dem Brauchtum der Grafschaft Tribut zollen. [16]

Es wurde angenommen, dass Königin Elizabeth diese Praxis initiiert hatte, obwohl diese Meinung falsch ist. Der Überlieferung nach war sie einmal auf einer Reise zu einem Besuch bei ihrem Lord High Treasurer, William Cecil, dem bekannten Lord Burleigh, in seiner Residenz in der Nähe von Stamford. Als sie durch Oakham zog, soll ihr Pferd einen Hufbeschlag ausgeworfen haben, und zur Erinnerung an das Missgeschick befahl die Königin, einen großen Eisenhuf anzufertigen und im Schloss aufzuhängen, und dass jeder Adlige, der durch die Stadt reiste, ihrem Beispiel folgen sollte.

Heutzutage herrscht ein ähnlicher Brauch vor, bei dem neue Schuhe in von den Spendern gewählten Formen und Größen zur Verfügung gestellt werden. [17]

Während John of Gaunt (1339–99), Sohn von Edward III. von England, durch die Stadt Lancaster ritt, warf sein Pferd einen Huf, den die Stadtbewohner als Andenken aufbewahrten, und befestigte ihn mitten auf der Straße. Und nach altem Brauch legen die Bewohner von Horse-Shoe Corner alle sieben Jahre einen neuen Schuh an die gleiche Stelle. [18]

Der praktische Wert des Hufeisens wird in dem alten deutschen Sprichwort „Ein Nagel schützt ein Land" auf den Punkt gebracht; Denn der Nagel hält das Hufeisen an Ort und Stelle, das Hufeisen schützt den Fuß des Pferdes, das Pferd trägt den Ritter, der Ritter hält die Burg und die Burg verteidigt das Land.

Die folgende Geschichte aus Grimms „Hausmärchen" (Bd. II, S. 303) könnte an dieser Stelle angebracht sein, da sie dieselbe Idee veranschaulicht und darüber hinaus eine Moral aufzeigt.

Der Nagel.

Ein Kaufmann hatte auf der Messe ein gutes Geschäft gemacht; er hatte seine Waren verkauft und seine Geldsäcke mit Gold und Silber gefüllt. Dann wollte er nach Hause reisen und vor Einbruch der Dunkelheit in seinem Haus sein. Also packte er den Koffer mit dem Geld auf sein Pferd und ritt davon. Mittags rastete er in einer Stadt, und als er weitergehen wollte, holte der Stallknecht sein Pferd heraus und sagte: „In der Hufe seines linken Hinterfußes fehlt, Herr." „Lass es fehlen", antwortete der Kaufmann; „Der Schuh wird sicherlich die sechs Meilen, die ich noch vor mir habe, anbehalten; Ich muss mich beeilen." Als er am Nachmittag wieder ausstieg und sein Pferd füttern ließ, ging der Stallbursche zu ihm und sagte: „Herr, am linken Hinterfuß Ihres Pferdes fehlt ein Hufeisen; Soll ich ihn zum Schmied bringen?" „Lass es noch fehlen", antwortete der Mann, „das Pferd kann die paar Meilen, die noch übrig sind, durchaus aushalten; Ich habe es eilig." Er ritt weiter, aber bald begann das Pferd zu hinken. Es hatte noch nicht lange gehumpelt, als es zu stolpern begann, und es hatte noch nicht lange gestolpert, als es hinfiel und sich das Bein brach. Der Kaufmann war gezwungen, das Pferd dort zu lassen, wo es war, den Koffer abzuschnallen, es auf den Rücken zu nehmen und zu Fuß nach Hause zu gehen. Und dort kam er erst spät in der Nacht an. „Und dieser unglückliche Nagel", sagte er sich, „hat dieses ganze Unheil verursacht." Beeilen Sie sich langsam.

II. Das Hufeisen als Schutz

Deine Frau ist eine Hexe, Mann; Sie sollten ein Hufeisen an Ihre Kammertür nageln. – SIR WALTER SCOTT , *Redgauntlet* .

Als praktisches Gerät zum Schutz der Pferdefüße ist die Nützlichkeit des eisernen Hufeisens seit langem allgemein anerkannt; Und seit Jahrhunderten wird es in weit voneinander entfernten Ländern auch gerne als Talisman verwendet, um Gebäude oder Räumlichkeiten vor den Machenschaften von Hexen und Unholden zu schützen.

Für den Folkloreforscher muss ein Aberglaube wie dieser, der in der Vergangenheit einen so großen Einfluss auf den Geist der Menschen ausgeübt hat und auch in unserer Zeit allgemein verbreitet ist, von besonderem Interesse sein. Was waren dann die Gründe für die allgemeine Annahme des Hufeisens als Talisman? Unser Ziel ist es, die verschiedenen Theorien *der Reihe nach zu betrachten* .

Bei den Römern herrschte der Brauch vor, als Gegenmittel gegen die Pest Nägel in die Hauswände zu schlagen. Einige gehen davon aus, dass dieser Brauch und der spätere Brauch, Hufeisen festzunageln, aus dem Pessach-Ritus stammen. Das Blut, das zur Zeit des großen jüdischen Festes auf die Türpfosten und den Türsturz gesprengt wurde, bildete die Hauptpunkte eines Bogens, und es kann sein, dass die Menschen in diesem Sinne das Hufeisen als bogenförmigen Talisman annahmen, und zwar wurde daher allgemein zum Sinnbild für Glück.

Derselbe Gedanke könnte der Praxis der Bauern im Westen Schottlands zugrunde liegen, die die Zweige der Eberesche oder Eberesche in Form eines Bogens über einem Hoftor anordnen, um ihr Vieh vor dem Bösen zu schützen.

III. Hörner und andere zweizackige Gegenstände

Die übernatürlichen Eigenschaften des Hufeisens als Schutzmittel gegen imaginäre Dämonen sollen auf seine gegabelte Form zurückzuführen sein, da früher jeder Gegenstand mit zwei Zinken oder Gabeln für diesen Zweck als wirksam angesehen wurde. Wie bei der Sichel ist die Quelle dieses Glaubens zweifellos das Erscheinen des Mondes in bestimmten seiner Phasen.

Einigen Autoritäten zufolge leitet sich daraus die angebliche Wirksamkeit als Amulette von Hufeisen, Hörnern und Stoßzähnen von Tieren, Krallen von Vögeln und den Klauen wilder Tiere, Hummer und Krabben ab. Daher auch die Bedeutung der oft zitierten Zeilen aus Robert Herricks „Hesperiden":

Hängen Sie Haken und Scheren auf, um Angst zu machen

Daher die Hexe, die auf der Stute reitet.

Das Horn des sagenumwobenen Einhorns, in Wirklichkeit kein anderes als das des Nashorns, wird als Amulett sehr geschätzt, und in Westafrika, wo die Hörner wilder Tiere als Feinde abschrecken, wird ein großes, mit Schlamm gefülltes Horn verwendet An seinem unteren Ende sind drei kleine Hörner befestigt, die als Schutz dienen, um zu verhindern, dass Sklaven weglaufen. [19]

In der Nähe von Mirzapur in Zentralhindostan binden die Horwas ihren Kindern die Wurzeln von Dschungelpflanzen als Schutzzauber um den Hals; Es wird angenommen, dass ihre Wirksamkeit von ihrer Ähnlichkeit mit den Hörnern bestimmter wilder Tiere abhängt.

Die Mohammedaner Nordindiens verwenden ein komplexes Amulett, das zum Teil aus einer Tigerklaue und zwei Klauen des Waldkauz besteht, wobei die Spitzen nach außen zeigen, [20] während wir in Südeuropa die Hälse von Maultieren finden, die mit zwei Eberstoßzähnen verziert sind oder mit den Hörnern einer Antilope.

Amulette in Form von Hörnern und Halbmonden erfreuen sich bei den Neapolitanern großer Beliebtheit. [21] Zur Veranschaulichung dieser Tatsache zitiert Elworthy ausführlich aus der „Mimica degli antichi" von Andrea de Jorio (Napoli, 1832). Aus dieser Quelle erfahren wir, dass die Hörner sizilianischer Ochsen und Ochsen bei Adel und Aristokratie als Schutz vor dem bösen Blick beliebt sind und häufig an ihren Häusern und in ihren Gärten zu sehen sind; Hirschgeweihe sind bei Lebensmittelhändlern und Apotheken beliebt, während sich die Unterschicht mit den Hörnern von Widdern und Ziegen begnügt. Die Sizilianer pflegten, rote Bandstücke an die kleinen Hörner zu binden, die sie als Amulette tragen, und dies soll ihre Effizienz enorm steigern.

In Südspanien, insbesondere in Andalusien, ist das Hirschhorn ein sehr beliebter Talisman. Die einheimischen Kinder tragen ein Horn mit silberner Spitze, das an einer geflochtenen Schnur aus dem Haar eines schwarzen Stutenschwanzes um den Hals hängt. Es wird angenommen, dass ein böser Blick, der auf das Kind gerichtet ist, vom Horn empfangen wird, das daraufhin zerbricht und der böswillige Einfluss somit zerstreut wird. [22]

Bei den Arabern wird angenommen, dass das Hornamulett den bösen Blick eines Feindes abwehrt, und in den Oasen der Wüste sind die gehörnten Rinderköpfe als Talismane über den Türen der arabischen Behausungen zu sehen. [23]

Auf Lesbos werden die Schädel von Ochsen oder anderen gehörnten Tieren an Bäumen oder Stöcken befestigt, um den bösen Blick von den Feldfrüchten und Früchten abzuwenden. [24]

In der Mongolei werden die Hörner von Antilopen wegen ihrer angeblich magischen Eigenschaften geschätzt; Wahrsager und Wahrsager geben vor, aus der Beobachtung der Ringe, die sie umgeben, ein Wissen über die Zukunft abzuleiten. Die Mongolen legten großen Wert auf Peitschengriffe aus diesen Hörnern und behaupteten, dass ihre Verwendung durch Reiter die Ausdauer ihrer Rosse fördere. [25]

Da die Hörner von Tieren sowohl als Angriffs- als auch als Verteidigungswaffen dienen, wurden sie in den Köpfen der Menschen schon früh mit der Vorstellung von Macht in Verbindung gebracht. So wurden in der Antike die Ecken von Altären in Form von Hörnern gestaltet, zweifellos um die Majestät und Macht des Wesens zu symbolisieren, zu dessen Ehren Opfer dargebracht wurden. [26]

In Bezug auf Hörner als Symbole der Stärke glauben die Bauern von Bannú, einem Distrikt des Punjab, dass Gott die neu geschaffene Welt auf das Horn einer Kuh, die Kuh auf den Rücken eines Fisches und den Fisch auf einen Stein gelegt hat; aber worauf der Stein ruht, wagen sie nicht zu vermuten. Nach ihrer Theorie kommt es auf natürliche Weise zu einem Erdbeben, wenn die Kuh den Kopf schüttelt. [27]

Die Siamesen schreiben den Hörnern und Stoßzähnen bestimmter Tiere therapeutische Eigenschaften zu, und ihr Arzneibuch enthält ein etwas komplexes Rezept zur Verwendung als Fiebermittel, dessen Hauptbestandteile die pulverisierten Hörner von Nashörnern, Bisons und Hirschen sowie die Stoßzähne von Elefanten und Tigern sind und die Zähne eines Bären und eines Krokodils. Diese werden mit Wasser vermischt und die Hälfte der resultierenden Verbindung wird geschluckt, der Rest wird auf den Körper gerieben. [28]

Die *Mano Cornuta* oder Anti-Hexen-Geste wird in Süd- und Mittelitalien ganz allgemein verwendet. Sein Alter wird durch seine Darstellung in antiken Gemälden bestätigt, die in Pompeji ausgegraben wurden. [29] Es besteht darin, die beiden Mittelfinger zu beugen, während die anderen in der Nachahmung von Hörnern ausgestreckt sind. Wenn die Hand in dieser Position auf eine unausstehliche Person gerichtet ist, wird angenommen, dass die Bösartigkeit seines Blicks inaktiviert wird. [30]

In F. Marion Crawfords Roman „Pietro Ghisleri" galt eine der Figuren, Laura Arden, in der römischen Gesellschaft als jettatrice , das heißt als jemand mit dem bösen Blick. Solch ein Ruf, der einer Person einmal zugeschrieben wird, bedeutet gesellschaftliche Ächtung. In der Gegenwart der unglücklichen Person war jede Hand verborgen, um die talismanische Geste zu vollbringen, und bei der bloßen Erwähnung ihres Namens machte ganz Rom „Hörner". Niemand hat sie jemals angesprochen, ohne die Finger auf die bewährte Weise gebeugt zu haben, es sei denn, sie trugen tatsächlich ein mächtiges Amulett bei sich.

Es ist eine merkwürdige Tatsache, dass der Besitz des bösen Blicks jedem zugeschrieben werden kann, unabhängig von seinem Charakter oder seiner Position. Papst Pius IX. man glaubte, dass er über diese böswillige Macht verfügte, und viele gläubige Christen pflegten, während sie auf den Knien auf seinen Segen warteten, in der oben erwähnten Position hinterlistig die Hand nach ihm auszustrecken. [31]

Asiatic Symbolism" im „Indian Antiquary" (Bd asiatischer Abstammung, die sich in Cumæ und anderen Orten in dieser Umgebung niederließen. Ob in Form von Hörnern oder Halbmonden, sie sind Überbleibsel eines alten chaldäischen Symbols. Es wurde gesagt, dass nichts, außer vielleicht ein abergläubischer Glaube, leichter übertragbar ist als ein Symbol; und die Menschen der Antike pflegten jedem Symbol einen talismanischen Wert zuzuschreiben. [32]

Sowohl die modernen Griechen als auch die Italiener tragen kleine Anhänger, die die Hand darstellen, die diese Geste ausführt. [33]

Aber nicht nur im Süden Europas gibt es den Glauben an die besonderen Vorzüge zweizackiger Gegenstände, denn in Norwegen werden Rentierhörner über den Türen von Wirtschaftsgebäuden angebracht, um Dämonen zu vertreiben; [34] und die schönen Geweihe, die die Häuser erfolgreicher Jäger in unserem eigenen Land zieren, werden von ihren Besitzern zweifellos oft als wertvoller angesehen als bloße Jagdtrophäen, da ihnen die traditionelle Fantasie solch außergewöhnliche Tugenden verleiht.

In Frankreich gilt ein Stück Hirschhorn als Konservierungsmittel gegen Hexerei und Krankheiten, während in Portugal an Stangen befestigte Ochsenhörner in Melonenbeete gesteckt werden, um die Früchte vor verdorrenden Blicken zu schützen.

Bei den Osseten, einem Stamm des Kaukasus, arrangieren die Frauen ihr Haar in Form eines Gämsenhorns, das über der Stirn nach vorne gebogen ist, und bilden so eine talismanische Frisur; und wenn ein Moslem sein Kind auf eine Reise mitnimmt, malt er ihm einen Halbmond zwischen die Augen oder tätowiert dasselbe Zeichen auf seinen Körper. Auch der Neugrieche macht sich die Vorsichtsmaßnahme zu eigen, eine Krebsschere am Kopf des Kindes zu befestigen. [35] In Nordafrika werden die Hörner von Tieren ganz allgemein als Amulette verwendet, wobei die vorherrschende Idee überall die gleiche ist, nämlich dass Gegenstände mit Zinken Dämonen und böse Blicke abwehren.

Hörner werden in östlichen Ländern als Schmuck für Kopfbedeckungen verwendet und dienen darüber hinaus als Rangsymbol. Sie bestehen oft aus Edelmetallen, manchmal auch aus Holz. Die *Tantura* , die von den Drusen des Libanongebirges in Syrien getragen wird, hat diese Form. [36]

In den bulgarischen Dörfern Mazedoniens und Thrakiens ist die sogenannte weise Frau, die die Berufe Hexe und Hebamme vereint, eine wichtige Figur. Unmittelbar nach der Geburt eines Kindes stellt diese Persönlichkeit einen Erntehaken in eine Ecke des Zimmers, um unfreundliche Geister fernzuhalten; Die Wirksamkeit des Talismans ist zweifellos teilweise auf seine Form zurückzuführen, die große Ähnlichkeit mit einem Hufeisen aufweist.

Und in Albanien wird einem neugeborenen Kind für einige Sekunden eine Sichel, mit der gerade Stroh geschnitten wurde, auf den Bauch gelegt, um die Dämonen, die Koliken verursachen, an der Ausübung ihrer Funktion zu hindern. [37]

Die mystische Kraft der gegabelten Form beschränkt sich jedoch nicht auf ihre Fähigkeit, den Blick eines bösen Blicks oder andere bösartige Einflüsse abzuwehren, denn es wird angenommen, dass die Wünschelrute aus derselben Besonderheit der Form ihre magische Kraft zur Erkennung der Anwesenheit ableitet von Wasser oder Metallen, wenn sie von einer erfahrenen Hand gehandhabt werden.

IV. DAS SYMBOL DER OFFENEN HAND

Bemerkenswert ist, dass das Symbol einer offenen Hand mit ausgestreckten Fingern in früheren Zeiten ein beliebter Talisman war und beispielsweise an den Hauseingängen im antiken Karthago zu sehen war. Es findet sich auch auf libyschen und phönizischen Gräbern sowie auf keltischen Denkmälern in der französischen Bretagne. [38] Dr. HC Trumbull zitiert Beweise verschiedener Autoren, die zeigen, dass dieses Symbol derzeit in mehreren östlichen Ländern allgemein verwendet wird. In der Region des alten Babyloniens ist die Figur einer roten ausgestreckten Hand noch immer auf Häusern und Tieren abgebildet; und in Jerusalem wird das gleiche Zeichen häufig über der Tür oder am Türsturz angebracht, weil es angeblich böse Blicke abwehrt. Die spanischen Juden Jerusalems zeichnen die Figur einer Hand in Rot auf die Türen ihrer Häuser; Außerdem befestigen sie auf den Köpfen ihrer Kinder silberne handförmige Amulette, von denen sie glauben, dass sie für unfreundliche Personen, die entweder den Kindern selbst oder anderen Haushaltsmitgliedern Böses zufügen wollen, besonders abstoßend sind.

In verschiedenen Teilen Palästinas erscheint das Symbol der offenen Hand gleichermaßen auf den Häusern von Christen, Juden und Moslems, meist in blauer Farbe auf oder über der Tür. [39] Claude Reignier Conder, RE, bemerkt in „Heth und Moab" das Alter dieses heidnischen Emblems, das auf römischen Standarten und auf dem Zepter Shivas in Indien erscheint. Er ist der Meinung, dass die Figur der roten Hand, ob auf irischen Kreuzen, in indischen Tempeln oder auf mexikanischen Gebäuden dargestellt, immer ein Beispiel für die gleiche ursprüngliche Idee ist: die eines Schutzsymbols.

Ein weißer Handabdruck ist häufig auf den Türen und Fensterläden jüdischer und muslimischer Häuser in Beyrout und anderen syrischen Städten zu sehen; und selbst die christlichen Bewohner dieser Städte markieren manchmal Fenster und Mehlkisten mit diesem Emblem, nachdem sie die Hand in Tünche getaucht haben, um „die kalten Februarwinde von den alten Leuten abzuwenden und Glück in die Tonne zu bringen". [40]

In Deutschland wird ein grobes Amulett in Form einer offenen Hand aus den Stängeln grober Pflanzen hergestellt und gilt als ausreichender Schutz vor verschiedenen Unglücken und Zaubereien. Sie wird „die Hand des Heiligen Johannes" oder „die Hand des Glücks" genannt.

Die jüdischen Matronen Algeriens befestigen kleine goldene Hände an den Mützen ihrer Kinder oder an ihren Glasperlenketten und tragen selbst ähnliche Glücksbringer bei sich.

Im Nordwesten Schottlands wird von jedem, der ein Haus betritt, in dem Butter hergestellt wird, erwartet, dass er seine Hand auf das Butterfass legt, um zu zeigen, dass er keine bösen Absichten gegen den Butterhersteller hegt und alle möglichen Auswirkungen eines bösen Blicks abwehrt. [41]

Als Schutzzauber gegen böswillige Einflüsse nutzen die Araber Algeriens grobe Zeichnungen, die eine offene Hand darstellen, die entweder über den Eingängen ihrer Behausungen oder innerhalb von Türen angebracht sind – eine symbolische Übersetzung des bekannten arabischen Fluchs „Fünf Finger in deinen." Auge!" Oftmals wird die gleiche Bedeutung durch fünf Linien vermittelt, von denen eine kürzer als die anderen ist, um den Daumen

anzuzeigen, also 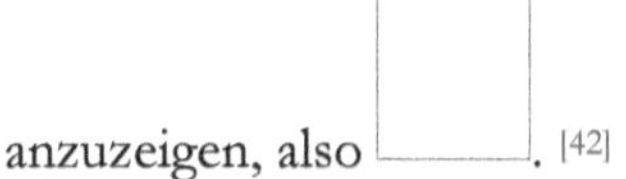. [42]

V. Halbmond- und Halbmondförmige Amulette

Der angeblich vorherrschende Einfluss des zunehmenden und abnehmenden Mondes auf das Wachstum und das Wohlergehen der Vegetation war früher allgemein anerkannt. So heißt es in einem Almanach aus dem Jahr 1661:

Wenn Mais, Samen oder Pflanzen innerhalb von sechs Stunden entweder vor oder nach dem Vollmond im Sommer oder vor dem Neumond im Winter gesetzt oder gesät werden, nachdem sie sich mit dem kosmischen Aufgang von Arcturus und Orion, den Hædi und den Siculi verbunden haben Es ist anfällig für Sprengungen und Krebs. [43]

Holz wurde immer bei abnehmendem Mond gefällt, und dieser Aberglaube war so tief verwurzelt, dass im französischen Forstgesetz entsprechende Anweisungen gegeben wurden.

Ein früher englischer Almanach empfahl Bauern, Schweine zu töten, wenn der Mond zunahm, da sich „der Speck beim Kochen als besser erweisen würde".

Selbst heute herrscht unter den unwissenden Klassen verschiedener Länder eine Vielzahl von Leichtgläubigkeiten in Bezug auf den Mond. So glauben zum Beispiel die Neger in der Umgebung von Washington, D.C., dass Kartoffeln vor dem Neumond gepflanzt werden sollten, um zu gedeihen, und bei den Negern und Indianern des Staates Missouri ist der richtige Zeitpunkt für die Entwöhnung eines Babys oder Wade wird durch die Mondphasen bestimmt.

Die Mondanbetung war eine der ältesten Formen des Götzendienstes und existiert noch immer in einigen östlichen Nationen. Ein Relikt dieser Praxis ist in einigen Teilen Großbritanniens der Brauch, sich vor dem Neumond zu verbeugen.

Astrologen gingen davon aus, dass der Mond je nach seinem Aussehen und seiner Position zum Zeitpunkt seiner Geburt einen starken Einfluss auf die

Gesundheit und das Schicksal der Menschen ausübt. So wird sie in einem „Handbuch der Astrologie" von Raphael (London, 1828) als „kalter, feuchter, wässriger, phlegmatischer Planet beschrieben, der an Gutem oder Bösem teilnimmt, da er von guten oder bösen Sternen aspektiert wird". [44]

Es wurde angenommen, dass der wachsende gehörnte Mond einen geheimnisvollen, wohltuenden Einfluss nicht nur auf viele landwirtschaftliche Tätigkeiten, sondern auch auf die Angelegenheiten des täglichen Lebens ausübt. Daraus entstand zweifellos der Glaube an den Wert halbmondförmiger und kornförmiger Gegenstände als Amulette und Amulette; Von diesen ist das Hufeisen am häufigsten erhältlich und wird daher am häufigsten verwendet.

In der Astrologie galt der Mond aufgrund seiner schnellen Bewegung und seiner Nähe zur Erde tatsächlich schon immer als der einflussreichste Himmelskörper; und die Astrologen der alten Zeit stellten zunächst fest, ob der Mond einen guten Aspekt hatte oder nicht, sei es bei der Vorhersage zukünftiger Ereignisse oder bei der Erteilung von Ratschlägen zu geeigneten Zeiten und Jahreszeiten für die Abwicklung geschäftlicher Angelegenheiten. Dies war auch für die klugen Zauberer späterer Jahrhunderte ein zentraler Punkt. Und sollte jemand einen Beweis für die Existenz eines modernen Glaubens an Mondeinflüsse benötigen, möge er Zadkiels Almanach für das Jahr 1898 konsultieren. Darin wird er feststellen, dass es ein geeigneter Tag ist, wenn die Sonne in einem wohltuenden Verhältnis zum Mond steht für das Bitten um einen Gefallen, die Arbeitssuche und das Reisen aus gesundheitlichen Gründen.

Im wohltätigen Aspekt der Venus mit dem Mond eignet sie sich gut zum Werben, Heiraten, zum Besuch von Freunden, zur Beschäftigung von Dienstmädchen und zur Suche nach Unterhaltung.

Mars, für die Beratung von Chirurgen und den Umgang mit Ingenieuren und Soldaten.

Jupiter für die Eröffnung von Büros und Geschäftsstandorten sowie für die Gründung neuer Unternehmen.

Saturn, weil er mit Bauern, Bergleuten und älteren Menschen zu tun hat, Immobilien kauft und pflanzt und sät.

Denn, sagt das Orakel des Almanachs, Astrologen haben aus Erfahrung herausgefunden, dass die menschlichen Angelegenheiten reibungslos verlaufen, wenn die oben genannten Anweisungen befolgt werden.

In seinem Werk mit dem Titel „The Evil-Eye" (London, 1895) macht Frederick Thomas Elworthy darauf aufmerksam, dass der Halbmond oft auf den Köpfen einiger der mächtigsten ägyptischen Gottheiten platziert wurde und daher auch getragen wurde wurde zum Symbol ihrer Anbetung. Tatsächlich ist der Halbmond in der religiösen Symbolik nicht nur im alten Ägypten, sondern auch in Assyrien und Indien weit verbreitet. Die hebräischen Mädchen zur Zeit des Propheten Jesaja trugen halbmondförmige Ornamente auf ihren Köpfen. [45]

Der Halbmond ist das bekannte Symbol der türkischen Religion. Der Überlieferung zufolge versuchte Philipp von Mazedonien (382–336 V. CHR.), der Vater Alexanders des Großen, während einer Belagerung der Stadt, die Mauern von Byzanz zu untergraben, doch der Versuch wurde den Bewohnern im Licht einer Mondsichel offenbart . Daraufhin errichteten sie eine Statue für Diana und übernahmen den Halbmond als ihr Symbol.

Als das Byzantinische Reich 1453 durch Mohammed II. gestürzt wurde, betrachteten die Türken den überall sichtbaren Halbmond als eine günstige Bedeutung. Deshalb machten sie es zu ihrem eigenen Emblem, und seitdem ist es weiterhin ein eindeutig mohammedanisches Zeichen.

Im muslimischen Denken ist der Neumond eng mit hingebungsvollen Handlungen verbunden. Sein Aussehen wird mit Spannung erwartet und

In dem Moment, in dem das Auge auf den dünnen Silberfaden in der westlichen Dämmerung fällt, bleibt es dort fixiert, während Danksagungs- und Lobgebete gesprochen werden, die Hände vor dem Gesicht gehalten, die Handflächen nach oben und offen, und anschließend dreimal vorübergereicht über dem Gesicht, der Blick blieb immer noch unbeweglich. [46]

Zu den ursprünglichsten Geldformen gehörten goldene Halbmonde unterschiedlicher Größe. Antike Münzen trugen häufig Abbildungen beliebter Gottheiten oder deren Symbole, und von letzteren scheint der Halbmond am häufigsten verwendet worden zu sein. [47] Es war das übliche Münzzeichen der Münzen von Thespia zu Beginn des vierten Jahrhunderts v. CHR .; [48] ist auf den Münzen der Regierungszeit von Augustus, Nero und anderen römischen Kaisern zu sehen; und auf den Silberstücken aus der Zeit Hadrians findet man die *Luna crescens* mit sieben Sternen. [49]

Ein Halbmond schmückte den Kopf der Göttin Diana in ihrer Figur der Hekate, der Herrscherin der höllischen Regionen.

Hekate sollte über Zaubersprüche walten und war außerdem die besondere Hüterin und Beschützerin von Häusern und Türen. [50] Die Griechen trugen nicht nur Amulette in Form des Halbmondes, sondern befestigten sie auch als Talismane an den Wänden ihrer Häuser; [51] und die Römer verwendeten *Phaleræ* , metallische Scheiben und Halbmonde, um die Stirn und Brust ihrer Pferde zu schmücken.

Solche Ornamente sind auf den Schabracken der Pferde auf der Trajanssäule und anderen antiken Denkmälern, in der Sammlung römischer Antiquitäten im British Museum sowie auf mittelalterlichen Gemälden und Wandteppichen zu sehen. [52]

In den Darstellungen von Kämpfen zwischen Römern und Dakern am Konstantinsbogen sind die Bewaffnung der Pferde beider Heere mit diesen Emblemen verziert [53], ebenso wie die Zügel eines Pferdes, die in einer französischen Handschrift aus dem 15. Jahrhundert dargestellt sind Jahrhundert, das „Herrentreffen zu Pferd" darstellt. [54]

Anhänger ähnlicher Form, hergestellt aus Wolfszähnen und Eberstoßzähnen, wurden in Grabhügeln in verschiedenen Teilen Großbritanniens gefunden.

Ein Grabstein, der neben anderen galloromanischen Reliquien im Schloss von Chinon in Frankreich aufbewahrt wird, zeigt das Bildnis eines aufrecht stehenden Mannes in einer großen Tunika mit weiten Ärmeln. Über der Figur befindet sich ein halbmondförmiger Talisman, ein Symbol, das häufig in Denkmälern dieser Zeit zu finden ist. [55]

Aber die Verwendung dieser Symbole ist zwar so alt, aber keineswegs veraltet; Der Halbmond aus Messing, ein erklärtes Amulett gegen den bösen Blick, wird sehr häufig an den kunstvoll verzierten Geschirren neapolitanischer Zugpferde befestigt und im Osten zur Verschönerung der Bewaffnung von Elefanten verwendet. Auch heute noch wird es in verschiedenen Teilen Europas und im England in gleicher Weise eingesetzt. In Deutschland werden noch immer kleine halbmondförmige Amulette ähnlich den antiken μηνίσχοι oder *Lunulæ* gegen den bösen Blick verwendet.

In Schweden und Friesland stellt der Brautschmuck für Kopf und Hals oft die Mondscheibe im ersten Viertel dar; und es ist Brauch, einem frisch verheirateten Paar nachzurufen: „Mach zu, o Mond." [56]

Elworthy bemerkt, dass das Hufeisen, wo immer es als Amulett verwendet wird, der handliche konventionelle Vertreter des Halbmonds ist und dass das buddhistische Halbmond-Emblem ein Hufeisen ist, dessen Kurve wie ein gotischer Bogen spitz ist.

, dass der englische Farn Mondkraut (*Botrychium lunaria*) seine magischen Kräfte der sichelförmigen Form seiner Wedelsegmente verdankt. Einige Autoren betrachten es als identisch mit dem Martagon, einem Kraut, das früher häufig von Zauberern verwendet wurde; und auch mit dem italienischen *sferracavallo* .

Laut dem berühmten Astrologen und Kräuterkundler Nicholas Culpepper besaß Mondkraut bestimmte okkulte Tugenden und war mit außergewöhnlichen Eigenschaften ausgestattet, darunter vor allem seine Fähigkeit, Schlösser zu öffnen und Pferde auszuziehen. Derselbe Autor bemerkte, dass, während manche Geheimdienstleute diese Vorstellungen mit Verachtung betrachteten, der populäre Name für Mondkraut bei der Landbevölkerung „das Pferd beschlagen" lautete. [57]

Du Bartas sagt in seinen „Göttlichen Wochen" in Bezug auf diese Pflanze:

Pferde, die beim Fressen auf den grasbewachsenen Hügeln mit ihren hohlen Absätzen auf Mondkraut treten, obwohl sie erst kürzlich beschlagen sind, gehen nachts barfuß nach Hause, während ihr Herr darüber nachdenkt, wo ihre Schuhe bleiben sollen. O Mondkraut! Sag mir, wo du den Schmied, den Hammer und die Kneifen versteckt hast, mit denen du sie ausgezogen hast.

Das Hufeisen wurde manchmal mit dem Kreuz identifiziert und soll seine Amulettkraft aus einer eingebildeten Ähnlichkeit mit dem heiligen christlichen Symbol beziehen. Da es jedoch schwierig ist, eine deutliche formale Ähnlichkeit zwischen dem Halbmond und dem Kreuz festzustellen, scheint diese Theorie keine ernsthafte Überlegung zu rechtfertigen.

VI. Eisen als Schutzzauber

Einige Autoren haben behauptet, dass das mit dem Hufeisen verbundene Glück hauptsächlich auf das Metall zurückzuführen ist, unabhängig von seiner Form, da Eisen und Stahl traditionelle Zauber gegen böswillige Geister und Kobolde sind. Ihrer Ansicht nach ist ein Hufeisen einfach ein Stück Eisen von anmutiger und praktischer Form, das üblicherweise mit sieben Nagellöchern (einer mystischen Zahl) durchbohrt ist und daher ein durchaus geeigneter Talisman ist, der an der Tür einer Wohnung oder eines Stalls befestigt werden kann in Übereinstimmung mit einem ehrwürdigen Brauch, der durch jahrhundertelangen Brauch bestätigt wurde. An der Antike des Glaubens an die übernatürlichen Eigenschaften von Eisen besteht kein Zweifel.

Bei den alten Galliern galt dieses Metall als dem bösen Prinzip geweiht, und einem Fragment der Schriften des ägyptischen Historikers Manetho (um 275 v. Chr.) ZUFOLGE wurde Eisen in Ägypten „Knochen des Typhon" oder „Teufelsknochen" genannt. Denn Typhon war in der ägyptischen Mythologie die Personifikation des Bösen. [58]

Plinius stellt in seiner „Naturgeschichte" fest, dass am Türsturz befestigte eiserne Sargnägel die Bewohner der Wohnung vor den Besuchen nächtlicher, umherstreifender Geister schützen.

Laut demselben Autor hat Eisen wertvolle Eigenschaften als Konservierungsmittel gegen schädliche Hexereien und Zaubereien und kann daher sowohl von Erwachsenen als auch von Kindern mit Vorteil verwendet werden. Zu diesem Zweck war es lediglich notwendig, mit einem Stück Metall einen Kreis um sich selbst zu zeichnen oder dreimal ein Schwert um den Körper zu schwingen. Darüber hinaus sollen sanfte Stöße mit einem Schwert, mit dem ein Mann verwundet wurde, verschiedene Schmerzen lindern, und sogar Eisenrost hatte seine eigenen Heilkräfte:

Wenn ein Pferd mit Hufen beschlagen ist, die aus einem Schwert gemacht sind, mit dem ein Mann getötet wurde, wird es sehr schnell und flink sein und nie müde werden, selbst wenn es noch so hart geritten wird. [59]

Der altehrwürdige Glaube an die magische Kraft von Eisen und Stahl spiegelt sich in vielen Traditionen des Nordens wider.

Eine junge Hirte hütete einst das Vieh in einem Wald im schwedischen Vermaland; Da das Wetter kalt und nass war, trug sie ihre Zunderbüchse mit Feuerstein und Stahl bei sich, wie es in diesem Land üblich ist. Plötzlich kam eine Riesin mit einem Sarg und bat das Mädchen, ihn aufzubewahren, während sie wegging, um einige Freunde zur Hochzeit ihrer Tochter einzuladen. Ganz gedankenlos legte das Mädchen ihren Feuerstahl auf den Sarg, und als die Riesin zum Grundstück zurückkehrte, durfte sie ihn nicht anfassen, denn Stahl ist für große und kleine Trolle abstoßend. Also trug die Hirte die Schatzkiste nach Hause, in der sich eine goldene Krone und andere Wertgegenstände befanden. [60]

Die heidnischen Nordmänner glaubten an die Existenz einer Rasse zwergischer Handwerker, die sich mit der Bearbeitung von Metallen auskannten und in ihren unterirdischen Werkstätten Kriegsgeräte herstellten. Es wurde angenommen, dass diese Zwerge auch isolierte Felsen bewohnen; Und einer landläufigen Meinung zufolge konnte ein Mann, wenn er zufällig einem von ihnen begegnete und schnell ein Stück Stahl zwischen ihn und seine Behausung warf, den Zwerg daran hindern, nach Hause zurückzukehren, und von ihm verlangen, was er wollte. [61]

Unter Frankokanadiern werden Glühwürmchen mit abergläubischen Augen als leuchtende Kobolde des Bösen betrachtet, und Eisen und Stahl sind die wirksamsten Schutzmaßnahmen gegen sie; Es wird angenommen, dass ein Messer oder eine Nadel, die in den nächsten Zaun gesteckt wird, den verspäteten Wanderer ausreichend vor diesen Insekten schützt, denn entweder werden sie sich selbst verletzen, oder sie werden bei dem Versuch, durch das Nadelöhr zu dringen, so erschöpft, dass sie sie vorübergehend vernichten harmlos. [62] Solche Vernachlässigungen und Abweichungen von der allgemeinen Leichtgläubigkeit mögen höchst trivial erscheinen, doch dienen sie dazu, den alten und weit verbreiteten Glauben an die traditionellen Eigenschaften zu veranschaulichen, die bestimmten Metallen zugeschrieben werden.

Eine weit verbreitete Theorie schrieb dem Eisen einen meteorischen Ursprung zu, aber die verschiedenen Nationen der Antike pflegten seine Entdeckung oder Erfindung einer Lieblingsgottheit oder einer mythologischen Persönlichkeit zuzuschreiben; So wurde Osiris von den Ägyptern, Vulkan von den Römern und Wodan oder Odin von den Germanen verehrt.

In früheren Zeiten war die Verwendung von Eisen in der Kunst aufgrund seines stumpfen Äußeren und seiner Sprödigkeit stark eingeschränkt. Darüber hinaus gab es bei den Römern ein gewisses religiöses Vorurteil gegen das Metall, dessen Verwendung in vielen Zeremonien völlig verboten war. Dieses Vorurteil scheint darauf zurückzuführen zu sein , dass Eisenwaffen gemeinsam mit denen, die sie führten, für das Vergießen von Menschenblut verantwortlich gemacht wurden; insofern Schwerter, Messer, Streitäxte, Lanzen- und Speerspitzen und andere Kriegsgeräte aus Eisen hergestellt wurden. [63]

, dass diese mythischen Dämonen orientalischer Länder, die als *Dschinn bekannt sind* , durch den bloßen Namen Eisen ausgetrieben werden; [64] Und wenn Araber in der Wüste von einem Simoom überholt werden, versuchen sie, diese Geister des Bösen zu vertreiben, indem sie „Eisen, Eisen!" rufen. [65]

den *Dschinn* um legendäre Kreaturen der Steinzeit handelt, soll das vergleichsweise moderne Metall für sie abstoßend sein. In Skandinavien und den nördlichen Ländern im Allgemeinen ist Eisen ein historischer Zauber gegen die List der Zauberer.

Die Chinesen tragen manchmal außerhalb ihrer Kleidung ein Stück einer alten eisernen Pflugspitze als Amulett; [66] und sie haben auch den Brauch, lange Eisennägel in bestimmte Baumarten zu treiben, um einige besonders gefährliche weibliche Dämonen auszutreiben, die sie heimsuchen. [67] Die alten Iren pflegten krumme Hufeisennägel als Amulette um den Hals ihrer Kinder zu hängen; [68] und im germanischen Volksglauben finden wir den ehrwürdigen Aberglauben, dass ein zufällig gefundener und in den Kamin getriebener Hufeisennagel die Rückgabe des gestohlenen Eigentums an den Besitzer bewirkt. In Irland gilt Eisen heute als heiliges und Glück bringendes Metall, das Diebe nur ungern stehlen. [69]

Eine keltische Legende besagt, dass der Name „ *Eisenland* "oder „ *Irland* "wie folgt entstanden ist: Die Grüne Insel war früher vollständig überschwemmt, außer während einer kurzen Zeitspanne alle sieben Jahre, und zu solchen Zeiten unternahmen Ausländer wiederholt Versuche, auf ihrem Boden zu landen ohne Erfolg, da die vorrückenden Wellen die kühnen Eindringlinge stets verschluckten. Schließlich erklärte eine himmlische Offenbarung, dass die Insel nur dann aus dem Meer gerettet werden könne, wenn man während ihres kurzen Erscheinens über dem Wasser ein Stück Eisen darauf wirft. Ein mutiger Abenteurer machte sich die so gewährten Informationen zunutze und warf zum angegebenen Zeitpunkt sein Schwert auf das Land, wodurch der Zauber aufgelöst wurde, und Irland blieb seitdem über dem Wasser. Aufgrund dieser Tradition betrachten die Iren den Fund von Eisen immer als Glücksfall; und wenn der Schatz die Form eines Hufeisens hat, wird er über der Haustür festgenagelt. Daher wird angenommen, dass Eisen Irland aus dem Meer zurückerobert hat, und das talismanische Symbol seiner Rückgewinnung ist das eiserne Hufeisen. [70]

Es war einmal – so eine Überlieferung aus der Ukraine, dem Grenzgebiet zwischen Russland und Polen –, dass ein paar Männer ein Stück Eisen fanden. Nachdem sie vergeblich versucht hatten, es zu essen, versuchten sie, es durch Kochen in Wasser weicher zu machen; dann rösteten sie es und schlugen es anschließend mit Steinen. Während sie damit beschäftigt waren, fragte der Teufel, der sie beobachtet hatte: „Was machst du da?" und die Männer antworteten: „Ein Hammer, mit dem man den Teufel schlagen kann." Daraufhin fragte Satan, woher sie den erforderlichen Sand hätten; und von da an erkannten die Menschen, dass Sand für den Einsatz von Eisenarbeitern unerlässlich war; und begann so mit der Herstellung von Eisengeräten. [71]

Auch bei den schottischen Fischern werden dem Eisen magische Eigenschaften zugeschrieben. Wenn also einer von ihnen bei der Ausübung seines Berufes Gelegenheit hat, sich Obszönitäten hinzugeben, rufen die anderen sofort: „Cauld airn!" und jeder ergreift ein handliches Stück Metall als Gegenmittel gegen das Unglück, das ihn sonst den ganzen Tag lang verfolgen würde. [72] Selbst heutzutage sieht man in England, wo kein Hufeisen vorhanden ist, gelegentlich die Eisenplatten der schweren Hufe, die Landarbeiter tragen, an den Türen ihrer Hütten befestigt sehen. [73]

Als früher in den Highlands Schottlands an die Existenz schelmischer Elfen geglaubt wurde, genossen Eisen und Stahl einen hohen Ruf als beliebte Schutzmaßnahmen gegen die Besuche dieser Feen; denn manchmal waren sie dreist genug, junge Mütter zu entführen und sie dazu zu zwingen, als Ammen für ihre eigenen Nachkommen zu fungieren. Eines Abends vor vielen Jahren ließ ein Bauer namens Ewen Macdonald aus Duldreggan seine Frau und sein kleines Kind drinnen zurück, während er einen Auftrag erledigte; Der Überlieferung nach hörte er beim Überqueren eines Baches, der später auf Gälisch „Bächlein des Messers" genannt wurde, ein seltsames Rauschen, begleitet von einem Seufzer, und erkannte sofort, dass Feen seine Frau entführten. Als er im Namen der Dreifaltigkeit sofort ein Messer in die

Luft warf, wurde die Macht der Feen zunichte gemacht und seine Frau fiel vor ihm zu Boden. [74]

In der skandinavischen und schottischen Folklore gibt es eine ausgeprägte Affinität zwischen Eisen und Feuerstein. Der Elfenbolzen oder die Feuerstein-Pfeilspitze galt früher als Talisman gegen verschiedene böse Einflüsse, sei es als Amulett mit sich herumgetragen, als magischer Trinkwasserreiniger für Rinder oder zur Abwehr von Feenboss. Es scheint möglich, dass Eisen und Stahl an die Stelle von Feuerstein getreten sind, der ein so nützliches Material in den rohen Künsten primitiver Völker war, und dessen alte magische Eigenschaften geerbt haben.

Auf den Hebriden bestand ein beliebter Zauberspruch gegen die List der Zauberer darin, Stücke von Feuerstein und ungehärtetem Stahl in die Milch von Kühen zu legen, die angeblich verhext worden waren. Die Milch wurde dann gekocht, und dieser Vorgang sollte die Machenschaften der Hexe oder Zauberin vereiteln. [75] Die Feen des schottischen Tieflandes sollten Pfeile mit weißer Feuersteinspitze verwenden, mit denen sie das Vieh von Personen erschossen, die ihnen widerlich waren, wobei die dadurch verursachten Wunden unsichtbar waren, außer für bestimmte Persönlichkeiten mit übernatürlichem Sehvermögen. [76]

Einem kornischen Glauben zufolge ist Eisen wirksam, um die Wasserfeinde zu kontrollieren, und wenn es über Bord geworfen wird, können Seeleute auch bei rauer See sicher an einer felsigen Küste landen. [77] Ein ähnlicher Aberglaube existiert auf den Orkney-Inseln in Bezug auf einen bestimmten Felsen an der Küste von Westray. Es wird angenommen, dass, wenn jemand mit einem Stück Eisen um sich auf diesen Felsen tritt, das Meer sofort turbulent wird und nicht nachlässt, bis die magische Substanz ins Wasser geworfen wird. [78]

Die Bewohner der felsigen Insel Timor im Indischen Archipel tragen Eisenstücke mit sich herum, um sich vor allen möglichen Missgeschicken zu schützen, so wie der Londoner Cockney seinen Glückspfennig, seinen krummen Sixpence oder seinen perforierten Schilling mit Sorgfalt hütet; während in Hindustan häufig Eisennägel als Schutz über einer Tür oder in die Beine eines Bettgestells eingeschlagen werden. In Frankreich war es ein mittelalterlicher Hochzeitsbrauch, der Braut einen Ring aus einem Hufeisennagel an den Finger zu stecken, [79] sozusagen ein abergläubischer Versuch, ein glückliches Vorzeichen zu erhalten.

In Sizilien werden Eisenamulette gerne gegen den bösen Blick eingesetzt; tatsächlich wird angenommen, dass Eisen in jeder Form, insbesondere das Hufeisen, wirksam ist, und tatsächlich werden allen Metallen talismanische

Eigenschaften zugeschrieben. Wenn ein Sizilianer daher das Gefühl hat, „übersehen" zu werden, greift er sofort zum ersten verfügbaren metallischen Gegenstand, etwa zu seiner Uhrkette, seinen Schlüsseln oder Münzen. [80] Im alten Babylon und Assyrien glaubte man, dass unsichtbare Dämonen beim Essen und Trinken in den Körper eindringen und so Krankheiten hervorrufen könnten, und die Lehre von dämonischer Besessenheit als Krankheitsursache ist in unzivilisierten Gemeinschaften immer noch weit verbreitet heutige Tag. Wo immer also solche Vorstellungen existieren, werden Talismane natürlich eingesetzt, um die Machenschaften dieser kleinen Dämonen außer Kraft zu setzen; Und von all diesen Schutzmaßnahmen sind Eisen und Stahl vielleicht die wirksamsten. In Deutschland gelten in den unteren Schichten recht häufig Gegenstände wie Messer, Beile und Schneideinstrumente im Allgemeinen sowie Feuereisen, Eggen, Schlüssel und Nadeln als Schutz vor Krankheiten, wenn sie in der Nähe oder in der Nähe der kranken Person platziert werden. [81]

In Marokko ist es üblich, einen Dolch unter das Kissen des Patienten zu legen, [82] und in Griechenland wird ebenfalls ein Messer mit schwarzem Griff verwendet, um den Albtraum fernzuhalten.

In Deutschland gelten kreuzweise gelegte Eisengeräte als wirkungsvolle Anti-Hexen-Schutzmaßnahmen für Kleinkinder; und in der Schweiz werden zwei Messer, oder ein Messer und eine Gabel, in die Wiege unter dem Kissen gelegt. In Böhmen werden in ähnlicher Weise ein Messer mit einem Kreuz und in Bayern eine geöffnete Schere verwendet. In Westfalen werden eine Axt und ein Besen kreuzweise auf die Schwelle gelegt, wobei von der Kinderfrau erwartet wird, dass sie beim Betreten des Zimmers über diese Gegenstände steigt. [83]

Der therapeutische Wert von Eisen und seine Verwendung als Medikament gehören nicht eigentlich zu unserem Thema; und tatsächlich wurden weder das eiserne Hufeisen noch sein gefälschtes Symbol in der Volksmedizin häufig verwendet. Professor Sepp erwähnt jedoch in seiner Arbeit über die Religion der frühen Deutschen ein beliebtes Heilmittel gegen Keuchhusten, das darin bestand, dass der Patient von einer Holzplatte aß, auf der die Figur eines Hufeisens abgebildet war.

Auch in Frankreich besteht ein beliebtes Allheilmittel gegen Kinderkrankheiten darin, dem Kind ein zufällig gefundenes Hufeisen mit darin verbliebenen Nägeln anzulegen; und in Mecklenburg soll man Magenbeschwerden erfolgreich dadurch behandeln können, dass man Bier trinkt, das man auf ein glühendes Hufeisen gegossen hat. [84]

Plinius schrieb einem abgelegten Hufeisen, das auf der Straße gefunden wurde, Heilkraft zu. Dem Finder wurde empfohlen, ein solches Hufeisen sorgfältig zu konservieren; Und sollte er irgendwann einmal unter Schluckauf leiden, würde die bloße Erinnerung an die genaue Stelle, an der der Schuh platziert wurde, als Heilmittel gegen dieses manchmal hartnäckige Leiden dienen. [85]

In Bayern ist ein beliebtes angebliches Heilmittel gegen Hernien bei Kindern folgendes: Von einem Hufeisen, in dem alle Nägel noch vorhanden sind und das von einem Pferd gegossen wurde, wird ein Nagel entnommen; und wenn an einem Freitag das nächste Mal ein Neumond kommt, muss man vor Sonnenaufgang auf ein Feld oder einen Obstgarten gehen und den Nagel mit drei Schlägen in eine Eiche oder einen Birnbaum schlagen, je nach Geschlecht des Kindes, und dreimal den Mond anrufen Name Christi; Danach muss man vor dem Baum auf dem Boden knien und einen *Paternoster wiederholen* . Dies ist ein Beispiel für eine Art therapeutischer Maßnahme, die unter Bauern in verschiedenen Teilen Deutschlands nicht ungewöhnlich ist: eine Mischung aus abergläubischem Zauber und religiösen Übungen. [86]

Eine geniale Theorie führt den Ursprung des Glaubens an die magischen Eigenschaften von Eisen auf den frühen Einsatz des eigentlichen Kauters und auf die Verwendung der Lanzette in der Chirurgie zurück. [87] In beiden Fällen wurde die heilende Wirkung des Metalls, ob heiß oder in Form eines Messers, von abergläubischen Geistern auf magische Eigenschaften in den Instrumenten zurückgeführt, wodurch die Dämonen, die die Krankheit verursachten, in die Flucht geschlagen wurden. In Nordindien glauben die Eingeborenen, dass böse Geister so einfältig sind, dass sie gegen die scharfe Kante eines Messers laufen und sich dadurch selbst verletzen; und sie verwenden auch Eisenringe als Dämonenschrecken, da solche Talismane die doppelte Wirksamkeit des Eisens und des heiligen Kreises haben. [88]

Wenn in Bombay ein Kind geboren wird, platzieren die Eingeborenen eine Eisenstange an der Schwelle des Gefängnisraums, um das Eindringen von Dämonen zu verhindern. [89] Diese Praxis geht auf den hinduistischen Aberglauben zurück, dass böse Geister sich von Eisen fernhalten; und noch heute sieht man Stücke von Hufeisen an die unteren Fensterbretter der Türen einheimischer Häuser genagelt. [90] In Ostbotten wird, wenn die Kühe zum ersten Mal ihr Winterquartier verlassen, eine Eisenstange vor die Schwelle der Tür gelegt, durch die die Tiere gehen müssen, und die Bauern glauben, dass, wenn diese Vorsichtsmaßnahme unterlassen würde, die Kühe würden sich den ganzen Sommer über als problematisch erweisen. [91] Auch in der Region Saalfield in Mitteldeutschland ist es Brauch, Äxte, Sägen und andere Geräte aus Eisen und Stahl vor der Stalltür zu platzieren, um das Vieh vor Verhexung zu schützen.

Die skandinavischen Bauern pflegten sich, wenn sie sich aufs Wasser wagten, gegen die Macht des *Halses* oder Flussgeistes zu schützen, indem sie ein Messer in den Boden des Bootes steckten oder einen Eisennagel in ein

Schilfrohr steckten. Das Folgende ist die Übersetzung eines in Norwegen zu diesem Zweck verwendeten Zaubers:

Hals, Hals, Nagel im Wasser, die Jungfrau Maria wirft Stahl ins Wasser. Sinkst du, flitze ich.

In Finnland gibt es eine böse Fee, die als Alp Nightmare bekannt ist. Sein Name im Volksmund ist *Painajainen* , was auf Englisch „Presser" bedeutet. Dieses unangenehme Wesen bringt Menschen zum Schreien und lässt kleine Kinder blinzeln; und der beliebteste Schutz ist Stahl oder ein Besen, der unter das Kissen gelegt wird. [92]

Friedrich bemerkt, dass die Moslems Eisen als eine göttliche Gabe betrachten und dass die Finnlander ihre Schutzgötter für dieses Metall haben.

Unter den Juden herrscht die weit verbreitete Überzeugung vor, dass man niemals ein Messer oder ein anderes Stahlinstrument verwenden sollte, um den Seiten der Bibel, des Talmuds oder eines anderen heiligen Buches leichter mit dem Auge folgen zu können. Es sollte niemals gestattet werden, dass Eisen mit einem Buch über Religion in Berührung kommt, denn beide sind von Natur aus unvereinbar, wobei das eine menschliches Leben zerstört und das andere es verlängert. [93] Die Highlander Schottlands haben einen altehrwürdigen Brauch, einen Eid auf kaltes Eisen oder Stahl zu leisten. Der Dolch, der früher ein unverzichtbares Accessoire zur Highland-Tracht war, ist für diesen Zweck ein beliebter und praktischer Gegenstand. Der Glaube an die magische Kraft von Stahl und Eisen gegen böse Feen und Geister war allgegenwärtig, und diese Form des Eides war feierlicher und bindender als jede andere. [94]

Bei den bayerischen Bauern haben Nägel und Nadeln einen umgekehrten Ruf als das Hufeisen. Ein Hufeisennagel, der in die Haustür eines Hauses gesteckt wird, kann dem Besitzer eine schwere Krankheit bescheren. Eine Nadel, wenn man sie einem Freund gibt, sticht mit Sicherheit eine bestehende Freundschaft zu Tode, auch wenn diese Freundschaft durch die Gabe eines Messers oder einer Schere zerbrochen wird. Solch ein unerwünschtes Ergebnis kann jedoch abgewendet werden, wenn der Empfänger beim Überreichen des Geschenks freundlich lächelt. In der Steiermark und in Tirol herrscht ein seltsamer Aberglaube über Eisenschlösser. Wenn Sie sich bei einem Schlosser ein brandneues Schloss besorgen und es zur Zeit einer Hochzeitszeremonie in die Kirche tragen, und wenn Sie während der Segnung das Schloss durch eine Schlüsseldrehung schließen, dann ist die Liebe des jungen Paares und das Glück wird zerstört. Gegenseitige Abneigung wird die Zuneigung verdrängen, bis Sie das Schloss wieder öffnen. [95]

VII. SCHMIEDE MIT ÜBERNATÜRLICHEN EIGENSCHAFTEN

Vulkan, der römische Gott des Feuers, der Hephaestus der griechischen Mythologie, war auch der Schutzpatron der Schmiede und Metallarbeiter. Er war der große Handwerker des Universums und fertigte in seiner Werkstatt im Olymp Rüstungen für die Krieger des heroischen Zeitalters an. Vulkane auf der Erde waren seine Schmieden und sein Lieblingswohnsitz war die Insel Lemnos im Ägäischen Meer. Unter Ætna schmiedete er mit Hilfe dieser berühmten Handwerker, der Zyklopen, die Blitze Jupiters; und der Überlieferung nach wurden dort auch der Dreizack des Neptun, Plutos Helm und der Schild des Herkules hergestellt. Hephaestus war somit ein Beherrscher und Meister des Feuers.

Die Alten glaubten, die Zyklopen hätten die Kunst des Schmiedens erfunden; und die Entdeckung der besonderen Eigenschaften von Eisen wurde bestimmten mythischen Wesen namens Daktylen zugeschrieben, die in Phrygien lebten und von denen man annahm, dass sie dieses Wissen durch die Beobachtung der Verschmelzung von Metallen bei der sagenhaften Verbrennung des Berges Ida erworben hatten. Die Daktylen hatten den Ruf, Zauberer zu sein, deren Namen eine geheimnisvolle Schutzkraft besaßen, wenn sie von Personen ausgesprochen wurden, die plötzlichen Gefahren ausgesetzt waren.

Bestimmte Halbmärchenstämme Zentralasiens, die in der Metallverarbeitung arbeiteten, hielten die Geheimnisse ihres Handwerks geheim und pflegten wilde Orgien und Feste zu feiern, die den Uneingeweihten Ehrfurcht einflößten. Zu solchen Zeiten tanzten sie bis zur Raserei vor Aufregung, begleitet von Becken und Tamburinen und dem Klirren von Waffen. Die Menschen benachbarter Stämme hatten Angst, sich ihnen zu nähern, weil sie glaubten, dass sie über eine magische Kraft verfügten, die es ihnen ermöglichte, ein Metall in ein anderes umzuwandeln und Blitze zu schmieden. Sie galten als Meister des Feuers und der Elemente, und ihre Schmieden waren wie die Vulkans Vulkane. [96]

Diese barbarischen Völker wurden manchmal mit den Daktylen, Corybantes, Cabiri und Curetes verwechselt, traditionellen Metallurgen, die über übernatürliche Fähigkeiten verfügten und daher im Volksmund als Zauberer oder sogar als Gottheiten angesehen wurden. Lange Zeit sollten sie ausschließlich über Kenntnisse der Metallverarbeitung verfügen, ein Wissen, das von Geheimnissen umgeben war.

Im „Kalevalla", dem antiken Epos Finnlands, wird der Schmied Ilmarinen als der Pionier und geschickteste Kunsthandwerker dargestellt, der sowohl Kriegsgeräte als auch Haushaltsgegenstände herstellte. Dieser Held

Kam auf die Erde, um das Metall zu bearbeiten;

Er wurde auf dem Kohleberg geboren,

Erfahren und ausgebildet in den Kohlefeldern;

In einer Hand ein Kupferhammer,

In den anderen Zangen aus Eisen;

In der Nacht wurde der Schmied geboren,

Am Morgen baute er seine Schmiede;

Suchte mit Sorgfalt einen bevorzugten Hügel,

Wo die Winde seine Blasebälge füllen könnten;

Habe einen Hügel im Sumpfland gefunden,

Wo sich das Eisen reichlich verbarg,

Dort baute er seinen Schmelzofen. [97]

In der germanischen Mythologie waren Schmiede magische Handwerker; und selbst im Mittelalter galten sie als den anderen Handwerkern überlegen, da sie die Fähigkeit besaßen, scheinbar mit dem Feuer zu spielen, das gefährliche Element ihrem Willen zu unterwerfen und mit seiner Hilfe Eisen mit Leichtigkeit und Geschicklichkeit zu manipulieren. In Deutschland waren ihre Werkstätten als „Wielands Häuser" bekannt, in Erinnerung an die gerissensten Schmiede in der mythischen Überlieferung des Nordens.

Da in frühen Zeiten der Ursprung der Metallbearbeitung göttlichen Wesen zugeschrieben wurde, war es in der Volkstradition selbstverständlich, dass Schmiede ihre wundersamen technischen Fähigkeiten durch die Hilfe solcher Wesen erlangten und daher über die Ebene der gewöhnlichen Sterblichen erhoben wurden, weil sie diese erhalten hatten übernatürliche Anweisung.…

Die folgende mittelalterliche Legende soll zeigen, dass Erinnerungen an die alten heidnischen Traditionen in den Köpfen der Skandinavier noch lange nach der Etablierung des Christentums in ihnen bestehen blieben. Eines Abends im Jahr 1208 ritt ein Reiter zum Haus eines Schmieds namens Thord Vettir, der in Südnorwegen in Nesjar, nahe der Stadt Laurvig am Skager-Rack, lebte, und bat um Übernachtung und Beschlag für sein Pferd . Der Schmied stimmte zu und begann früh am nächsten Morgen mit der Arbeit, während er sich mit seinem Gast unterhielt. "Wo warst du letzte Nacht?" er erkundigte sich bei letzterem. „In Medaldal", war die Antwort. „Und wo warst du in der Nacht zuvor?" fragte der Schmied. „In Jardal", antwortete der Fremde. „Sie müssen ein gewaltiger Lügner sein", sagte der Schmied mit großer Offenheit. Dann widmete er sich ernsthaft seiner Aufgabe und schmiedete die größten Hufeisen, die er je gesehen hatte, die aber, wie sich herausstellte, perfekt zu den Füßen des Pferdes passten. Im weiteren Gespräch bemerkte der Reisende, dass er schon lange im Norden Norwegens wohne und auf dem Weg nach Schweden sei. Als er zur Weiterreise bereit war und sein Ross bestiegen hatte, erkundigte sich der Schmied nach seinem Namen. „Hast du jemals von Odin gehört?" war die Gegenerwiderung. „Ich habe seinen Namen gehört", sagte der Schmied. „Dann kannst du ihn jetzt sehen", bemerkte der Reiter, „und wenn du nicht glaubst, was ich dir gesagt habe, sieh dir an, wie ich mit meinem Pferd über den Zaun springe." Daraufhin gab er dem Tier die Sporen und ritt direkt auf den Hofzaun zu, der sieben Ellen hoch war. Das tapfere Ross überwand den Zaun mit Leichtigkeit, und weder er noch sein Reiter wurden vom würdigen Schmied wieder gesehen. [98]

Die Würde und Bedeutung der Schmiedekunst im frühen Mittelalter in England wird durch die folgende Geschichte aus Paul Sébillots „Légendes et Curiosités des Métiers" veranschaulicht. „Fälscher:"—

König Alfred der Große, der in der zweiten Hälfte des 9. Jahrhunderts regierte, versammelte einmal sieben seiner wichtigsten Mechaniker und Handwerker und kündigte an, dass er denjenigen zu ihrem Chef ernennen würde, der am längsten auf die Hilfe der anderen verzichten könne ; und er lud sie auch alle zu einem Bankett ein, unter der Bedingung, dass jeder ein Exemplar seiner Handarbeit und die Werkzeuge, mit denen es angefertigt wurde, mitbringen sollte. Zur festgesetzten Zeit erschienen sie alle: Der Schmied brachte seinen Hammer und ein Hufeisen; der Schneider seine Schere und ein neu angefertigtes Kleidungsstück; der Bäcker seine langstielige hölzerne Brotschaufel und einen Laib Brot; der Schuster seine Ahle und ein Paar neue Schuhe; der Zimmermann seine Säge und ein quadratisches Brett; der Metzger sein Hackmesser und ein großes Stück Fleisch; und der Maurer seine Kelle und einen Eckstein. Nach sorgfältiger Überlegung entschied das Unternehmen, dass die Arbeit des Schneiders die beste sei, und er wurde dementsprechend zum Chef der Kunsthandwerker ernannt.

Der Schmied war über diese Wahl verärgert und schwor, dass er nicht mehr arbeiten würde, solange der Schneider Chef sei; Er schloss daher sein Geschäft und machte sich auf den Weg.

Aber seine Abwesenheit machte sich schnell bemerkbar; Das Pferd des Königs verlor einen Beschlag, die sechs Kameraden zerbrachen einer nach dem anderen ihre Werkzeuge, und obwohl der Schneider sein Handwerk länger ausübte als die anderen, musste auch er bald die Arbeit aufgeben. Daraufhin beschlossen der König und seine Handwerker, sich im

Schmiedehandwerk zu versuchen, hatten jedoch keinen Erfolg. denn das Pferd des Königs trat auf seinen königlichen Herrn, der Schneider verbrannte sich die Finger und den anderen widerfuhren verschiedene Missgeschicke. Schließlich begannen sie miteinander zu streiten, es kam sogar zu Handgreiflichkeiten, und im Handgemenge wurde der Amboss krachend umgeworfen. Genau zu diesem Zeitpunkt erschien der heilige Clemens Arm in Arm mit dem Schmied auf der Bühne. Der König begrüßte die Neuankömmlinge respektvoll und sprach sie wie folgt an: „Ich habe einen schweren Fehler gemacht, meine Freunde, als ich mich von den feinen Stoffen und der geschickten Handarbeit des Schneiders verführen ließ ; Aus Gründen der Gerechtigkeit sollte der Schmied, ohne dessen Hilfe die anderen Arbeiter nichts erreichen können, zum Chefhandwerker ernannt werden." Alle Handwerker außer dem Schneider baten daraufhin den würdigen Schmied, neue Werkzeuge für sie anzufertigen, was er auch sofort tat, darunter sogar eine brandneue Schere für den Schneider.

Dann organisierte der König die Gesellschaft der Handwerker neu und ernannte den Schmied zum Chef, den alle mit Wünschen für gute Gesundheit und Glück begrüßten.

Danach forderte der König jeden Einzelnen auf, ein Lied zu singen, und der neue Häuptling sang seinerseits ein Lied mit dem Titel „The Merry Blacksmith", das auch heute noch manchmal bei den Festen der Handwerkerzünfte in England zu hören ist.

Der heilige Clemens, der in der obigen Geschichte eine Rolle spielt, war der Schutzpatron der Hufschmiede. Er war ein römischer Bischof, der IM JAHR 100 n. Chr. starb. In der kirchlichen Tradition wurde er zu den Märtyrern gezählt, da er am 23. November desselben Jahres an einen Anker gefesselt und ins Meer geworfen wurde. Sein Namenstag wurde noch in jüngster Zeit von englischen Schmieden begangen, die ihn als Begründer der praktischen Hufschmiedekunst betrachteten und zu seinen Ehren ein jährliches Fest veranstalteten.

Die Schmiedelehrlinge der Woolwich-Werft pflegten am Abend des St. Clemens-Tages eine Prozession zu bilden, wobei einer von ihnen den „alten Clem" verkörperte, mit maskiertem Gesicht, Oakum-Perücke und langem weißen Bart.

Während der Feierlichkeiten hielt dieser Würdige eine Rede, die unter anderem wie folgt lautete:

Ich bin der wahre Heilige Clemens, der erste Begründer von Messing, Eisen und Stahl aus Erz. Ich war auf dem Berg Ætna, wo der Gott Vulkan zum ersten Mal seine Schmiede baute und die Rüstungen und Blitze für den Gott Jupiter schmiedete. [99]

Der heilige Eloy oder der heilige Eligius wird manchmal als Beschützer der Hufschmiede und Schmiede dargestellt. Seine Blütezeit erlebte er im siebten Jahrhundert. In seiner Jugend war er Lehrling bei einem Goldschmied in Limoges, wo er sich mit der Kunst der Edelmetallbearbeitung bestens auskannte. Sein Fest findet am 1. Dezember statt.

Einer bekannten Legende zufolge beschlagte der heilige Eloy einst ein dämonisches Pferd, das sich weigerte, stillzustehen; Deshalb schnitt er dem Tier das Bein ab und zog den Schuh an. Dann bekreuzigte er sich und ersetzte das Bein. Das Pferd hatte durch die Operation keine negativen Auswirkungen.

Dieser Heilige wird in Barnaby Googes „Popish Kingdome" wie folgt erwähnt:

Und Loye, der Schmied, kümmerte sich um Pferde und Schmiede aller Art;

Ob sie hier mit Eisen hantieren, oder ob sie Goldschmiedebiene sind.

In bestimmten Ländern wurden Schmieden und Hufschmieden schon immer übernatürliche Fähigkeiten zugeschrieben, und es scheint daher vernünftig, den Ursprung einiger angeblicher mystischer Tugenden ihrer Handarbeit, des eisernen Hufeisens, auf diese Weise zu erklären, obwohl dies in dieser Ansicht tatsächlich nicht der Fall ist scheinen bisher weit fortgeschritten zu sein.

Bei uns und in einigen der wichtigsten europäischen Länder sind Schmiede hochangesehene Mitglieder der Gesellschaft, obwohl sie sich normalerweise nicht mit okkulten Wissenschaften befassen. Aber in Teilen des Russischen Reiches, wie in der Provinz Mingrelia, im Kaukasus und in angrenzenden Regionen, genießen Schmiede einen gewissen Ruf als Zauberer. Feierliche Eide werden auf dem Amboss statt auf der Bibel geleistet. In Abessinien und im Kongoland genießen alle Eisenarbeiter den Ruf von Zauberern, und bei den Tibbous in Zentralafrika werden sie mit großer Ehrerbietung behandelt. Wenn ein Bewohner der Orkney-Inseln ein Amulett erhalten möchte, wendet er sich entweder an einen Hufschmied oder an seinen Sohn oder Enkel. und die rumänischen Zigeuner sind größtenteils Schmiede, deren Frauen ihren Lebensunterhalt durch Bettelei, Wahrsagerei und Traumdeutung bestreiten; Man geht davon aus, dass sowohl Männer als auch Frauen die Fähigkeit besitzen, mächtige Geister der Luft zu Hilfe zu rufen.
[100]

In Marokko gibt es auch heute noch eine Gemeinschaft von Zwergenhandwerkern, Metallarbeitern, Zauberern und Kennern der Heilkunst, die kleine Bücher herstellen, die als tragbare Amulette verwendet werden; und die Haratin, die das Drah-Tal bewohnen, halten es für eine

Sünde, diese Zwerge auch nur namentlich zu erwähnen, denen ihrer Meinung nach außergewöhnlicher Respekt zusteht.

Jedes Mitglied dieses geheimnisvollen Stammes von Zwergschmieden soll einen *Haik* oder ein äußeres Gewand tragen, auf dessen Rückseite ein Auge abgebildet ist, ein Symbol, das an die alten Zyklopen erinnert. [101]

Tatsächlich herrschte, wie wir gesehen haben, in weiten Teilen Europas die allgemeine Meinung, dass die ersten Schmiede übernatürliche Wesen waren; denn man ging davon aus, dass der wunderbare Prozess des Schmelzens und Formens von Eisen nicht vom Menschen erdacht werden konnte, sondern durch magische Kräfte entstanden sein musste.

In Deutschland lagen Schmiedewerkstätten oft an von Siedlungen entfernten Fernstraßen und waren der Zufluchtsort von Reisenden und Fuhrleuten, die entweder anhielten, um ein Pferd beschlagen zu lassen oder um tierärztlichen Rat einzuholen. Ganz natürlich wurden diese Schmieden, wie die modernen Kreuzungsläden, zu kleinen Zentren der Geselligkeit, des Klatsches und sogar der Geselligkeit. Darüber hinaus verkehrten manchmal fragwürdige Charaktere an diesen Orten, weshalb ihr Ruf nicht immer gerade gut war. Aber der Schmied selbst wurde aufgrund seines Berufes mit Respekt betrachtet, selbst nachdem sein Handwerk aufgehört hatte, dem Volk geheimnisvolle Ehrfurcht einzuflößen. [102]

Wenn in Süddeutschland und Tirol ein Schmied an einem Samstagabend von seiner Arbeit ruht, schlägt er dreimal mit seinem Hammer auf den Amboss und fesselt so den Teufel für die folgende Woche. Und so schlägt er, während er ein Hufeisen in Form hämmert, bei jedem vierten oder fünften Schlag auf den Amboss statt auf das Hufeisen und sichert so die Kette, mit der Satan gefesselt ist, doppelt. [103]

Schmiede sind normalerweise klug genug, den Teufel zu erkennen, selbst wenn sie als Gentleman verkleidet sind.

Es war einmal der Böse, der vor der Tür eines Schmieds im Dorf Gossensass an der Brennerstraße in Tirol stand und seine beiden Pferde beschlagen lassen wollte. Als die Arbeit erledigt war, erkundigte er sich, wie viel er bezahlen sollte; Doch der schlaue Schmied weigerte sich, Geld anzunehmen, und verlangte nur, dass sein Kunde den Laden nie wieder betreten dürfe, was der Teufel versprach und ging. [104]

Wenn die Magier von Hindostan Fälle angeblicher dämonischer Besessenheit behandeln, pflegten sie den Patienten nach der Durchführung anderer mystischer Riten mit Wasser aus einer Schmiede zu besprengen, wobei das Wasser durch das wiederholte Eintauchen von Eisen mit zusätzlicher Wirkung ausgestattet wurde. [105]

Im Nordosten Schottlands besteht ein Heilmittel gegen Rachitis darin, das Kind von einem Schmied im Wassertrog der Schmiede baden zu lassen. Dann wird er auf den Amboss gelegt und eiserne Utensilien werden über ihn gereicht, wobei jeder nach der Verwendung gefragt wird, und auf die Zeremonie folgt ein zweites Bad. Um die Wirksamkeit dieses Prozesses sicherzustellen, müssen drei gleichnamige Schmiede daran teilnehmen. [106]

In Hendersons „Folk-Lore of the Northern Countries of England", S. 187 wird eine bemerkenswerte Behandlungsmethode erwähnt, die für die Entwicklung kränklicher, schwacher Kinder gedacht ist, von denen angenommen wird, dass sie unter dem Einfluss eines bösen Zaubers stehen, der ihr Wachstum verzögert – ein bemerkenswertes Beispiel für das Überleben des alten Glaubens an den Schmied magische Kräfte. Sehr früh am Morgen wird der kleine Patient in die Werkstatt eines Schmieds der siebten Generation gebracht, sofern sich ein solcher finden lässt, und ganz nackt auf den Amboss gelegt. Der Schmied hebt seinen Hammer dreimal, als wollte er auf ein glühendes Hufeisen schlagen, und lässt ihn jedes Mal sanft auf den Körper des Kindes fallen – eine einfache Zeremonie, die jedoch in den Köpfen seiner ländlichen Eltern das körperliche Wohlergehen des Kindes enorm fördert.

Die Hufschmiede der Araber, die in den Oasen der großen Sahara-Wüste leben, sind von Steuern befreit und genießen zahlreiche Privilegien. Von diesen ist das Folgende das Wichtigste und Auffälligste, was die Ehre zeigt, die den Männern dieses Handwerks zuteil wird:

Wenn ein berittener Hufschmied auf dem Schlachtfeld von Feinden hart bedrängt wird, läuft er Gefahr, getötet zu werden, solange er mit Waffen in der Hand auf seinem Pferd bleibt. Wenn er jedoch absteigt, niederkniet und mit den Ecken seines Kapuzenumhangs oder *Burnus* die Bewegungen eines Blasebalgs nachahmt und so seinen Beruf offenbart, wird sein Leben verschont. [107]

Die Baralongs Südafrikas betrachten die Kunst des Schmelzens und Schmiedens als heilig, und wenn das Metall zu fließen beginnt, darf sich niemand den Öfen nähern, außer denjenigen, die in die Geheimnisse des Handwerks eingeweiht sind. [108]

Auch in Finnland genießen Schmiede großen Respekt, und der größte Luxus ist ihnen nicht zu schade. Um bei Laune zu bleiben, wird ihnen Brandy geschenkt; und ein finnisches Sprichwort sagt: „Gutes Brot immer für den Schmied und köstliche Häppchen für den Hämmerer." [109]

Bei bestimmten Stämmen an der Westküste Äquatorialafrikas amtiert der Schmied auch als Priester oder Medizinmann und ist eine Hauptperson in der Gemeinschaft, die oft mehrere benachbarte Dörfer umfasst. Tatsächlich scheint es in verschiedenen Teilen Afrikas eine recht allgemeine Überzeugung zu geben, dass Metallarbeiter als Klasse überlegene Wesen seien – von höherer Herkunft als ihre Stammesgenossen. Als ein wildes Volk ohne Hufschmiedekenntnisse durch Eroberung ein neues Gebiet eroberte und darin Schmiede fand, die ihrem Beruf nachgingen, betrachteten sie diese Handwerker natürlich mit Staunen, nicht ohne Furcht. [110]

Darüber hinaus scheint die frühe Verbindung von Metallverarbeitung und Zauberei in Mythologie und Tradition in gewissem Maße, wie bereits angedeutet, den Grund für die magischen Eigenschaften zu erklären, die im Volksmund Hufeisen und Eisengegenständen im Allgemeinen zugeschrieben werden.

VIII. FEUER ALS GEIST-ERschreckendes ELEMENT

Das Hufeisen ist ein Produkt der handwerklichen Kunst mithilfe von Feuer.

Dieses Element galt zu allen Zeiten als großer Reiniger und mächtiger Feind böser Geister. [111]

Die Chaldäer verehrten das Feuer und betrachteten es als eine Gottheit, und unter primitiven Nationen überall auf der Welt wurde es seit jeher als heilig angesehen. Die Perser hatten Feuertempel, *Pyræa genannt*, die ausschließlich der Erhaltung des heiligen Feuers gewidmet waren. [112]

Im „Rig-Veda", dem wichtigsten heiligen Buch der Hindus, hörte man das Knistern brennender Reisigbündel als die Stimme der Götter, und derselbe Aberglaube herrscht noch immer unter den Eingeborenen Borneos. [113]

In einem Fragment der Schriften von Menander Protector, einem griechischen Historiker des sechsten Jahrhunderts, wird berichtet, dass eine von Kaiser Justin entsandte Gesandtschaft Sogdiana, das antike Buchara, erreichte und von einer Gruppe Türken empfangen wurde, die mit der Exorzierung begann ihr Gepäck, indem sie Trommeln schlugen und Glocken läuteten. Dann rannten sie um das Gepäck herum und trugen brennende Blätter in die Höhe, während sie durch ihre Gesten und Bewegungen versuchten, böse Geister abzuwehren; Danach gingen einige aus der Gruppe selbst zur Reinigung durchs Feuer. [114]

Feuer wirkt besonders wirksam gegen nachtaktive Dämonen und auch gegen böse Geister, die bei Rindern Krankheiten verursachen. Daher die Nützlichkeit der alten „Bedürfnisfeuer", die durch die Reibung zweier Holzstücke erzeugt wurden und von denen man annahm, sie seien ein Gegenmittel gegen die Murraine und Tierseuchen im Allgemeinen – ein

Brauch, der bis vor kurzem in den schottischen Highlands und früher in Mode war in vielen anderen Regionen praktiziert.

Die am Johannisabend entzündeten Mittsommerfeuer galten nach einem alten britischen Brauch als Luftreiniger. Darüber hinaus wurde davon ausgegangen, dass das gesamte von diesen Feuern erleuchtete Gebiet ein Jahr lang von der Zauberei befreit war, und durch einen Sprung durch die Flammen wurden sowohl Menschen als auch Vieh für einen gleichen Zeitraum vor Dämonen geschützt. [115]

In Irland war es Brauch, dass Menschen am Vorabend des Heiligen Johannes mit langen Stangen, an denen brennende Strohbündel festgebunden waren, durch die Straßen liefen, um die Luft zu reinigen, und zwar für alle möglichen schelmischen Kobolde, Kobolde und Teufel im Ausland waren, mit der Absicht, bei der Arbeit Menschen zu verletzen. [116]

In der zweiten Hälfte des 19. Jahrhunderts wurden in Irland noch Mittsommerfeuer angezündet, ein Überbleibsel der heidnischen Feueranbetung. In vielen Ländern versammelten sich die Menschen um die Freudenfeuer, während Kinder durch die Flammen sprangen und glühende Kohlen als Gegenmittel gegen die Seuche in die Maisfelder getragen wurden. [117]

Manchmal wurde die übriggebliebene Asche über die benachbarten Felder verstreut, um die Ernte vor verheerendem Ungeziefer oder Insekten zu schützen; und in Schweden soll der Rauch von Notfeuern das Wachstum von Obstbäumen angeregt und den darin aufgehängten Fischernetzen Glück gebracht haben. [118]

Wenn ein Kind geboren wird, zünden die Hindus Feuer an, um Dämonen zu erschrecken; und aus dem gleichen Grund werden bei Hochzeiten Lampen hin und her geschwenkt und bei Beerdigungen wird Feuer vor den Leichnam getragen. [119]

Gläubige Brahmanen lassen in ihren Häusern ständig ein Feuer brennen und beten es täglich an, in der Hoffnung, sich dadurch Glück zu sichern. Der Ursprung des Respekts, der dem Feuer bei diesen Menschen entgegengebracht wird, wird auf seine Wirksamkeit bei der Linderung oder Heilung bestimmter Krankheiten zurückgeführt, [120] wie zum Beispiel bei der Anwendung im eigentlichen Kauter oder mittels Moxa; Denn wo immer der Glaube besteht, dass dämonische Besessenheit die Ursache körperlicher Störungen ist, ist die Heilung letzterer ein Beweis dafür, dass die bösartigen Geister in die Flucht geschlagen wurden.

Die feuerverehrenden Parsen halten auch im Schlafraum ununterbrochen ein Feuer; und wenn ein Kind aus irgendeinem Grund krank ist, befestigen sie an seinem linken Arm einen Zauberzauber aus geschriebenen Worten, der von einem Priester vorbereitet wurde, um die bösen Geister im Namen ihrer Hauptgottheit, Ormuzd, auszutreiben und „sie durch Kraft und Schönheit zu binden". aus Feuer." [121]

Bei der Geburt eines Kindes wird bei den Khoikhoi in Südafrika ein Haushaltsfeuer entzündet, das bis zur Heilung des Nabels des Kindes aufrechterhalten wird; und wenn ein Stammesmitglied auf die Jagd geht, achtet seine Frau darauf, dass drinnen ein Feuer brennt; denn wenn es ausgehen dürfte, hätte der Ehemann kein Glück. [122]

Die Vorstellung eines mittelalterlichen Schmieds als Meister und Beherrscher des Feuers wurde in einer vom österreichischen Bildhauer Karl Bitter modellierten Figurengruppe verkörpert und 1893 am Südeingang des Verwaltungsgebäudes der Weltausstellung in Chicago aufgestellt. Dies Die Gruppe, die „Fire Controlled" genannt wurde, bestand aus einer weiblichen Figur, deren erhobene rechte Hand eine Fackel trug, während zu ihren Füßen ein muskulöser Schmied stand, der einen Vorschlaghammer auf die liegende Gestalt eines Feuerdämons legte.

Über dieser Gruppe stand eine einzelne Figur desselben Künstlers, die einen Schmied darstellte, der an seinem Amboss stand, den Hammer darauf ruhte und an dessen Gürtel eine Zange hing. In seiner linken Hand hielt er ein Hufeisen, das er untersuchte. [123]

IX. Die schlangenförmige Form des Hufeisens

Es wurde die Theorie vertreten, dass das Hufeisen in seiner ursprünglichen Form in der Antike ein Symbol der Schlangenanbetung war und dass seine abergläubische Verwendung als Amulett möglicherweise daher entstanden ist. Dies erscheint insofern plausibel, als eine Ähnlichkeit zwischen dem Hufeisen und dem gewölbten Körper der Schlange besteht, wenn letzterer so gewunden ist, dass Kopf und Schwanz den Hufeisenzinken entsprechen.

Sowohl Schlangen als auch Hufeisen wurden in der Antike in Steine und Medaillen eingraviert, vermutlich als Amulettsymbole; [124] Und vor einer Kirche in Crendi, einer Stadt im südlichen Teil der Insel Malta, ist eine Statue zu sehen, zu deren Füßen ein Schutzsymbol in Form eines Halbmonds steht, der von einer Schlange umgeben ist.

Die Schlange spielte eine wichtige Rolle in der asiatischen und altägyptischen Symbolik. Man geht davon aus, dass dies teilweise auf den Glauben zurückzuführen ist, dass der Weg der Sonne durch den Himmel eine Serpentinenkurve bildet, und teilweise darauf, dass Blitze oder das befruchtende Feuer manchmal in einem schlangenartigen Zickzack über die

Erde blitzen. [125] Die Schlange wurde aufgrund ihrer anmutigen und leichten Bewegungen, des Glanzes ihrer Augen, der Funktion, ihre Haut abzuwerfen (ein Vorgang, der als Sinnbild für eine Erneuerung ihrer Jugend galt) mit den Eigenschaften der Göttlichkeit ausgestattet sein augenblicklicher Sprung auf seine Beute. [126] Die Verehrung von Schlangen ist sehr alt; die frühesten authentischen Berichte über diesen Brauch finden sich in chaldäischen und chinesischen astronomischen Werken. Es war unter den ältesten Nationen der Welt nahezu universell, und diese Universalität wurde der traditionellen Erinnerung an die Schlange in Eden zugeschrieben, [127] und hat bei einigen Autoren zu der Meinung geführt, dass die Schlangenverehrung das gewesen sein könnte Urreligion der Menschheit. [128]

An den Hauswänden von Pompeji sind Schlangenfiguren zu sehen, die vermutlich als Konservierungssymbole gedacht waren; [129] und wir erfahren aus Herrn CG Lelands „Etruscan Roman Remains", dass die Bauern der Bergregionen in Norditalien, bekannt als Romagna Toscana, den Brauch haben, an die Wände ihrer Häuser Schlangenfiguren zu malen Kopf und Schwanz zeigen nach oben. Diese dienen sowohl als Amulette zur Hexenabwehr als auch als Glücksbringer und sind daher exakte Gegenstücke zum Hufeisen und Halbmond als magische Symbole. Je stärker die Windungen der Schlange verflochten sind, desto wirksamer ist das Amulett. Die Idee dahinter ist, dass eine Hexe gezwungen ist, die ineinander verschlungenen Windungen aufzuspüren und mit ihrem Auge zu verfolgen, und dass sie bei dem Versuch, dies zu tun, verwirrt und vorübergehend außerstande ist, Schaden anzurichten.

In antiken römischen Kunstwerken wird die Schlange manchmal als Schutzsymbol dargestellt. In einigen in Herculaneum ausgegrabenen bronzenen Glücksfiguren werden Schlangen dargestellt, die entweder den Arm der Göttin umschließen oder sich um ihr Füllhorn winden, was sozusagen die Idee der engen Verbindung der Schlange mit Glück verkörpert.

Die Phönizier huldigten Schlangen, und die Geschichte zeigt, dass die Litauer, Sarmaten oder Bewohner des alten Polen und andere Nationen Mitteleuropas diese Reptilien mit abergläubischem Respekt behandelten. Auch in Russland wurden Hausschlangen früher sorgfältig gepflegt, da man glaubte, dass sie den Mitgliedern eines Haushalts Glück bringen würden. [130]

Die Verehrung von Schlangen wird noch immer in Persien, Tibet, Ceylon und anderen östlichen Ländern praktiziert. Auch in Westafrika ist die Schlange eine Hauptgottheit und wird von den Eingeborenen in Dürre- und Pestzeiten angerufen. [131] Ein Talisman in Form einer Schlange, bekannt als *la sirena*, wird von den unteren Klassen in Neapel verwendet.

In der Volkskunde der südslawonischen Völker gilt die Schlange als Schutzgeist nicht nur der Menschen, sondern auch von Haustieren und Häusern. Jeder Mensch hat eine Schlange als Schutzgottheit, mit der sein Wachstum und sein Wohlergehen eng verbunden sind, und die Tötung eines dieser heiligen Geschöpfe galt früher als schweres Vergehen. Die Begegnung mit einer Schlange galt in manchen Ländern schon lange als Glücksfall. Der südslawische Bauer glaubt, dass jeder, der im Frühjahr zum ersten Mal in den Wald geht und einem dieser Tiere begegnet, das ganze Jahr über wohlhabend sein wird. Andererseits betrachtet er es als böses Omen, wenn er zufällig einen Blick auf seine eigene Schutzschlange erhascht. Glücklicherweise weiß ein Mann jedoch nie, welcher bestimmte Ophidian sein besonderer Vormund ist. [132]

Die Beziehung der Schlange zu geschnitzten oder gravierten Steinen zeigt uns, dass das Reptil bei weit entfernten Nationen immer noch Gegenstand der Verehrung, wenn nicht sogar der Anbetung ist. Wenn wir in den Gräbern Ägyptens, Assyriens und Etruriens suchen, werden wir unzählige Siegel, Zylinder und Skarabei aus Edelsteinen finden, in die Schlangen eingraviert sind; diese wurden sprichwörtlich als Amulette getragen oder als Insignien der Autorität verwendet; und in den Tempeln und Gräbern dieser und anderer Länder werden Schlangen eingraviert, gemeißelt oder bemalt, entweder als Hieroglyphen oder als symbolische Verzierungen von Gottheiten oder Genien. In Indien sind sie als Skulpturen dargestellt, die sich um alle Götter der Höhlentempel winden, die die Gräber von Königen und Helden markieren, und die ältesten skandinavischen Runen sind in die Falten von Schlangen geschrieben, die in Steine eingraviert sind. [133]

In alten mexikanischen Tempeln ist das Schlangensymbol häufig zu sehen. Der Zugang zum Tempel von El Castillo in Chichen in Yucatan wird von zwei riesigen Schlangenköpfen bewacht, und ein zweites Paar schützt den Eingang zum Heiligtum. Schlangenfiguren erscheinen auch in den Mosaikreliefs der Fassaden und an den Wänden des Heiligtums. Auch in den Tempeln von Palenque und anderen südmexikanischen Städten sind Schlangen in den Dekorationen und Skulpturen reichlich vorhanden. [134]

Darstellungen von Schlangen sind heute in vielen Teilen Indiens an Hauswänden zu sehen, und Dörfer haben ihre besonderen Ophite-Wächter.

Der fünfte Tag der ersten oder hellen Hälfte des Mondmonats S'ravana, der fast mit August übereinstimmt, wird von den Brahmanen zu Ehren der Naga oder Kobra gefeiert. Einige interessante Einzelheiten der Zeremonien zu diesen Anlässen finden sich in Balfours „Cyclopædia of India". Aus dieser Quelle erfahren wir, dass einheimische Frauen zu solchen Zeiten gerne mittanzen, um Schlangenlöcher herumzutanzen und sich auch niederzuwerfen und Segen zu erbitten; während andere sich vor lebenden Kobras in ihren eigenen Häusern verneigen oder Schlangenfiguren anbeten.

Besuche von Schlangen werden als glücksverheißendes Ereignis hoch geschätzt, und die Reptilien sind eines gastfreundlichen Empfangs gewiss, da sie als Schutzgottheiten angesehen werden.

Daher wurde die Schlange von den Nationen der Antike als heilig angesehen, war ein herausragendes Merkmal in jeder Mythologie und symbolisierte viele heidnische Gottheiten.

Die Vlach-Frauen der europäischen Türkei, die Dörfer in den Bergketten Thessaliens und Albaniens bewohnen, behandeln Schlangen mit großem Respekt und sogar Verehrung. Wenn eine der harmlosen weißen Schlangen, die es auf dem Land in Hülle und Fülle gibt, zufällig in eine Hütte eindringt, wird sie mit Futter versorgt und darf unverletzt davonkommen, wobei ihr Auftauchen im Haus als glückliches Ereignis gilt. Eine solche freundliche Behandlung führt oft dazu, dass die Schlange domestiziert wird und den Titel „Hausschlange" erhält. [135] Auch die Kärntner pflegen Schlangen als Streicheleinheiten zu behandeln, da sie der Meinung sind, dass diese Reptilien Glück bringen, je nach ihrem Körperdurchmesser; Daher werden sie sorgfältig gefüttert und zweimal täglich mit Schüsseln Milch versorgt. [136]

Tatsächlich gilt in vielen Ländern die Schlange oder der Drache, ursprünglich ein Hüter von Schätzen, als Hausbeschützer. Die gleiche Vorstellung wird in den grotesken Wasserspeiern mit Drachenköpfen verkörpert, die in der mittelalterlichen Architektur so häufig vorkommen. [137]

Als Dr. Daniel G. Brinton über die symbolische Bedeutung der Schlange bei den amerikanischen Ureinwohnern spricht, bemerkt er, dass dieses Symbol schon immer mit religiösen Mysterien in Verbindung gebracht wurde.

Viele Ableitungen der hebräischen und arabischen Wörter für Schlange bedeuten die Ausübung von Zauberei, die Beratung mit vertrauten Geistern und den Verkehr mit Dämonen. [138]

Es erscheint daher nicht unwahrscheinlich, dass das Hufeisenamulett durch seine schlangenförmige Form einen Teil der magischen Einflüsse erhalten hat, die ihm zugeschrieben werden.

Das Schlangensymbol war für viele Schriftsteller ein Thema, und prächtige Bände zeugen von seinem großen Interesse.

Die Hauptpunkte, die sich auf unser gegenwärtiges Thema beziehen, sind kurz: (1) Die Ähnlichkeit der Form zwischen dem Hufeisen und einer Schlangenspirale und (2) die daraus resultierenden Ideenverbindungen im Volksbewusstsein. Wenn das Hufeisen symbolisch mit der Schlange verbunden wird, stellt es ein Geschöpf dar, das schon immer Gegenstand des Aberglaubens war, sei es als Gottheit, Hauswächter oder Verkörperung des Bösen. Daher deutet es auf magische Kraft hin, ob gut oder böse, vor allem aber auf die Idee eines wohltätigen, schützenden Einflusses.

X. DER HUFEISENBOGEN IN ALTEN KALEDONISCHEN HIEROGLYPHIEN

Der Hufeisenbogen war ein häufiges Emblem auf heidnischen Denkmälern und kommt häufig in kaledonischen Hieroglyphenskulpturen vor, wo er vermutlich eine besondere Bedeutung als Schutzsymbol hatte. Oberstleutnant Forbes Leslie bemerkt in „The Early Races of Scotland", dass der hufeisenförmige Bogen wahrscheinlich ein Symbol für die Schlange als schützende und wohltätige Macht war, da dieser Bogen einem besonderen Zeichen oder Attribut der sogenannten Schlange sehr ähnelt *Nagendra* , der vermummte Schlangenkönig, eine Hauptgottheit in der mythischen Überlieferung von Ceylon. Es erscheint völlig unnötig, in diesem Zusammenhang auf die chingalesische Mythologie zu verweisen, da die große Ähnlichkeit zwischen der Form des Hufeisens und dem gewölbten Körper einer Schlange bereits erwähnt wurde. Zur Veranschaulichung der etwas einzigartigen Theorie, die behauptet, der alte Hufeisenbogen, selbst ein Talismansymbol, sei die ursprüngliche Quelle aller mit dem modernen Eisenhufeisen verbundenen Aberglauben, mag es angebracht sein, einige Zeilen der Autorität zu zitieren oben erwähnt:-

Was auch immer diese Figur (der Hufeisenbogen) für unsere heidnischen Vorfahren dargestellt haben mag, es ist sehr wahrscheinlich, dass das Hufeisen von ihr seine angebliche Kraft ableitete, das Vermögen seines Besitzers zu fördern und ihn vor drohenden Katastrophen zu schützen, ganz gleich, ob es von ihm entworfen wurde Männer oder Dämonen. Der Aberglaube hielt an dem von der Antike geheiligten Symbol fest und prägte sogar dem Christentum, durch das es ersetzt wurde, dieses Symbol des Heidentums ein.

Der Historiker Diodorus Siculus sagte, dass sich die Chaldäer die Erde in Form eines runden, auf den Kopf gestellten Bootes vorstellten. Die noch heute auf den Flüssen Tigris und Euphrat eingesetzten Boote ähneln in ihrer Form einem Bienenstock mit einer deutlichen Ausbuchtung in der Mitte. Gerald Massey („The Natural Genesis", Bd. II, S. 63) sagt, dass diese Vorstellung von der Gestalt der Erde

entspricht dem ägyptischen *Put-Zeichen* mit seiner Vertiefung an der Unterseite. Es sind verschiedene Formen dieser Weltbildung erhalten. Das Hufeisen ist eins. *Daher sein Wert als Symbol des Aberglaubens.* Der Kopfschmuck der ägyptischen Göttin Hathor hat die Form eines Hufeisens. Der Buchstabe Omega (Ω) ist eine andere Form desselben Zeichens.

Rev. C. Vernon Harcourt weist in seiner „Doktrin der Sintflut" (Bd. ip 141) darauf hin, dass der Mond in der Antike im ersten Viertel als besonders heilig angesehen wurde, weil er zu dieser Zeit der Arche von am ähnlichsten war Noah, der halbmondförmig war.

Auch hier wird angenommen, dass die Hufeisenform ein Überbleibsel eines alten religiösen Symbols ist, das oft in assyrischen und ägyptischen Skulpturen zu sehen ist und die mystische Tür des Lebens symbolisiert.

Das *D* des kursiven Alphabets an der Stelle ⌒ verrät den frühen Bildursprung, während das griechische Delta (Δ) eine Zelttür darstellt. Die ägyptische Hieroglyphe für Zehn war ⌒ . Es ist daher klar, dass das Hufeisen die mystische Tür ist, reduziert auf ihre einfachste mögliche Form, und als Fetisch, der Glück bringt, oder als Talisman, um den bösen Blick abzuwenden, hätte es ohne die Spitzen keine Bedeutung nach unten. [139]

Aus wissenschaftlicher Sicht sollte das Hufeisen daher, wenn es als Schutzsymbol verwendet wird, mit der konvexen Wölbung nach oben platziert werden; Aber als Glückszeichen ist die umgekehrte Position die richtige, sonst könnte, einer landläufigen Meinung zufolge, das Glück verschüttet werden.

In Norddeutschland und Bayern werden manchmal Hufeisenfiguren auf Grenzsteine gemeißelt, beispielsweise auf einem Stein, der die Weiler Ellerbek und Wellingdorf, Vororte von Kiel, trennt; und wiederum auf einem zwischen den Gütern Depenau und Bockhorn in Mittelholstein. In diesen Fällen handelt es sich wahrscheinlich um die Idee des wohltätigen Hufeisenbogens, der unparteiisch die Interessen beider Dörfer oder Ländereien vertritt.

XI. DAS HUFEISEN ALS SYMBOL DES PFERDES

Aber die Wirksamkeit des Hufeisens als Beschützer von Menschen und Gebäuden hängt nicht nur von seiner gewölbten oder gegabelten Form ab, noch von seiner eingebildeten Ähnlichkeit mit einer Schlange. Seine Beziehung zum *Pferd* verleiht ihm auch einen talismanischen Wert; denn in legendären Überlieferungen wurden diesem Tier oft übernatürliche Eigenschaften zugeschrieben. Ein englischer Mythos schreibt dem Pferd den Charakter eines Glücksbringers zu, und die Pferdeverehrung war bei den frühen Kelten, Germanen und Slawen in Mode.

Auch in Indien gilt das Pferd als Glückstier; und wenn ein Reiter in der Saatzeit in ein Zuckerrohrfeld reitet, gilt das Ereignis als glücksverheißend. In derselben Region wird angenommen, dass der Schaum aus dem Maul eines Pferdes Dämonen abwehrt, von denen angenommen wird, dass sie mehr Angst vor einem Pferd haben als vor jedem anderen Tier. Die Ureinwohner Nordindiens glauben auch, dass das Pferd ursprünglich ein geflügeltes Wesen war und dass die hornigen Ausstülpungen an seinen Beinen darauf hinweisen, wo die Flügel befestigt waren. [140]

In der nordischen Mythologie hat fast jede Gottheit ihr eigenes Ross, ebenso wie die meisten Helden der Antike, denn die heidnischen Nationen betrachteten das Pferd als heilig und göttlich. [141]

Die Überlieferung besagt, dass, als die Stadt Karthago im 9. Jahrhundert v. Chr. von Dido, der phönizischen Königin, gegründet wurde, eine Priesterin der Juno auf Befehl des Orakels in der Erde grub und den Kopf eines Ochsen entdeckte. Dies galt als unbefriedigend, da Ochsen und Ochsen unter dem Joch unterwürfige Tiere waren. Daraufhin grub die Priesterin die Erde erneut um und fand einen Pferdekopf, der als glücksverheißend galt, denn das Pferd, obwohl es manchmal an den Pflug gespannt war, war auch ein Symbol für Krieg und kriegerischen Ruhm. Deshalb wurde an dieser Stelle ein Juno-Tempel errichtet und die Figur eines Pferdekopfes wurde von den Karthagern als Emblem übernommen und auf ihre Münzen geprägt. [142]

Dr. Ludwig Beck erklärt in seiner „Geschichte des Eisens", dass das Pferd in germanischen Legenden Wodan oder Odin heilig war, die immer ritten, während Thor entweder in seinem Streitwagen umherfuhr oder zu Fuß ging. Daher, sagt dieser Autor, wird der Teufel des Mittelalters mit den Hufen eines Pferdes dargestellt.

Der Ruf des Pferdes als prophetisches und wahrsagendes Tier, auch bei christlichen Völkern, wird durch verschiedene deutsche Überlieferungen belegt, wofür das Folgende ein Beispiel ist. Als die Einwohner von Delve, einem Dorf im Herzogtum Holstein, eine Kirche bauen wollten, wurde die Wahl des Ortes auf folgende Weise festgelegt: Auf dem Rücken einer zweifarbigen Stute wurde ein Bild der Jungfrau befestigt durfte sich dann nach Belieben bewegen; und es wurde vereinbart, dass die Kirche an der Stelle errichtet werden sollte, an der am nächsten Morgen die Stute gefunden werden sollte. Es stellte sich heraus, dass es sich dabei um ein benachbartes Brombeerdickicht handelte, und das neue Gebäude wurde dementsprechend dort errichtet und „Unserer geliebten Frau auf dem Pferd" geweiht. [143]

Der alte Glaube an die Orakelkräfte des Pferdes wird durch einen Brauch deutlich, der früher bei den Pommern in Mode war. Bei Kriegsausbruch legte ein Priester drei Speere in gleichen Abständen auf den Boden vor dem Tempel. Dann wurden zwei weitere Speere quer über sie gelehnt, wobei ihre

Spitzen in der Erde ruhten. Nach einem Gebet führte der Hohepriester ein heiliges Pferd heran, und wenn er mit dem rechten Fuß dreimal hintereinander über die Speere stieg, ohne zu stolpern, galt das als gutes Vorzeichen, sonst nicht. [144]

Ein drachenköpfiges Pferd, ein Sinnbild für Größe, das auf dem Rücken das zivilisierende Buch des Gesetzes trägt, ist eines der vier großen mythischen Tiere der Chinesen; und die Tibeter haben ein ähnliches Symbol, das sie als Glück bringenden Talisman verwenden.

Die Assoziation des Pferdes mit Glück kommt auch in der indischen Mythologie vor:

Das Juwelenpferd des universellen Monarchen, wie es Buddha hätte sein können, wenn ihm weltliche Größe am Herzen gelegen hätte, trägt seinen Reiter Pegasus-ähnlich durch die Luft in jede gewünschte Richtung und wird so mit der Idee materieller Wünsche in Verbindung gebracht und vor allem Reichtum und Juwelen. [145]

Unter den unteren Klassen der Hindus von Bombay ist die Vorstellung weit verbreitet, dass Geister durch das Geräusch von Pferdehufen erschreckt werden; und man geht davon aus, dass dieser Aberglaube den unter den Hindus allgemein verbreiteten Brauch erklärt, einen Bräutigam auf dem Weg zum Wohnsitz der Braut auf einem Pferd reiten zu lassen. [146]

Wenn in Buchara ein Pferd beim Durchwaten eines Baches stolpert und der Reiter dadurch unfreiwillig ins Wasser gerät, wird dies als äußerst glückliches Ereignis und nicht als Missgeschick betrachtet. Im selben Land gilt es auch als Glück, einen Reiter zu treffen. [147]

Ein Grund für die Theorie, die die seltsamen Kräfte des Hufeisens auf seine Verbindung mit einem Glück bringenden Tier zurückführt, ist die Tatsache, dass verschiedene Teile des Pferdekörpers an verschiedenen Orten als Amulette dienen. Daher kann für diesen Gegenstand nicht nur das Hufeisen, sondern auch der Huf oder sogar ein einzelner Fußknochen verwendet werden.

Auf der Insel Montserrat werden die beiden Schneidezähne eines Pferdes als Amulette mitgeführt. [148] Der Volksglaube vieler Menschen schreibt dem Pferdehaar besondere Tugenden zu. „Ehre ruht in den Mähnen der Pferde" ist ein Ausspruch Mohammeds, und in der Türkei steht der Schweif eines Pferdes als Symbol für Würde und erhabene Stellung.

In gewissen Dörfern Brandenburgs wird jeder neugeborene Junge vor seinem ersten Bad auf ein Pferd gesetzt, wobei das Tier zu diesem Zweck in die Kammer gebracht wird. Man geht davon aus, dass dadurch dem Kind männliche Qualitäten für das Leben vermittelt werden. In anderen Bezirken ist es kleinen Kindern erlaubt, auf einem schwarzen Fohlen zu reiten, um ihnen das Zähneschneiden zu erleichtern; und man geht davon aus, dass das Wiehern von Pferden von positiver Bedeutung ist, wenn man aufmerksam zuhört. Der weit verbreitete Glaube zu diesem Thema wird durch das deutsche Sprichwort „Er hat Pferdeglück" veranschaulicht, das sich auf ein außergewöhnliches Glücksgefühl bezieht. [149]

Die Iren glauben, dass der Grund für die magische Kraft des Hufeisens darin liegt, dass sich Pferd und Esel im Stall befanden, in dem Christus geboren wurde, und daher immer gesegnete Tiere sind.

Die romantische Literatur Irlands liefert Beweise für die Existenz einer Art Pferdeverehrung in diesem Land in früheren Zeiten, und die Überlieferung besagt, dass es in der alten Zeit Pferde gab, die mit menschlichen Fähigkeiten ausgestattet waren. [150] Von Tacitus erfahren wir außerdem, dass die germanischen Völker

nutzten weiße Pferde, so wie die Römer Hühner, als Vorzeichen und prophezeiten zukünftige Ereignisse aus unterschiedlichen Intonationen des Wieherns. Daher ist es wahrscheinlich, dass die Entdeckung eines Hufeisens allgemein als Glücksbringer gilt, da einige der Gefühle, die einst mit dem Tier selbst verbunden waren, noch immer um das Eisen seines Hufes herum lebendig sind. Denn Pferden wurde ebenso wie Hunden und Vögeln allgemein eine größere Einsicht in die Zukunft zugeschrieben als dem Menschen selbst. [151]

Das Pferd ist unter den Insignien von Kent, dem ersten angelsächsischen Königreich, zu sehen und wird heute auf den Schilden der Häuser Hanover und Brunswick abgebildet. [152]

Eine der feierlichsten Formen des Eides am Vorabend der Schlacht verlangte von einem Krieger, „bei der Schulter eines Pferdes und der Schärfe eines Schwertes" zu schwören, dass er nicht vor dem Feind fliehen würde, selbst wenn dieser an Stärke überlegen sein sollte . [153]

Zur Zeit der Eroberung Perus staunten die indianischen Ureinwohner über den Anblick der spanischen Reiter und glaubten, dass Mensch und Pferd ein einziges Geschöpf seien. Und es heißt, dass Pizarro sein Leben diesem abergläubischen Glauben verdankte; Denn einmal, als er von den Eingeborenen verfolgt wurde, fiel er von seinem Pferd, und die Peruaner, die das Unglück miterlebt hatten, gaben die Verfolgung bestürzt auf, da sie glaubten, ein Tier habe sich durch Zauberei in zwei Teile geteilt. [154]

MD Conway behauptet in seinem Buch „Demonology and Devil-Lore", dass der skandinavische Aberglaube, der als „Dämonenstute" bekannt ist, die Quelle für die Verwendung des Hufeisens gegen Hexen ist. In Deutschland gibt es ein Sprichwort, das sich auf die krankhafte Unterdrückung bezieht, die man manchmal im Schlaf oder beim Träumen verspürt und die ein Symptom von Verdauungsstörungen ist: „Der Albtraum hat dich geritten."

Diese Elfenstute reitet auch auf Pferden, und am Morgen sind ihre Mähnen völlig verfilzt und schweißtriefend.

Grimm sagt, dass die traditionelle Vorstellung vom Albtraum zwischen dem gerittenen Tier und dem reitenden, trampelnden Tier zu schwanken scheint, genau wie der Teufel manchmal als reitende Männer dargestellt wird, und wieder als wie er sie nach Art eines Pferdes auf seinen Rücken nimmt.

Nach einem bayerischen Volksglauben handelt es sich beim Albtraum um eine Frau, die morgens an der Haustür erscheint und stets um die Ausleihe eines Artikels bittet. Um sie nachts loszuwerden, sollte man sagen: „Komm morgen und nimm die drei weißen Geschenke entgegen." Am nächsten Morgen kommt die Frau und bekommt eine Handvoll Mehl, eine Handvoll Salz und ein Ei. [155]

Im Norden Englands werden natürlich perforierte Steine an der Seite der Krippe aufgehängt, um zu verhindern, dass die Nachthexe auf den Pferden reitet. In einem seltenen Buch aus dem 16. Jahrhundert mit dem Titel „The Fower Chiefest Offices getting to Horsemanship, by Tho. Blundenill, of Newton Flotman, in Norffolke", wird der folgende seltsame Zauber als Heilmittel für Pferde gegeben, die von dem Albtraum betroffen sind: –

Nehmen Sie einen Flynt Stone

hat ein Loch in seinem Besitz

kynde, und hängen Sie es auf

Hymne und Text in einer Rechnung:

In nomine patris usw.

Heiliger Georg, der Ritter unserer Dame,

Er ging tagsüber und auch nachts

Bis er ihn fand,

Er hir beate und hirbounde,

Bis sie ihm wirklich die Wahrheit sagte

Dass sie nicht in der Nacht kommen würde.

Dort als Ritter des Heiligen Georg, unserer Lady

Der Name lautete dreimal „Saint George".

Und hängen Sie diese Schrift über ihn und lassen Sie ihn in Ruhe. Mit solch richtigen Reizen wie deinem haben die falschen Fritteusen in früheren Zeiten das Geld aus den Geldbörsen der Playne-Leute herausgezaubert.

Früher wurden Trankopfer aus Gefäßen aus Pferdehufen gegossen; und im Volksmund wird angenommen, dass Hexen mit Gier das Wasser trinken, das sich in den Hufspuren von Pferden sammelt. Deutsche Autoren, die sich mit frühen Überlieferungen und Volkssagen befassen, sind sich darin einig, den Hufeisentauchern magische Eigenschaften zuzuschreiben, deren Ursprung vage mit der alten heidnischen Vorstellung vom Pferd als Opfertier zusammenhängt. [156]

Einer populären poetischen Fantasie der alten Germanen zufolge wurden Pferde, Wodans liebste und liebste Tiere, in den zwölf Tagen zwischen Weihnachten und dem Dreikönigstag mit der Gabe der Sprache und Prophezeiung ausgestattet. Zu dieser heiligen Zeit pflegten sie ihre Köpfe zusammenzustecken und einander vertraulich ihre Erfahrungen und Prüfungen des vergangenen Jahres mitzuteilen; und diese Gemeinschaft der Pferdegeister war das einzige Vergnügen, das den edlen Tieren zuteil wurde, und entschädigte in gewissem Maße für die harte Arbeit, die ihnen zuteil wurde.

Noch heute wagen es viele Bauern nicht, zur Weihnachtszeit ihre Pferde anzuspannen, und sprechen nicht einmal von den Tieren beim Namen, sondern gebrauchen Beinamen und Umschreibungen, wenn sie Gelegenheit haben, sie zu erwähnen. In der Weihnachtsnacht schlafen die Bauern oft in der Krippe oder darunter, und ihre Träume zu solchen Zeiten sind prophetisch für das kommende Jahr, denn im Schlaf können sie hören, was die Pferde sagen.

Um den Tieren Gesundheit und Vitalität zu verleihen, ohne die Kosten für zusätzliches Futter zu verursachen, geht der Stallknecht zur Dreikönigszeit nachts dreimal um die Dorfkirche herum und trägt in seinen erhobenen Händen ein Bündel Heu, das er anschließend an die Pferde verfüttert ; oder in der Weihnachtsnacht stiehlt er Kohl, der dann unter das Futter gemischt wird; oder er legt vor dem Mitternachtsgottesdienst eine Menge Heu auf den Misthaufen, das sogenannte „Messeheu", und nach seiner Rückkehr aus der Kirche wird dieses den Pferden gegeben. Manche Bauern haben eine noch einfachere Methode, um das Wohlergehen ihrer Pferde zu fördern, indem sie an den Abenden von Weihnachten, Neujahr oder Dreikönigstag das Putztuch auf eine Hecke legen und anschließend die Tiere mit dem mit Tau beladenen Putztuch striegeln Tuch. [157]

Im Volksmund wird Pferden eine außerordentlich ausgeprägte Fähigkeit zugeschrieben, Geister und verwunschene Orte aufzuspüren, die sie instinktiv schon aus der Ferne wahrnehmen. Der thüringische Bauer schlägt sein Pferd nicht, als dieses sich weigert, auf einem düsteren Waldweg weiterzugehen; denn die Peitsche ist gegen spirituelle Hindernisse nutzlos, während ein andächtig wiederholter *Paternoster* meist viel wirksamer ist.

Es ist ein böhmischer Aberglaube, dass ein Pferd alles zehnfach vergrößert sieht und dass das edle Tier sich deshalb der Führung durch ein kleines Kind unterwirft. [158]

Wenn ein brandenburgischer Bauer in einer Nachbarstadt ein Pferd gekauft hat und mit ihm nach Hause reitet, steigt er an der Grenze seines eigenen Dorfes ab, sammelt eine Handvoll heimischen Bodens und wirft sie rückwärts über die Grenze, um das Tier daran zu hindern, wegzukommen verzaubert. In Böhmen wird angenommen, dass die Hauptzeichen einer Verhexung bei einem Pferd Zittern, starkes Schwitzen und Abmagerung sind. Ein Zaubermittel dagegen besteht darin, das Hemd von innen nach außen über den Kopf zu ziehen und es als Hilfsmittel zum Putzen des Tieres zu verwenden – eine Methode, die für abergläubische Jockeys und Stallburschen akzeptabel sein mag, für ein anspruchsvolles Pferd jedoch kaum empfehlenswert ist. Eigentümer. [159]

XII. PFERDEKÖPFE ALS TALISMANS

In früheren Zeiten war es üblich, Pferdeköpfe als Talismane zu verwenden, mit denen auch die alten heidnischen Völker verschiedene magische Künste praktizierten. Grimm sagt in seiner „Teutonischen Mythologie", dass die Skandinavier den Brauch hatten, den Kopf eines Pferdes an einer Stange zu befestigen und das Maul mit einem Stock offen zu halten. Die klaffenden Kiefer wurden dann in die Richtung gedreht, aus der ein Feind kommen würde, um ihn mit einem bösen Zauber zu belegen. Diese Vorrichtung wurde als Pfahl oder Nichtspfahl bezeichnet. In Mallets „Northern Antiquities" (S. 156, 1890) wird berichtet, dass Eigil, ein berühmter isländischer Barde, als er im 9. Jahrhundert aus Norwegen verbannt wurde, einen Pflock in den Boden steckte und darauf einen Pferdekopf befestigte, wobei er sagte: : „Ich setze hier einen Pflock auf und verbanne ihn gegen König Eirek und Königin Gunhilda." Dann richtete er den Kopf des Pferdes auf das Innere Norwegens und sprach eine feierliche Verwünschung gegen die Schutzgötter des Landes aus, beschwor das Böse über sie und äußerte den Wunsch, dass sie gezwungen würden, umherzuwandern und nie Ruhe zu finden, bis sie die Fahrt hinter sich gebracht hätten hervor der verhasste König und die verhasste Königin. In diesen Fällen wurde der Pferdekopf auf magische Weise als Instrument eingesetzt, um einem Feind Böses anzutun.

Später wurde das gleiche Symbol jedoch bei den nördlichen Völkern häufig als Talisman *gegen* das Böse verwendet.

Nicht nur in der fernen Antike, sondern auch im gesamten Mittelalter wurde die alte heidnische Methode des Pfahls weiterhin von den germanischen Völkern angewandt; und selbst nach der Reformation, noch im Jahr 1584, war der auf eine Stange gesteckte Stutenschädel in Deutschland ein beliebtes Mittel zur Vertreibung von Ratten und anderem Ungeziefer. Das zugrunde liegende Prinzip scheint immer dasselbe gewesen zu sein, nämlich dass die Kraft, Böses abzuwenden, angeblich eine magische Eigenschaft von Pferdeköpfen sei; und diese Macht wirkte nicht nur gegen menschliche Feinde, sondern auch gegen die Geister des Bösen. [160]

N. CHR. den Ort der Niederlage des Varus gegen die germanischen Stämme unter ihrem Häuptling Arminius in der Nähe der Weser erreichte, sah er zahlreiche Pferdeköpfe, die an Baumstämmen befestigt waren. Dabei handelte es sich um die Köpfe römischer Pferde, die die Germanen ihren Göttern geopfert hatten. [161]

Im 15. Jahrhundert pflegte ein wilder Stamm namens Wenden den Brauch, den Kopf eines Pferdes in die Krippe oder Krippe zu legen, um dem Einfluss böser Geister entgegenzuwirken und zu verhindern, dass die Nachthexe auf ihren Pferden ritt. Und in vielen Ländern existieren analoge Vorstellungen, wahre Relikte des Heidentums, noch heute in voller Kraft. So ist es in Mecklenburg und Holstein üblich, die aus Holz geschnitzten Darstellungen von Pferdeköpfen als Schutzvorrichtungen auf den Giebeln von Häusern anzubringen, und wenn sie in der Nähe von Ställen an Pfählen befestigt werden, sollen sie Tierseuchen abwehren. Auch in Mecklenburg wird angenommen, dass Pferdeköpfe, wenn sie unter die Kissen von Kranken gelegt werden, als Fiebermittel wirken, und in Holland werden sie über Schweineställen aufgehängt. Auf den Giebeln alter Häuser in den Rhätischen Alpen sind die Vorderteile von Pferden zu sehen, „aus den Enden der sich kreuzenden Hauptpfeiler herausgeschnitzt". [162]

Es wird angenommen, dass die Verwendung von Pferdeköpfen als Talismane einen Zusammenhang mit den alten heidnischen Opfergaben von Pferden hat. Das Festhalten an letzterem Brauch galt früher als Treuebekenntnis gegenüber dem Heidentum, und umgekehrt galt sein Verzicht als Zeichen der Annahme der neuen Religion. Im zehnten Jahrhundert bemühte sich der norwegische König Hakon Athelstan, bekannt als „Hakon der Gute", beharrlich darum, den heidnischen Götzendienst in seinem Königreich auszurotten, doch aufgrund des heftigen Widerstands seines Volkes ohne großen Erfolg. Auf einem ihrer großen Weihnachtsfeste wurde der König aufgefordert, als Beweis seiner Treue zum alten Glauben

Pferdefleisch zu essen, und als er sich weigerte, dies zu tun, wollten sie ihn töten.

Bei einer anderen Gelegenheit gab König Hakon den Aufdringlichkeiten seines Volkes so weit nach, dass er den Dampf aus einem Kessel mit Pferdebrühe einatmete. Er trank auch etwas Weihnachtsbier und hielt den Kelch in der linken Hand, während er mit der rechten Hand das Kreuzzeichen machte, das der heidnische Geist als Symbol für Thors Hammer ansah. Schließlich wurde er sogar dazu gebracht, ein paar Bissen Pferdefleisch zu essen, eine Tat, die sein Volk als zufriedenstellende Garantie seiner Orthodoxie akzeptierte. [163]

Unter den neu konvertierten nördlichen Nationen geriet die Verwendung von Pferdefleisch als Nahrung in Verruf, und der Brauch wurde als heimliches Opfer für die alten Götzen angesehen, während diejenigen, die sich ihm hingaben, als verstockte Heiden bestraft wurden. [164]

Die Verwendung von Pferdeköpfen als Talismane, ein Brauch, der zweifellos aus dem Heidentum stammt, soll nicht nur die Opfergabe eines Pferdes suggerieren, sondern auch die religiöse Weihe eines Gebäudes symbolisieren, das unter dem schützenden Einfluss eines solchen Symbols steht. Denn bei den alten Germanen galt das Pferd als das heiligste aller Tiere, und Vorzeichen wurden aus dem Wiehern der weißen Pferde in ihren heiligen Hainen abgeleitet. Darüber hinaus herrscht unter deutschen Bauern die weit verbreitete Überzeugung vor, dass das Anbringen geschnitzter hölzerner Darstellungen von Pferdeköpfen auf Hausgiebeln ein Akt der Hommage an die Gottheit sei, deren Segen und Segen dadurch auf die so geschmückten Behausungen und auf sie erbeten werde auch die Insassen. Wenn jedoch die Köpfe *nach außen gerichtet* sind, um das Böse abzuwehren, ähnelt das Prinzip offensichtlich dem des heidnischen Bosheitspfahls, der bereits erwähnt wurde.

Professor Christian Petersen aus Hamburg, der sich vor einigen Jahren mit diesem Thema befasste, äußerte die Überzeugung, dass bei den Heiden jede Wohnung durch drei talismanische Embleme geschützt war, nämlich: (1) auf dem Giebel ein Pferdekopf oder die Darstellung eines *anderen* Tieres oder Vogel; (2) neben der Eingangstür ein *Besen* zum Schutz vor Blitzschlag; und (3) auf der Schwelle ein *Hufeisen* .

Der deutsche Botaniker Karl Friedrich von Ledebour, der zu Beginn dieses Jahrhunderts das Altai-Gebirge besuchte, schrieb, dass er bei den Kalmüken, einem Nomadenvolk, das diese Region bewohnte, zahlreiche Pferdeköpfe und -häute, Reliquien von Opfern, auf Gerüsten platziert sah; und die Richtung der Pferdeköpfe, die nach Osten oder Westen zeigte, zeigte an, ob das Opfer einer guten oder einer bösen Gottheit dargebracht wurde. [165]

Früher war es in einigen Teilen Deutschlands, insbesondere im Norden, üblich, einen Pferdekopf über der Stalltür zu platzieren; Manchmal wurden auch Pferde getötet und ihre Körper unter dem Grundstein eines Gebäudes begraben, um Glück zu bringen. In derselben Region ist die Assoziation von Pferden und Hufeisen mit glücklichen Einflüssen überall offensichtlich: Wenn ein Hufeisen gefunden wird, wird es entweder als Amulett herumgetragen oder an der Kammerwand oder der Schwelle angebracht; und ein junges Mädchen, das in einem Jahr eine bestimmte Anzahl Hufeisen findet oder im gleichen Zeitraum hundert weiße Pferde sieht, wird noch vor Jahresende heiraten. [166]

In Moldawien wird der Kopf eines Pferdes oder eines Esels wegen seiner angeblichen magischen Eigenschaften sehr geschätzt und man glaubt, dass er nicht nur ein mächtiges Mittel zur Herstellung von Hexerei ist, sondern umgekehrt auch ein mächtiger Antagonist des Bösen. [167] Gehege, in denen Tiere gehalten werden, werden sehr häufig durch einen dieser Talismane geschützt, der auf einem gegabelten Pfahl angebracht ist; und das gleiche Gerät ist als Schutz gegen Wölfe und Räuber beliebt. [168] In Rumänien wird der Schädel eines Pferdes als Schutz gegen Geister über einem Hoftor angebracht, und in der Toskana wird er auch als Talisman verwendet. [169]

Zu den Weihnachtsfeierlichkeiten in Ramsgate in Kent gehörte früher eine besondere Veranstaltung namens „going a-hodening". Ein an einer Stange befestigter Pferdekopf wurde von einer Gruppe junger Leute, grotesk gekleidet und mit Handglocken läutend, durch die Stadt getragen. Durch Ziehen an einer am Unterkiefer befestigten Schnur wurde das Maul des Pferdes mit einem schnappenden Geräusch geöffnet und geschlossen. In diesem Fall war der Pferdekopf typisch für den guten Dämon, der die Mächte der Dunkelheit bedrohte und besiegte. [170]

Es scheint, dass es in Sussex immer noch ein modernes Gegenstück zur alten heidnischen Praxis gibt, Pferdeköpfe als Hommage an Wodan an Bäume zu hängen, wo die Körper von Pferden an den Beinen an horizontalen Ästen aufgehängt werden, um Glück zu bringen zum Vieh. Und die offensichtliche Analogie zwischen den beiden Bräuchen weit voneinander entfernter Epochen, das Opfern von Pferden auf Bäumen, um Böses abzuwenden oder Schutz zu erbitten, ist der Aufmerksamkeit moderner Schriftsteller nicht entgangen. [171]

Die Ostiaken Südsibiriens pflegten Pferdeköpfe an Baumzweigen aufzuhängen und um Bienen vor Hexerei zu schützen, platzierten sie sie auch in der Nähe der Bienenstöcke. [172]

In Bulgarien und bei den Osseten, einem asiatischen Stamm, werden dieselben Talismane an den Zäunen befestigt, die Bauernhöfe umgeben. Der alte Germane legte einen Pferdekopf auf die Wetterfahne seiner Scheune, während er an einem geweihten Ort ein Hufeisen aufhängte, als abfällige Opfergabe für den Gott des Donners und der Stürme; [173] und die Tataren der chinesischen Provinz Koukou-Nor versuchen, ihre Bienen vor dem „bösen Blick" zu schützen, indem sie in der Nähe der Bienenstöcke entweder einen Schädel, einen Fuß oder tatsächlich einen Pferdeknochen aufhängen.

In Mecklenburg besteht ein Heilmittel gegen Fieberdelirium darin, einen Pferdeschädel unter das Bett zu legen; und in einigen Teilen Preußens werden bestimmte Wirbelsäulenerkrankungen von Kindern behandelt, indem man den Patienten in Regenwasser badet, in das man dreimal täglich an drei aufeinanderfolgenden Donnerstagen den Kopf eines Pferdes getaucht hat. [174] In einem merkwürdigen alten Werk von M. Fugger (1854) sagt der Autor, dass der Schädel einer Stute, an einer Stange befestigt und in einem Garten platziert, eine wunderbare Wirkung auf die Förderung des Wachstums von Pflanzen und Gemüse hat und darüber hinaus , sorgt für Freiheit von Ratten und Raupen. [175]

Die magyarischen Hirten legten Pferde- und Eselschädel als Talismane um ihre Schafställe, um Wölfe von ihren Herden fernzuhalten und auch um zu verhindern, dass andere grasbewachsene Tiere als ihre Schafe das Gras ihrer Weideflächen fressen. Auch wenn, wie es gelegentlich vorkommt, eine Hügel- oder Hochlandregion bei den Bauern einen unappetitlichen Ruf als angeblicher Treffpunkt der Hexen erlangt, werden dort Pferdeschädel platziert, um solche unziemlichen Orgien zu verhindern, denn, so heißt es im Volksmund, Wo Hexen aufeinandertreffen, wächst kein Gras. Wer den Mut hat, am Karfreitagsmitternacht mit einem sogenannten *Luciastuhl*, einem eigentümlichen Stuhl oder Hocker aus der Weihnachtswoche, einen solchen Ort aufzusuchen, kann die Hexen bei ihren Feierlichkeiten beobachten und sie leicht durch das Werfen eines Pferdeschädels vertreiben in ihre Mitte. [176]

Die Zigeuner, die an der östlichen Donau grenzen, pflegten die Schädel von Pferden und Rindern an den Zaunzäunen zu befestigen, die ihre Höfe umgeben, um zu verhindern, dass Hexen und böse Geister in die Zäune eindringen. Auch die siebenbürgischen Zigeuner vergraben Pferdeschädel unter dem Boden der Erdhöhlen, die sie im Winter bewohnen; und die Stämme Südungarns legen ähnliche Talismane auf die Gräber ihrer Verwandten, damit keine Hexe den geheiligten Boden betreten kann. [177]

Die Zauberer und Beschwörer der Schamanen geben vor, Experten der Zauberei zu sein und über ein geheimes Wissen zu verfügen, das es ihnen ermöglicht, die Handlungen böser Geister zu kontrollieren. Sie tragen ein langes Elchfellgewand, das mit vielen Fetischgegenständen wie Glocken und Eisenstücken geschmückt ist. und um sie bei ihren magischen Riten zu unterstützen, tragen sie Stäbe, deren Spitzen die Form von Pferdeköpfen haben, und mit denen sie hoch in die Luft springen können. [178]

XIII. Das Hufeisen als beliebter Anti-Hexen-Amulett

Die *universelle* Verwendung des Hufeisens als Schutz vor bösen Geistern ist in der Tat bemerkenswert.

Es ist der Anti-Hexen-Zauber *schlechthin* und das anerkannte Glückssymbol, und wenn es für diese Zwecke verwendet wird, ist es in weiten Teilen der Welt zu sehen. Das Hufeisen wird am häufigsten über den Eingangstüren von Wohnungen angebracht; Es wird jedoch angenommen, dass auch Ställe dadurch wirksam geschützt werden, denn „Hexen waren schreckliche Verfolger von Pferdefleisch." In William Hendersons „Folk-Lore of the Northern Countries of England" lesen wir von einem Durham-Bauern, der überzeugt war, dass eines seiner Pferde von Hexen geritten worden war, da er es morgens im Schweiß gebadet vorgefunden hatte. Aber nachdem er die Vorsichtsmaßnahme getroffen hatte, ein Hufeisen über die Stalltür zu nageln und auch einen Besen über der Krippe aufzuhängen, hatten die Hexen keine heimlichen Ausritte auf seinen Pferden unternehmen können. Während viele ehrliche Menschen in England und anderswo fest an Hexen und magische Hufeisen glauben, können nur sehr wenige von ihnen plausible Gründe dafür nennen.

Der Bauer aus Lancashire glaubt, dass schelmische Feen nicht nur nachts auf Pferden reiten, sondern auch Kühe aus dem Stall treiben, die Butter stehlen und den Brei der Kinder auffressen; Deshalb bringt auch er Hufeisen an seinen Gebäuden an.

Wer die Weiler von Oxfordshire besucht, kann die zahlreichen Hufeisen, die an den malerischen strohgedeckten Cottages angebracht sind, kaum übersehen. und die Landbevölkerung in dieser Gegend begnügt sich nicht immer mit *einer* dieser beliebten Schutzvorrichtungen, denn oft sind zwei oder drei davon an den Wänden einer Wohnung zu sehen, immer mit den Zinken nach unten angebracht.

In Brands „Popular Antiquities" (Bd. III, S. 19, 1888) findet sich ein Ausschnitt aus dem „Advertiser" aus Cambridge (Eng.), der berichtet, dass ein gewisser Bartingale, ein Zimmermann und Einwohner von Ely, eine Frau namens ... verdächtigte Es wurde ihm vorgeworfen, ihn verhext zu haben und die Ursache einer Krankheit zu sein, an der er kürzlich gelitten hatte. Daraufhin wurde bei einer in seinem Zimmer abgehaltenen Beratung von Hausfrauen aus der Nachbarschaft beschlossen, dass das wirksamste Mittel, ihn vor dem bösen Einfluss der verdächtigen Zauberin zu schützen, darin bestehe, drei Hufeisen an der Tür zu befestigen. Daraufhin wurde ein Schmied gerufen, und

Eine entsprechende Operation wurde durchgeführt, sehr zum Ärger der vermeintlichen Hexe, die sich zunächst beim Dekan beschwerte, aber von dessen Ehrfurcht ausgelacht wurde. Dann stürmte sie wütend in das Zimmer des Kranken und überschritt, wie durch ein Wunder, trotz der Hufeisen den Rubikon. Aber dieses Wunder hörte auf, als man entdeckte, dass Vulkan Eselsschuhe verwendet hatte.

Miss Georgiana F. Jackson sagt in „Shropshire Folk-Lore", dass im Haus ihrer Kindheit in Edgmond die Stalltür mit drei Reihen von Hufeisen verziert war, die in Form eines Dreiecks angeordnet waren; und die Bräutigame pflegten zu sagen, dass sie dort platziert wurden, um Hexen auszuschließen.

Auch in dieser Region beugt ein altes Hufeisen über der Schlafzimmertür dem Albtraum vor.

In Shrewsbury, der alten Kreisstadt von Shropshire, sind hufeisenförmige Talismane nicht nur über den Haustüren zu sehen, sondern auch auf den Lastkähnen, die den Fluss Severn befahren.

Vor nicht allzu langer Zeit wurde über den Fall eines armen Mädchens aus Whatfield in Suffolk berichtet, das eine lange Krankheit durchgemacht hatte und während dieser Zeit täglich von einer alten Frau besucht wurde, die offenbar sehr auf ihr Wohlergehen bedacht war. Schließlich begann die Familie des Mädchens zu vermuten, dass diese alte Frau keine andere als eine Hexe war; Sie ließen deshalb ein Hufeisen an der Schwelle der Außentür befestigen. Die Vorsichtsmaßnahme war erfolgreich, so heißt es in der Geschichte, denn die angebliche Hexe konnte die Schwelle nicht mehr überschreiten und das Mädchen erholte sich schnell wieder. [179]

In seinen „Remains of Gentilisme" beschreibt Aubrey das Hufeisen als Schutzmittel gegen das Unheil oder die Macht von Hexen und führt seine magischen Eigenschaften auf das astrologische Prinzip zurück, dessen Feind Mars, der Kriegsgott und das Kriegsross, war Saturn, der nach mittelalterlicher Vorstellung der Lehnsherr der Hexen war. [180]

Während der Hexenaufregung in Schottland wurde eine gewisse Elizabeth Bathcat angeklagt, weil sie ein Hufeisen an der Tür ihres Hauses angebracht hatte, „als teuflische Anweisung des Teufels, damit ihre Güter und alle ihre anderen Angelegenheiten gut gedeihen und Erfolg haben". " [181]

Einer alten Legende zufolge wurde der heilige Dunstan, der vielseitige englische Geistliche des zehnten Jahrhunderts, ein geschickter Hufschmied und Besitzer einer Schmiede, vom Teufel gebeten, seinen „einzelnen Huf" zu beschlagen. Dunstan, der seinen Kunden erkannte, willigte ein, aber während der Operation verursachte er dem Teufel so viel Schmerz, dass dieser ihn anflehte, damit aufzuhören. Der Bitte wurde unter der Bedingung entsprochen, dass der Teufel niemals einen Ort betreten dürfe, an dem ein Hufeisen ausgestellt sei. [182] Der weitverbreitete Glaube besagt, dass Seine satanische Majestät den Vertrag immer treu eingehalten hat und ganz natürlich alle kleineren bösen Geister seinem Beispiel gefolgt sind.

In Schottland glaubte die Bauernschaft noch zu Beginn des 19. Jahrhunderts, dass Hexen in der Lage seien, allen Rindern in ihrer Nachbarschaft Milch zu entlocken, indem sie an einem Haarseil zogen, um den Akt des Melkens nachzuahmen. Ein solches Seil bestand aus Haaren aus den Schwänzen mehrerer Kühe, deren genaue Anzahl durch Knoten im Seil angegeben wurde. Während sie am Seil zogen, wiederholten die Hexen entweder den folgenden oder einen ähnlichen Zauber:

Kuhmilch und Stutenmilch,

Und jedes Tier, das Milch bringt,

Zwischen St. Johnstone's und Dundee,

Komm zu mir, komm zu mir.

Der einzig angemessene Schutz vor solch schelmischen Streichen bestand darin, ein Hufeisen an die Stalltür zu nageln und Ebereschenzweige mit einem roten Faden an den Schwanz der Kuh zu binden. Wenn diese Vorsichtsmaßnahmen jedoch vernachlässigt würden, könnte die schuldige Hexe dennoch entdeckt werden, indem die „Gudeman-Hose" auf die Hörner der Kuh gelegt wird, ein Bein auf eines der beiden Hörner; und als das Tier daraufhin freigelassen wurde, rannte es bestimmt direkt zum Haus der Hexe. [183]

Vielerorts haben bestimmte Häuser bis heute den schlechten Ruf, Hexen und Kobolde zu beherbergen. In diesen Fällen scheint es wahrscheinlich, dass die Eigentümer oder Bewohner solcher Wohnungen es versäumt haben, die durch Hufeisen und andere Schutzmaßnahmen gewährte Immunität in Anspruch zu nehmen. Denn unserer Meinung nach hat niemand jemals ernsthaft behauptet, dass böse Geister, wenn sie einmal fest verankert sind, leicht vertrieben werden können. Die Vertrautheit mit ihrer Umgebung kann zu einer Verachtung gegenüber Amuletten führen. Sicher ist jedoch, dass ein oder zwei Unzen Eisen zur Vorbeugung ein Pfund oder mehr zur Heilung wert sind. Wenn eine Wohnung von Dämonen besessen ist, müssen die Teufel irgendwie vertrieben werden, und zu diesem Zweck greift man auf Exorzismen und religiöse oder magische Zeremonien zurück. Mit den Worten des Dichters Dryden („Wife of Bath's Tale", I. 28): –

Und Brüder, die durch die wohlhabenden Regionen laufen

Greifen Sie zu den reichen Bauern und segnen Sie ihre Hallen,

Und exorziere die Betten und überquere die Wände.

In „Antiquitates Vulgares" von Henry Browne (1725) gibt der Autor ausführliche Anweisungen zur richtigen Methode zur Austreibung eines Spukhauses und sagt, dass das Haus, in dem Berichten zufolge von Geistern geplagt wird, täglich von einem Priester besucht werden soll pro Woche, wobei passende Gebete und Bibeltexte vorgelesen werden. Manchmal wurden religiöse Übungen durch magische Verfahren ersetzt, und Zauberer wurden eingesetzt, um ein Herrenhaus von seinen unerwünschten Bewohnern zu befreien. Die folgende Anzeige aus einer Londoner Zeitung von 1777 könnte hier passend wiedergegeben werden:

GEISTERHÄUSER. – Während es in England und Wales Villen und Schlösser gibt, die viele Jahre lang unbewohnt waren und jetzt verfallen, weil sie von bösen Geistern oder den Geistern von Menschen heimgesucht und heimgesucht werden, denen es aus unbekannten Gründen selbst in Elend leid tut Das Grab, ein Gentleman, der eine Reise durch Europa unternommen hat, eine besondere Gesinnung hat und sich mit der abstrusen und heiligen Wissenschaft des Exorzismus bestens auskennt, bietet hiermit jedem Besitzer oder Eigentümer solcher Räumlichkeiten seine Hilfe an und verpflichtet sich, dies zu leisten Sie sind frei von der Heimsuchung solcher Geister, was auch immer ihre Ursache sein mag, und machen sie für die Besitzer bewohnbar und nützlich. Briefe an Rev. John Jones, Nr. 30 St. Martin's Lane, ordnungsgemäß beantwortet und bei Bedarf Interview gegeben. [184]

XIV. DIE POSITION DES HUFEISEN ALS BESCHÜTZER VON GEBÄUDEN

Es wird vermutet, dass das Hufeisen am *äußeren* Eingang eines Gebäudes angebracht ist, weil ein alter sächsischer Aberglaube besagt, dass Hexen ihre List nicht erfolgreich an Personen im Freien ausüben konnten. [185] Das Hufeisen verhindert effektiv das Eindringen von Hexen und bösen Geistern, aber sobald diese Kreaturen Zugang erhalten, ist es machtlos, sie zu vertreiben. Daher verliert das Hufeisen innerhalb von Türen viel von seiner Wirksamkeit, ist aber immer noch ein Symbol des Glücks.

An der Außenseite der Tür, über dem Eingang einer Wohnung oder auf der Schwelle platziert, ist das Hufeisen leicht der erste unter den eingefleischten Feinden von Hexen und Teufeln im Allgemeinen.

Lache, wenn du willst, wer weder Teufel noch Teufel fürchtet,

Wem der Tod keine Angst macht, dem kommen keine Phantome nahe;

Durch dessen Nerven keine schnellen Vibrationen huschen,

Als der schattige Nachwuchs der wimmelnden Dämmerung beginnt;

Es liegt nicht an dir, die Freude zu spüren, mit der ich geflogen bin

Den rostigen, abgenutzten, aber glücklichen Schuh zu schnappen.

Oft habe ich sie an meiner Tür plappern hören,

Die Hexen, deren Tänze das schrumpfende Moor schlagen;

Oft bin ich aus der von Albträumen heimgesuchten Ruhe erwacht,

Und keuchte einen *Oro* aus meiner keuchenden Brust,

Als Formen, die vor dem halb geschlossenen Auge verschwanden

Mit Schrecken könnte man sich öffnen, aus ihren Feierlichkeiten fliegen.

Von nun an, gutes Hufeisen, wird ihr Ritt vergeblich sein:

Ihre Zauber werden vereitelt und ihre Wut wird getrotzt. [186]

Edward Moor berichtet in seinen „Oriental Fragments" (S. 455, London, 1834), dass er einmal in Begleitung einer Bengelbande einer armen Frau in Suffolk, die der Zauberei verdächtigt wurde, einen Eselsschuh unter die Schwelle geschlagen hatte . Er und seine jugendlichen Gefährten versuchten, sie die ganze Nacht im Haus zu halten, da Hexen Eisen nicht überqueren können.

Ein englischer Schriftsteller [187] erzählt, dass er im Salon eines Londoner Bierladens eine lebhafte Diskussion darüber gehört habe, ob es besser sei, ein Hufeisen *hinter der Tür* oder auf *der ersten Türschwelle festzunageln* ; und Fälle außergewöhnlichen Glücks wurden als direkte Folge der Wirksamkeit des Amuletts in jeder Position erwähnt.

Aber es gibt gewichtige Gründe dafür, dass die Haustür oder die unmittelbar damit verbundenen Teile als geeigneter Ort für die Präsentation von Hufeisen als Haushaltswächter ausgewählt wurden.

In den frühesten historischen Zeiten und in primitiven Gemeinschaften galt der Eingang einer Wohnung als heiliger Ort; und nach Meinung bedeutender Gelehrter, die sich mit diesem Thema befasst haben, war die Schwelle der erste Familienaltar. Heutzutage herrscht in vielen Teilen der Welt eine besondere Ehrfurcht vor dem Tor und der Schwelle, wie aus den zahlreichen zeremoniellen Riten hervorgeht, die bei weit voneinander entfernten wilden Stämmen und unzivilisierten Völkern in Mode sind. [188] Tatsächlich ist der Brauch, Amulette und Amulette in und um die Eingangstüren von Häusern, Ställen und anderen Gebäuden anzubringen, fast überall verbreitet. In Russland ist auf der Schwelle ein Kreuz angebracht, um Hexen fernzuhalten.

In Litauen wird beim Bau eines Hauses ein Holzkreuz oder ein Gegenstand, der von früheren Generationen weitergegeben wurde, unter die Schwelle gestellt. Auch dort ist es Brauch, wenn ein frisch getauftes Kind aus der Kirche zurückgebracht wird, dass der Vater es eine Zeit lang über der Schwelle hält, „um das neue Familienmitglied unter den Schutz der häuslichen Gottheiten zu stellen." ." Kranke Kinder, die angeblich von einem bösen Blick befallen waren, werden auf der Schwelle ihrer Hütte gewaschen, damit mit Hilfe der dort ansässigen Penaten die Krankheit aus der Tür vertrieben werden kann. [189]

Unter der Schwelle der assyrischen Paläste in Ninive wurden bestimmte Bilder grotesker Monster gefunden, wie zum Beispiel eine menschliche Gestalt mit dem Kopf eines Luchses und ein Löwenkörper mit einem Männerkopf, die als Schutzgottheiten gedacht waren. [190]

John Netten Radcliffe sagt in seinem Buch „Fiends, Ghosts, and Sprites" (S. 43, London, 1854), dass der Hufeisen-Aberglaube ein Überbleibsel oder Relikt der Verehrung von Hauswächtern oder Gottheiten ist – eine Praxis, die noch immer praktiziert wird Mode unter den Eingeborenen von Ashantee und auch unter den Bhutas von Hindostan. In einigen englischen Grafschaften werden natürlich perforierte Steine hinter die Tür gehängt; und in Glamorganshire sind die Wände der Häuser weiß getüncht, um umherziehende Geister des Bösen zu erschrecken. Unabhängig davon, ob dieser Brauch zu diesem Zweck erfolgreich ist oder nicht, ist dieser Brauch sicherlich wirksam bei der Vernichtung der dämonischen Keime bestimmter Krankheiten.

Die französischen Kanadier sind nicht die geringsten abergläubischen Menschen und versäumen es auch nicht, angemessene Vorkehrungen zu treffen, um zu verhindern, dass böse Geister in ihre Häuser eindringen.

Sie antworten nicht mit „Entrez!" Wenn es an der Tür klopft, rufen Sie „Ouvrez!" Dieser Brauch soll aus einer aktuellen Überlieferung über eine junge Frau entstanden sein, die einst mit „Entrez!" antwortete. als Reaktion auf ein Klopfen, woraufhin der Teufel sofort hereinkam und sie wegtrug. [191] Wo solche Legenden offene Glaubwürdigkeit finden, erscheint es nicht verwunderlich, dass Hufeisen und andere Talismane einen hohen Stellenwert haben.

In der Toskana werden an der Schwelle magische Medikamente eingenommen, die auch in der Zauberei eine wichtige Rolle spielen. Als Grund für diese Tatsache wird angeführt, dass die Schwelle die Grenze zwischen der Außenwelt, in der Dämonen grassieren, und den häuslichen Bereichen, in denen Menschen leben, bildet.

Ein Autor behauptet, es sei ein festes Gesetz in der Dämonologie, dass Geister die Schwelle nicht überschreiten und ein Haus betreten können, ohne vorher dazu aufgefordert zu werden, fügt jedoch hinzu, dass es viele Ausnahmen von dieser Regel gibt. [192] Die Beweislast stützt diese Ansicht nicht, denn es ist bekannt, dass schelmische Feen und Hexen die Gesetze der Etikette grob missachten und nicht auf eine Einladung warten, Wohnungen zu betreten. Diese Tatsache ist in der Tat ein Hauptgrund *für* die Verwendung von Talismane am Eingang von Wohnstätten.

Die Bewohner der wunderschönen Region Thüringer Wald, in deren Nachbarschaft diese Zeilen zufällig entstanden sind, befestigen Hufeisen an den Schwellen ihrer Kammertüren, damit nicht ein unhöflicher Kobold eindringt und ihren Schlaf stört. Aber die Ansprüche dieser Waldbewohner begnügen sich nicht mit einem gewöhnlichen Schuh, auch wenn er auf der Straße gefunden wurde und ehrwürdig vor Rost ist; Um seinen Zweck als Talisman zu erfüllen, muss ein Thüringer Hufeisen am Vorabend des Heiligen Johannes von einem Junggesellen mit gesundem Leben und gutem Charakter geschmiedet worden sein. [193]

In deutschen Haushalten wird angenommen, dass das Hufeisen über der Tür Schutz vor verschiedenen Erscheinungen sowie vor dem Teufel, Hexerei, Blitz, Krankheit und Übeln aller Art bietet.

Das Kreuz, Symbol des christlichen Glaubens, ist der mächtigste aller Talismane, wird aber selten am Eingang von Wohnungen gesehen. In einigen römisch-katholischen Ländern ist das Kruzifix tatsächlich überall auffällig, nicht nur in Kirchen und Heiligtümern, sondern auch am Straßenrand, auf Feldern und an den Außenwänden von Häusern, aber es wird selten an der Haustür angebracht. In Ungarn jedoch zeichnen die Magyaren jedes Jahr zur Weihnachtszeit mit schwarzer Kreide die Figur eines Kreuzes auf ihre Stalltüren und brennen darauf das heilige Emblem.

Der Respekt, den die Einwohner Tibets ihren Hausgottheiten entgegenbringen, ähnelt in gewisser Weise der Verehrung ihrer *Laren* durch die alten Römer und findet eine Parallele in der Ehre, die dem beliebtesten Amulett der westlichen Zivilisation, dem Hufeisen, zuteil wird.

Die Tibeter stellten über den Eingängen ihrer Häuser komplexe Talismane auf, die aus verschiedenen mystischen Objekten bestanden, beispielsweise einem Widderschädel mit daran befestigten Hörnern, und an der Basis des Schädels geschnitzte Holzstücke angebracht, die einen Mann und eine Frau, ein Haus usw. darstellten andere Symbole; Die Idee besteht darin, die Dämonen zu täuschen und sie glauben zu lassen, dass diese Objekte die wahre Behausung und ihre Bewohner seien. Die Tibeter glauben, dass die Dämonen auf diese Weise ausgetrickst werden und dass die Holzbilder Opfer ihrer bösartigen Absichten sind. [194]

Weit entfernt sieht man bei den Nomadenstämmen Turkestans gelegentlich Hufeisen, die an die Schwellen von Wohnhäusern in der Nähe der antiken Stadt Merv genagelt sind; und innerhalb der Türen, in der Nähe der Eingänge dieser eigentümlichen Behausungen, die riesigen Papageienkäfigen ähneln, sind auf der Wandverkleidung aus Filz Leinen- oder Kalikostücke von vier bis fünf Zoll im Quadrat zu sehen, die als Behälter für die freiwilligen Opfergaben dienen solche wandernden Geister, die die magischen Barrieren der Hufeisen überwinden können. [195]

In einigen Regionen herrscht noch immer der altehrwürdige Brauch vor, über den Haupteingängen von Wohnhäusern Inschriften anzubringen, die meist einen religiösen Gedanken oder eine Ermahnung verkörpern. Manchmal jedoch empfiehlt der Satz das Haus und seine Bewohner der Obhut der Göttin Fortuna und hat damit eine ähnliche Bedeutung wie das Hufeisensymbol. Im Jahr 1892 kopierte der Schriftsteller zahlreiche Inschriften, die über den Türen von Häusern in Norditalien und der Schweiz gefunden wurden, einige davon in lateinischer Sprache, andere in Deutsch, Französisch, Italienisch und dem im Engadin verbreiteten rätoromanischen Dialekt. Hier ist zum Beispiel eines aus einem Haus im Schweizer Dorf Bergun, im Original heißt es auf Deutsch: „Dieses Haus ist in Gottes Hand; Möge das Glück hereinkommen und das Pech draußen bleiben! 1673."

Viele dieser Inschriften sind Bibelverse, die hier als Talismane verwendet werden, so wie der fromme Moslem Sätze aus dem Koran verwendet.

Hier ist noch einmal die Übersetzung eines deutschen Satzes über der Tür eines Wohnhauses im Dorf Ober-Schönberg bei Innsbruck, Tirol, kopiert im Jahr 1897:

Alle Personen, die dieses Haus betreten, werden dem göttlichen Schutz empfohlen. Gott und die Jungfrau Maria beschützen sie alle, auch wenn draußen mächtige Feinde drohen und Blitze und Donner toben!

Über der Tür eines Hauses im Dorf Welschnofen bei Botzen kann der Wanderer den folgenden Satz lesen: „Bete für uns, heiliger Florian, dass das Feuer unserer Wohnung keinen Schaden zufügen möge." Über der Inschrift ist ein Auge gemalt, während darunter ein realistisches Bild des Heiligen Florian, des Beschützers der Gebäude vor Feuer, zu sehen ist, der dabei ist, Wasser auf ein brennendes Dach zu gießen.

Die Bassamesen, Bewohner der Goldküste Afrikas westlich von Ashantee, verwenden bestimmte Fetischgegenstände zum Schutz ihrer Behausungen. Diese Amulette, bei denen es sich oft lediglich um rot bemalte Holzstücke oder Tonscherben handelt, werden an den Türen ihrer Hütten angebracht und sollen einen ausreichenden Schutz vor Dieben bieten. [196] Ein solcher Fetisch soll wahrscheinlich auch böse Geister ausschließen und ist daher ein

Ersatz sowohl für das Hufeisen als auch für den Wachhund, die in zivilisierten Gemeinschaften so beliebten Wächter des Haushalts.

Wenn ein moderner Ägypter von einer Pilgerreise nach Mekka zurückkehrt, befestigt er über dem Eingang seines Hauses einen Zweig der Aloe, der nicht nur ein Beweis für seinen religiösen Eifer bei der Bewältigung der heiligen Reise ist, sondern auch als Schutz vor Unannehmlichkeiten gilt spirituelle Eindringlinge und ist daher in Kairo über den Türen der Häuser sowohl von Christen als auch von Juden zu sehen.

In Nordschottland wurde früher ein Zweig der Eberesche über die Tür eines Bauernhauses gelegt, nachdem man ihn mit den Worten „Avaunt, Satan!" geschwenkt hatte. wurden feierlich ausgesprochen. [197]

Um das Jahr 1850 stellte Rev. Andrew A. Bonar, damals stellvertretender Pfarrer im Collace Parish in Perthshire, Schottland, fest, dass der Brauch, Hufeisen an den Türen von Wirtschaftsgebäuden anzubringen, so weit verbreitet war, dass er es für seine Pflicht hielt, dagegen zu protestieren eine Praxis, die das Heidentum genießt. Aber seine Bemühungen in dieser Richtung waren zwar kaum von Erfolg gekrönt, aber dennoch nicht ganz erfolglos, denn seine abergläubischen Gemeindemitglieder entfernten die Schutzhufeisen von den Außenseiten der Türen und nagelten sie an der Innenseite fest. [198]

Die *Daseinsberechtigung* des Hufeisens am Eingang von Geschäften und anderen frequentierten Gebäuden wird auf den Glauben zurückgeführt, dass unter den vielen Menschen, die ständig durch die Tür gehen, jemand unbemerkt Unglück oder Arbeit bringen könnte Unfug. Aber diese Schutzmaßnahmen bilden nicht nur eine ausreichende Barriere gegen widerwärtige Hexen und Zauberer, sondern sind auch wirksam gegen Geister und alle Arten böser Kreaturen. Als der Oxford-Student „seine Eiche zur Schau stellt", um den vorzeitigen Eintritt mahnender Handwerker zu verhindern, schließt er auch freundliche Besucher aus; Aber das treue Hufeisen hält durch einen Prozess natürlicher Auslese nur unliebsame Geister fern und ist ein gewaltiges Hindernis für den Dämon des Unglücks.

XV. DAS GLÜCKLICHE HUFEISEN IM ALLGEMEINEN

Er lacht wie ein Idiot, der ein Hufeisen gefunden hat. – *Niederländisches Sprichwort.*

In ganz Deutschland herrscht der Glaube vor, dass ein auf der Straße gefundenes und mit nach außen gerichteten Spitzen an die Schwelle eines

Hauses genageltes Hufeisen einen mächtigen Schutz nicht nur gegen Hexen und Unholde, sondern auch gegen Feuer und Blitz darstellt; aber *umgekehrt* bringt es Unglück. In Ost-Pennsylvania wird das Hufeisen jedoch auch in jüngster Zeit oft mit den Zacken nach innen gerichtet platziert, damit das Glück ins Haus gelangen kann. Das Hufeisen behält seine Kraft als Talisman sowohl auf dem Meer als auch an Land, und unter Seeleuten ist es seit langem üblich, dieses beliebte Amulett an den Mast eines Schiffes zu nageln, sei es ein Fischerboot oder ein großes Seeschiff , als Schutz vor dem Bösen. Der Schuh eines „Geisterpferdes", dem mythischen Nachkommen eines Wasserhengstes, wird von schottischen Seeleuten für diesen Zweck besonders geschätzt. [199]

In Böhmen existiert nur der Aberglaube, der genau das Gegenteil von dem ist, was anderswo vorherrscht, nämlich dass, wer ein Hufeisen aufhebt, dadurch *ipso facto* Unglück auf sich zieht – ein bemerkenswertes Beispiel in der Volkskunde für die Ausnahme, die die Regel bestätigt. Die Böhmen hingegen glauben, ein zugenageltes Hufeisen sei ein Heilmittel gegen Wahnsinn. [200]

Im Allgemeinen geht man davon aus, dass der Grad des Glücks, den ein zufällig gefundenes Hufeisen mit sich bringt, von der Anzahl der darin verbliebenen Nägel abhängt: Je mehr Nägel, desto mehr Glück. [201]

In Northumberland werden die nagelfreien Löcher sorgfältig gezählt, da sie vermutlich in Jahren angeben, wie bald der Finder des Schuhs mit einer Heirat rechnen darf. [202] Die Bauern Nordportugals bevorzugen Pantolettenschuhe mit einer ungeraden Anzahl von Nagellöchern, um den bösen Einflüssen der gefürchteten, allgegenwärtigen Hexen, den sogenannten Bruxas, *entgegenzuwirken* . [203]

In Derbyshire ist es üblich, ein Hufeisen mit den Zinken nach oben zwischen zwei Steinplatten in der Nähe der Tür einer Wohnung zu treiben. [204] Diese Position wird manchmal damit erklärt, dass das Glück bei einer solchen Platzierung nicht auslaufen kann.

In einem kurzen Gedicht mit dem Titel „The Lucky Horse-Shoe" von James T. Fields wird ein amüsanter Bericht über einen Bauern erzählt, der ein altes Hufeisen von der Straße aufhob und es damit an die Tür seiner Scheune nagelte Zinken nach unten. Doch weit davon entfernt, ihm Glück zu bringen, missbilligte ihn das Schicksal. Seine Heuernte fiel aus, eine Dürre beeinträchtigte sein Gemüse und seine Hühner weigerten sich zu legen.

Der gute Bauer, entmutigt und verwirrt, vertraute sein Leid dem mitfühlenden Ohr eines alten Wanderers an, der zufällig vorbeikam, und erzählte, wie das Unglück ihn verfolgt hatte, seit er das alte Hufeisen befestigt hatte.

Der Fremde wollte den Schuh sehen;

Der Bauer brachte es in Sicht;

Aber als der alte Mann seinen Kopf hob,

Er lachte schallend und sagte schnell:

„Kein Wunder, dass der Himmel über dir die Stirn runzelt,

Du hast das Hufeisen verkehrt herum festgenagelt;

Drehen Sie es einfach um, und bald werden Sie sehen

Wie du und Fortune einer Meinung sein werden."

Der Bauer nutzte den freundlichen Vorschlag und drehte sein Glückszeichen um, woraufhin die launische Göttin ihn geradezu anstrahlte. Seine Scheune war bald mit Heu gefüllt, seine Lagerhäuser waren vollgepackt mit den freundlichen Früchten der Erde, während seine Frau ihm Zwillinge schenkte.

Die Bauern dürften durchaus darauf achten, *wie* sie Hufeisen über die Tore ihrer Scheunen nageln. Um die besten Ergebnisse zu erzielen, wäre es ratsam, auf jedem Wirtschaftsgebäude ein Paar dieser nützlichen Artikel anzubringen, einen mit den Spitzen nach oben, den anderen umgekehrt. denn auf diese Weise hoffen sie nicht nur, das Lächeln des Schicksals zu gewinnen, sondern auch alle Hexen und unfreundlichen Geister auf respektvolle Distanz zu halten.

In einer interessanten Geschichte für Kinder in „St. Nicholas", April 1897, von Rudolph F. Bunner mit dem Titel „Das Hufeisen des Glücks", stellt der Autor das Glück in der Figur und im Gewand eines umherziehenden Clowns oder Narren auf einem weißen Pferd vor. Dieser fröhliche Reisende sucht eine Nachtunterkunft in einem Bauernhaus am Wegesrand, und als er fast die gastfreundliche Tür erreicht hat, wirft sein Ross einen Schuh, den der Bauer schnell aufhebt und vorsichtig an einem Haken über der Tür aufhängt. Der Glückspilz erwies sich als äußerst amüsanter Kerl, und nach dem Abendessen unterhielt er die Kinder des Haushalts auf königliche Art und Weise, indem er ihnen unter anderem zeigte, wie man Porzellan und Glas fallen lässt, ohne sie zu zerbrechen, und wie man die Treppe hinunterstürzt, ohne sich zu verletzen . So verlief der Abend recht fröhlich, und alle zogen sich glücklich und glücklich für die Nacht zurück. Am frühen Morgen wurde der Bauer durch Regentropfen auf seinem Gesicht geweckt, und als er hastig aufstand, stellte er fest, dass das Dach undicht geworden war und dass sein Gast kurzerhand gegangen war. Verärgert über dieses Verhalten eilten der Bauer und seine Familie der Verfolgung des flüchtenden Fremden nach, geleitet von den Hufabdrücken seines weißen Pferdes. und als sie ihn eingeholt hatten, machte der Bauer seinem verstorbenen Gast Vorwürfe, dass er sein Haus so plötzlich verlassen hatte. Darauf antwortete das Glück: „Ich habe dich verlassen, nicht weil du nicht einmal mein Hufeisen über deine Tür nageln konntest, sondern es verkehrt herum aufgehängt hast, sodass das Glück an den Enden ausging, sondern wegen deines eigenen Fehlers." Du hast mir vertraut; Du hast dem Glück vertraut. Ah ha!"

In den nördlichsten Bezirken Schottlands herrscht die Überzeugung vor, dass den Kühen kein Schaden zugefügt wird, wenn der erste Schuh, der einem Hengst an den Fuß gesteckt wird, an der Stalltür aufgehängt wird. Und wenn in der gleichen Gegend ein Hufeisen zwischen die Häuser streitsüchtiger Nachbarn gelegt wird, besteht für keinen von ihnen die Gefahr, dass aufgrund der bösen Wünsche des anderen etwas Böses geschieht. [205]

Um drohende Krankheiten des Viehs abzuwehren und damit es im Sommer gedeihen kann, legen die siebenbürgischen Bauern am Johannistag, dem 24. Juni, zerbrochene Hufeisen in die Tränken der Tiere.

In Lincolnshire herrschte vor nicht allzu langer Zeit der Brauch vor, Eschen „bezaubern" zu lassen, indem man Hufeisen unter ihnen vergrub. Es wurde angenommen, dass Zweige eines auf diese Weise mit Magie ausgestatteten Baumes wirksam bei der Heilung von Rindern waren, die von einer Spitzmaus überfahren worden waren oder die dem Blick eines bösen Blicks ausgesetzt waren. Um in solchen Fällen eine Heilung herbeizuführen, genügte ein sanftes Streicheln des betroffenen Tieres mit einem dieser Zweige. [206]

Vor einigen Jahren hatte ein Fischer aus Golspie, der ein kleines Boot besaß, außerordentliches Glück beim Angeln und konnte dank seines Glücks ein größeres Schiff kaufen und das alte an einen Nachbarn verkaufen. Von diesem Zeitpunkt an schien sein Glücksstern jedoch zu schwinden und gute „Fänge" waren selten. Als er darüber nachdachte, fiel ihm ein Hengstschuh ein, der in seinem früheren Boot befestigt war und der ihm von einem „weisen Menschen" geschenkt worden war. Aber sowohl das Boot als auch das Hufeisen befanden sich nun in den Händen seines Nachbarn, der mit Recht behauptete, dass das Glückszeichen nun *sein* Eigentum sei, da er „das Boot und seine Ausrüstung" gekauft hatte. Und seitdem führte der untröstliche Fischer seinen mangelnden Erfolg in dieser Saison auf seine eigene Torheit zurück, als er sich vom Hengstschuh getrennt hatte. [207]

Das Hufeisen wird oft in Überlieferungen über das Meer als Schutz für Seeleute verwendet. Als das Geisterschiff des Fliegenden Holländers auf ein anderes Schiff trifft, nähern sich einige seiner unheimlichen Besatzungsmitglieder diesem in einem Boot und bitten sie, ein Paket Briefe in ihre Obhut zu nehmen.

Diese Briefe müssen an den Mast genagelt werden, sonst wird das Schiff von Unglück heimgesucht; vor allem, wenn keine Bibel an Bord ist und auch kein Hufeisen am Fockmast befestigt ist.

Im September 1825 traf ein Blitz eine Brigantine, die in der Bucht von Armiso an der Adria vor Anker lag. Ein Seemann wurde durch den Bolzen getötet, und die Überlieferung besagt, dass auf einer seiner Hüften die perfekte Darstellung eines Hufeisens zu sehen war, das Gegenstück zu einem Hufeisen, das nach dem im Mittelmeer beliebten Brauch an den Fockmast des Schiffes genagelt war. [208]

Der gleiche Brauch ist auf deutschen Binnengewässern üblich, beispielsweise auf den Flussschiffen, die auf der Elbe unterhalb von Hamburg verkehren, und auf denen, die auf der Trave bei Lubec verkehren. Auf letzteren Schiffen werden Hufeisen normalerweise am Heckpfosten und nicht am Mast befestigt.

In einem deutschen Werk mit dem Titel „Seespuk" von PG Heims, Seite 138, bemerkt der Autor, dass bei Seefahrern das alte heidnische Emblem, das Hufeisen, dessen talismanischer Ursprung so eng mit Pferdeopfern und deren Verwendung verbunden ist Die Verwendung von Pferdefleisch als Nahrung bei den heidnischen Nationen des Nordens ist auch heute noch der stärkste Schutz an Bord von Schiffen gegen Blitze und die Mächte des Bösen.

Es gibt vergleichsweise wenige kleine Schiffe, die mit Holz, Obst, Gemüse oder anderen Waren beladen sind und zwischen Ostseehäfen verkehren, an deren Fockmast oder anderswo an Deck keine Hufeisen genagelt sind.

In der Tat, fährt derselbe Autor fort, habe dieses Symbol auch in der deutschen Kunst eine bemerkenswerte Bedeutung, eine Tatsache, die weniger auf seine anmutig geschwungene Form als vielmehr auf den tief verwurzelten Aberglauben, Überbleibsel barbarischer Zeiten, zurückzuführen sei, der ihm immer noch anhaftet.

Ob wir das Hufeisen als Symbol von Wodan, der Hauptgottheit der nördlichen Nationen, betrachten, ob es aus seiner Halbmondform magische Kräfte ableitet, ob es ein Produkt übernatürlicher Fähigkeiten im Umgang mit Eisen und Feuer ist oder ob es dem Hufeisen zugehörig ist Da es sich um das beliebteste Opfertier der Antike handelte, ist die heidnische Quelle seines abergläubischen Gebrauchs ebenso offensichtlich.

Das Hufeisen, ob als Amulett oder als Glückszeichen, hat nichts mit der christlichen Religion zu tun. In beiden Fällen handelt es sich um ein völlig abergläubisches Symbol mit einem Hauch von Heidentum. Es ist in der Tat ein Erbe unserer heidnischen Vorfahren, ein barbarisches Zeichen, das es nicht einmal wert ist, im Zusammenhang mit dem heiligen Kreuz genannt zu werden. Doch über viele Jahrhunderte hinweg hat es die öffentliche Fantasie in seinen Bann gezogen, und seine symbolische Verwendung scheint heute in vielen Teilen der Welt so fest verankert zu sein wie eh und je.

Es wird allgemein angenommen, dass der zufällige Fund eines Hufeisens seine magische Kraft erheblich verstärkt. und einige Autoren behaupten darüber hinaus, es sei ein Axiom in der Folklore, dass Talismane, die einem ins Auge fallen, sozusagen direkte Geschenke der Göttin Fortuna seien und daher für den Finder einen besonderen Wert hätten. Eine solche Vorstellung ist ebenso eindeutig heidnischen Ursprungs wie der Brauch, sich vor dem Neumond zu verneigen oder Darstellungen von Pferdeköpfen auf den Giebeln von Häusern anzubringen, um umherziehende Geister des Bösen zu erschrecken.

In „Curiosities of Popular Customs" von William S. Walsh (S. 665, 1898) heißt es, dass die nördlichen Völker Wodan nach der Ernte Opfer darbrachten und dass die kleinen Kuchen noch immer auf St. Martin gebacken wurden Der 11. November hat in ganz Deutschland die Form eines Horns oder Hufeisens, das ein Zeichen des heidnischen Gottes war. Auch wenn dies nicht beweisbar ist, scheint es sehr wahrscheinlich, dass wir hier ein weiteres Relikt des Götzendienstes haben. Bemerkenswert ist außerdem, dass Wodan nicht nur eine allmächtige Gottheit war, die dem griechischen Zeus und dem römischen Jupiter entsprach, sondern dass er auch ein großer Zauberer war und daher ganz natürlich das Hufeisen als einer seiner Symbole, erbt magische Eigenschaften.

In der Toskana wird ein gefundenes Hufeisen in einen kleinen roten Beutel mit etwas Heu gelegt, was die Toskaner auch als Glücksbringer betrachten, und der doppelte Zauber wird im Bett seines Besitzers aufbewahrt. [209]

Dr. Robert James, ein englischer Arzt des 18. Jahrhunderts und Erfinder eines bekannten Fieberpulvers, führte seinen Erfolg beim Erwerb eines Vermögens auf sein Glück zurück, einmal ein Hufeisen auf der Westminster Bridge gefunden zu haben . Die Aufrichtigkeit seines Glaubens wurde durch die Annahme des Hufeisens als Familienwappen bestätigt.

Markenzitate aus John Bells MS. „Diskurs über Hexerei" (1705) wie folgt:

Schützen Sie sich vor teuflischen Zaubersprüchen für Menschen oder Tiere. Heutzutage werden viele Zaubereien praktiziert, gegen die ich bei dieser Gelegenheit aussagen möchte, und frage Sie daher ernsthaft: Was meinen Sie damit, dass Sie Zeiten und Jahreszeiten als glücklich oder unglücklich betrachten? Was meinst du mit deinen vielen Zaubersprüchen, Versen und Worten, die so oft wiederholt werden, wie „Fasten" oder „Rückschritt"? Wie wollen Sie Erfolg haben, wenn Sie bestimmte Kräuter, Pflanzen und Baumzweige mit sich herumtragen? Warum greifen Sie aus Angst vor bestimmten Ereignissen zu solchen abergläubischen Mitteln zurück, um sie zu verhindern, indem Sie Holzstücke an Türen auslegen und eine Bibel nur als Talisman bei sich tragen, ohne sie weiter zu nutzen? Was habt ihr vor, wenn ihr die Hexerei der Hexerei entgegensetzt, und zwar so, dass ihr, wenn ihr glaubt, jemand sei verhext, ihn durch Verbrennungen, Flaschen, Hufeisen und ähnliche magische Zeremonien zu entlasten versucht?

In einigen römisch-katholischen Ländern pflegten die Priester Kühe und Schweine mit dem Zeichen eines Hufeisens auf der Stirn zu brandmarken, um sie vor Krankheiten zu schützen. [210] Darüber hinaus war es ein alter schottischer Aberglaube oder *Freet*, ein Hufeisen dreimal unter den Bauch und über den Rücken einer Kuh zu führen, die als elfengeschossen galt. [211]

Unter den wendischen Bewohnern des *Spreewalds* in Norddeutschland achtet der glückliche Finder eines Hufeisens darauf, keinem Nachbarn von seinem Glück zu erzählen, sondern macht sich sofort daran, das Hufeisen über der Tür seines Hauses oder an der Haustür zu befestigen Schwelle, mit drei Nägeln und mit drei Hammerschlägen, damit böse Geister nicht eindringen.

Wir haben gesehen, dass ein auf der Straße aufgehobenes Hufeisen für den Finder oft als nicht minderwertiger Erwerb angesehen wird. Es ist vielleicht nicht unangebracht, hier eine wörtliche Übersetzung eines Zauberspruchs zum Schutz eines Pferdehufes zu geben, wenn ein Hufeisen verloren gegangen ist. Das Original erschien 1834 in Mones „Anzeiger" und ist in dem als „Mittelhochdeutsch" bekannten Dialekt verfasst, der vom 12. bis 16. Jahrhundert in Mode war:

Wenn ein Pferd einen seiner Eisenbeschläge verloren hat, nimm ein Brotmesser und schneide den Huf an der Kante von einer Ferse zur anderen ein, und lege das Messer kreuzweise auf die Sohle und sage: „Ich befehle dir, Huf und Horn, dass du so wenig brichst, wie Gott, der Herr, sein Wort gebrochen hat, als er Himmel und Erde erschuf." Und du sollst diese Worte drei Stunden hintereinander und fünf *Paternoster* und fünf *Ave Marias* zum Lob der Jungfrau sagen. Dann wird das Pferd nicht lahm gehen, bis du zufällig eine Schmiede erreichst.

Die Deutschen haben ein Sprichwort über ein junges Mädchen, das in die Irre geführt wurde: „Sie hat ein Hufeisen verloren." Dieses Sprichwort wird mit dem Schuh als Symbol der Ehe in Verbindung gebracht, eine Idee, die sowohl in der nördlichen als auch in der indischen Mythologie zu finden ist. Es wurde jedoch angenommen, dass sich der Ausdruck auch auf die hufeisenförmige *Gloria bezieht*, die den Kopf der Jungfrau krönt, wodurch das Hufeisen zum Symbol mädchenhafter Keuschheit wird. [212] Wieder wurde in Bezug auf denselben Satz vorgeschlagen, dass das Hufeisen ein Symbol für das V (oder den ersten Buchstaben des Wortes *Jungfrau*) ist, das in Kirchenbüchern verwendet wird, um den unverheirateten Zustand zu bezeichnen. so wie das Wort „Jungfrau" in juristischen Dokumenten verwendet wird.

Die alten Iren pflegten die Füße und Beine ihrer verstorbenen Rosse in ihren Häusern aufzuhängen und legten dabei besonderen Wert auf die Hufe; [213] und bei den heutigen Chinesen soll ein im Haus aufgehängter Pferdehuf die gleiche schützende Wirkung auf eine Wohnung haben wie ein Hufeisen anderswo. Im Südwesten Deutschlands ist es immer noch üblich, einen Huf über die Stalltür zu nageln; und in den Niederlanden soll ein in einem Stall platzierter Pferdefuß die Pferde vor einer Verhexung bewahren. [214]

Burton gibt in seiner „Anatomie der Melancholie" den Glauben an die Vorzüge eines Ringes zu, der aus dem Huf des rechten Fußes eines Esels hergestellt wird, wenn er als Amulett herumgetragen wird.

Gelegentlich, wenn auch selten, wird angenommen, dass das Hufeisen von den Hexen selbst verwendet wurde, um ihre schelmischen Absichten voranzutreiben.

In der „Revue des traditions populaires", Bd. ii. 1887 wird eine Anekdote über einen erfahrenen polnischen Kavalleristen erzählt, der unter Napoleon I. gedient hatte. Während er mit einer Abteilung Ulanen in einem Dorf in Ostpreußen biwakierte, übernachteten er und mehrere andere im Haus einer alten Bäuerin, und ihre Pferde waren dort in ihrer Scheune untergebracht. Kurz darauf bemerkte man, dass die Tiere deprimiert wirkten und sich weigerten, ihnen Heu und Getreide zu geben, woraufhin die Soldaten zu dem Schluss kamen, dass sie unter einem Zauber standen, und sich auf die Suche nach der Ursache machten. Sie fanden bald ein altes Hufeisen mit drei verbliebenen Nägeln, von denen einer schnell mit einem Hammer herausgetrieben wurde. Sofort begannen die Pferde zu schnauben und zeigten Anzeichen von Unruhe. Als sie den zweiten Nagel entfernten, hoben sie stolz ihre Köpfe, und als der dritte Nagel herausgeschlagen war, fielen sie auf ihr Futter und verschlangen es gefräßig. Die Kavalleristen waren nun davon überzeugt, dass ihre Pferde Opfer einer Teufelei durch die Hände ihrer Gastgeberin geworden waren, die sie für eine Zauberin hielten. Deshalb gaben sie ihr vor ihrer Abreise ordentlich Schläge mit ihren Säbelscheiden, um sie zu lehren, ihre schändlichen Künste nicht auf den Pferden ehrlicher Menschen auszuüben.

XVI. Das Hufeisen als phallisches Symbol

Es genügt, auf die Theorie des phallischen Ursprungs des abergläubischen Gebrauchs des Hufeisens hinzuweisen, einen Zweig unseres Fachgebiets, der ausführlicher dargelegt werden kann. Das Hufeisen ist in modernen Hindu-Tempeln immer noch die übliche Figur für die *Yoni* (ein Phallus-Emblem).

Diese Theorie wird in „Ancient Faiths verkörpert in Ancient Names" von Thomas Inman, MD, London, 1873, diskutiert; und in „A Discourse on the Worship of Priapus" von Richard Payne Knight, Esq., London, 1865.

Phallische Ornamente sind von großem Alter, und Amulette dieser Art wurden in den frühesten etruskischen Gräbern gefunden. Exemplare sind auch in den verschiedenen italienischen Museen zu sehen.

Das *Yoni*-Symbol bewacht die Eingänge antiker Tempel in Mexiko und Peru sowie in Indien.

Verzierte mexikanische heilige Steine in Hufeisenform, Relikte der alten Maya-Stämme, werden im Nationalmuseum in Washington, D.C. als repräsentativ für Fruchtbarkeit und Naturverehrung eingestuft; und Hufeisensymbole finden sich in aztekischen Manuskripten, die sich auf die Landwirtschaft beziehen, als Zeichen des Überflusses. [215]

Phallische Amulette werden in Nordafrika über den Hauseingängen und über Zelttüren gesehen, um den bösen Blick abzuwenden und Gesundheit und Glück zu bringen. Viele Informationen zu diesem Thema finden sich in einem Kapitel über Schlangen- und Phallusverehrung in „Rivers of Life" von Generalmajor JGR Forlong, London, 1883; und in einem Aufsatz über „Phallism in Ancient Religions" von C. Staniford Wake, 1888.

Auf einer merkwürdigen Tafel, die in der Nähe eines prähistorischen Hügels in der Nähe des Dorfes Cahokia, Saint Clair County, Illinois, gefunden wurde, sind menschliche Gesichter mit vogelähnlichen Profilen, rautenförmigen Augen und niedrigen Stirnen dargestellt, die von Zierkronen oder Kopfbedeckungen gekrönt sind . Die Münder sind weit geöffnet und vor ihnen sind Symbole in einer klar definierten Hufeisenform dargestellt. Obwohl diese Symbole wahrscheinlich phallischen Ursprungs sind, wird angenommen, dass sie das im Atem liegende Lebensprinzip bedeuten, so wie in Indien das Hufeisen ein Symbol der Seele ist. [216]

XVII. DAS HUFEISEN ALS SYMBOL AUF TAVERNENSCHILDERN

Das Hufeisen, das normalerweise mit einem anderen Symbol verbunden ist, ist nicht selten auf den Schildern britischer Tavernen zu sehen. An der Tottenham Court Road in London gibt es ein bekanntes Gasthaus mit diesem Schild und Namen. Um aus „The History of Signboards" von Jacob Larwood und John Camden Hotten zu zitieren:

Die drei Hufeisen sind keine Seltenheit, und das einzelne Hufeisen kann in vielen Kombinationen vorkommen, was auf den alten Glauben an seine glücklichen Einflüsse zurückzuführen ist. Somit war das *Pferd und das Hufeisen* das Zeichen von William Warden in Dover, wie aus seinem Zeichen hervorgeht. Die *Sonne und das Hufeisen* sind immer noch ein Schild an einem Gasthaus in der Great Tichfield Street, und die *Elster und das Hufeisen* sind in der Fetter Lane geschnitzt; Im Hufeisen sitzt die Elster, an der eine Weintraube hängt. Die *Hörner und das Hufeisen* sind auf dem Zeichen von William Grainge in Gutter Lane, 1666, dargestellt, einem Hufeisen in einem Geweihpaar. Der *Reifen und das Hufeisen* auf dem Tower Hill wurden früher „ *Hufeisen"genannt* .

Miller Christy sagt in seinem Buch „The Trade Signs of Essex", dass Hufeisenzeichen ihren Ursprung wahrscheinlich teilweise der Tatsache verdanken, dass dieses Symbol auf dem Wappen der Farriers' Company erscheint, und teilweise der alten Praxis, ein Hufeisen zu befestigen Hufeisen an der Stalltür oder anderswo als Hexenschreck. In der Grafschaft Essex ist das Hufeisen auf den Schildern von Bierhäusern in Great Parndon, Braintree, Waltham Abbey und High Ongar zu sehen.

Früher gab es in London mehr als ein bekanntes Gasthaus, das als „Half-Moon" bekannt war, und eine Straße mit diesem Namen, die von Piccadilly aus führte, ist wohlbekannt. Der Name und das Symbol des *Vollmondes* erscheinen jedoch selten auf Schildern. Butler fragt in „Hudibras":

Sag es mir, aber was ist die natürliche Ursache?

Warum auf ein Schild kein Maler zeichnet

Der Vollmond, aber die Hälfte?

Der Grund liegt zweifellos in den günstigen Vorzeichen, die seit jeher mit der Mondsichel verbunden sind.

Man muss die Erklärung, die manchmal angeboten wird, nämlich dass das Halbmond-Wirtshaussymbol eine stille Aufforderung ist, in vollen Zügen zu essen und zu trinken, kaum für plausibel halten; sozusagen ein Hinweis, dem Beispiel der Mondsichel zu folgen und „satt" zu werden.

XVIII. HUFEISEN AN KIRCHENTÜREN

Der Ursprung des Hufeisens als Talisman wird auf seine Ähnlichkeit mit der metallischen Aureole oder dem *Meniskus* zurückgeführt, der früher über den Köpfen von Heiligenbildern in Kirchen angebracht war und der auch auf antiken Bildern der Jungfrau dargestellt ist.

Diese Aureole, oder besser gesagt *der Nimbus* , war wahrscheinlich heidnischen Ursprungs, denn in früheren Zeiten zierten Kreise aus Sternen häufig die Köpfe von Götterstatuen als Sinnbild der Göttlichkeit. Herr WG

Wood-Martin („Pagan Ireland", S. 492) sagt über bestimmte antike Relikte, die in Irland gefunden wurden:

Dünne Halbmondplatten, deren Enden in flachen kreisförmigen Scheiben enden, sind die am häufigsten entdeckten Ornamente. In ihrer Form sind sie identisch mit den halbmondförmigen Ornamenten der Griechen und Römer sowie mit den *Nimbi* auf Schnitzereien der byzantinischen Schule; und sie unterscheiden sich nur wenig von dem Ring, der heute üblicherweise um den Kopf eines Heiligen gelegt wird. Somit lässt sich dieser Ruhm auf das Heidentum zurückführen. Die halbmondförmige Platte scheint in erster Linie das Abzeichen einer angesehenen Person, eines Häuptlings oder Königs, gewesen zu sein; Dann wurde es zum Symbol einer Person, die als sehr heilig galt, denn in Irland, in den frühen Tagen des Christentums, stammten die Heiligen hauptsächlich aus der Aristokratie.

In der Sammlung der Royal Irish Academy befindet sich eine goldene Tiara oder ein Diadem, die angeblich in der Grafschaft Clare gefunden wurde. Es wird angenommen, dass es sich bei dieser Reliquie, die etwa einen Fuß hoch und ebenso breit ist, um den Kopfschmuck eines heidnischen oder frühchristlichen Häuptlings handelte.

In den früheren Jahren der Kirche wurden diese Halbmondsymbole als Ausdruck des Heidentums vermieden; Doch ohne sich Gedanken über die Bedeutung zu machen, wurde es im Mittelalter üblich, eine kreisförmige Messingplatte auf den Köpfen von Statuen anzubringen, um sie vor Schnee und Regen zu schützen. Daraus entstand die Praxis, Bilder und Gemälde in Kirchen auf ähnliche Weise zu schmücken. [217]

In späterer Zeit wurden diese halbmondförmigen Metallstücke manchmal an den Eingängen von Kirchen festgenagelt und galten daher als Schutzzeichen. [218] Das Hufeisen war ein leicht erhältlicher Ersatz für den Heiligenschein oder den Ruhm und wurde daher oft an den Türen von Kirchen angebracht, insbesondere im Südwesten Englands, da man in alten Zeiten allgemein glaubte, dass sogar böse Geister eindringen könnten geweihte Gebäude. Aubrey erwähnt in seinen „Miscellanies", dass er unter der Veranda der Staninfield Church in Suffolk eine Inschrift mit der Form eines Hufeisens gesehen habe, die dazu gedacht sei, Hexen auszuschließen, und er bemerkt naiv, dass man sich vorstellen könne, dass Weihwasser dafür ausreichend sei der Zweck.

An der Südtür der Pfarrkirche von Ashby-Foville in Leicestershire befanden sich früher zwei große alte Hufeisen, eines davon maß 16 x 11½ Zoll, also mehr als doppelt so groß wie ein durchschnittlicher moderner Hufeisen.

Da es unwahrscheinlich erscheint, dass solche Schuhe für Pferdefüße geeignet waren, ist es mangels traditioneller Informationen darüber wahrscheinlich, dass sie ausschließlich dazu gedacht waren, das Eindringen von Hexen zu verhindern. [219]

In der St. Martin's Church in Canterbury, der ältesten Kirche Englands, zeigt der Sakristan den Besuchern die Stelle einer frühen englischen Tür auf der Südseite und einer normannischen Tür in der Mitte der Nordwand, die beide längst verstopft sind. Zu taufende Säuglinge wurden früher durch den Südeingang in die Kirche gebracht, und nach der Zeremonie wurde die Nordtür geöffnet, um den durch die Taufe vertriebenen bösen Geistern den Austritt zu ermöglichen. Denn in früheren Zeiten glaubte man, dass Dämonen aus dem Norden kamen, wo man auch die Wohnstätten der nordischen Götter vermutete. Die Heiden blickten bei der Verehrung ihrer Gottheiten nach Norden; aber Christen, die im Gebet versunken waren, wandten ihr Gesicht nach Osten und hoben ihre Hände; Sie betrachteten den Norden als „das unselige Heidenviertel". Es wurde angenommen , dass die unerforschten arktischen Regionen, in denen die meiste Zeit die Nacht herrschte , besonders dem Teufel oder dem Geist der Dunkelheit gehörten; [221] und die gleiche Idee wird in mehreren Passagen der Heiligen Schrift vermittelt, wie zum Beispiel in Jeremia IV. 6: „Ich werde Böses aus dem Norden bringen und große Zerstörung."

Im Mittelalter wurden die Rosettenfenster im nördlichen und südlichen Querschiff des Lincoln Minster als die beiden Augen der Kathedrale bezeichnet, wobei das erstere als „Auge des Dekans" bekannt war und immer auf der Hut vor den Angriffen Luzifers war, der seinen Wohnsitz *hatte* . an den Seiten des Nordens" (Jesaja XIV. 13); während das Fenster im südlichen Querschiff „ *Bischofsauge" genannt wurde* , „um den Einfluss des Heiligen Geistes zu buhlen, wofür der Südwind ein Vorbild war". Bezüglich des Eindringens böser Geister in geweihte Orte gibt es eine urige Legende über eine kleine Steinfigur namens „ *Lincoln Imp*", die auf einer Konsolenkonsole an der Nordseite des Engelschors derselben Kathedrale sitzt. Einer Version der Legende zufolge wurde der Teufel schwer geprüft, als Bischof Remigius im Jahr nach der normannischen Eroberung nach Lincoln kam. denn bis zu diesem Zeitpunkt hatte er die ungestörte Kontrolle über die Angelegenheiten der Stadt und der Nachbarschaft gehabt. Vergeblich versuchte der Böse, die Fertigstellung der Kirche zu verhindern, und schließlich überfiel er den Bischof vor dem Gebäude und versuchte, ihn zu töten. Aber der gute Bischof rief in dieser kritischen Zeit die Heilige Jungfrau Maria um Hilfe an, und sie schickte einen Sturm, der den Teufel so rüttelte und ablenkte, dass er in der Kirche Zuflucht suchte und es wegen des heftigen Windes nicht wagte, sich hinauszuwagen. die auch heute noch einen Großteil der Zeit vorherrscht und immer noch auf das Wiederauftauchen des Teufels wartet!

Wir wissen, dass der Bischof vor langer Zeit gestorben ist;

Der Wind wartet noch, und er wird auch nicht gehen

Bis er eine Chance hat, seinen Feind zu besiegen;

Aber der Teufel sprang auf, ohne zu hinken,

Und nahm sofort Gestalt als Lincoln Imp an.

Und da sitzt er oben auf der Säule,

Und grinst die Menschen an, die so ernst blicken.

Außerdem spottet er über den Wind unten,

Und sagt: „Du kannst bis zum Weltuntergang warten, oh!" [222]

In Süddeutschland, Bayern und Tirol ist das Hufeisensymbol an Kirchentüren zu sehen, als Wahrzeichen des Heiligen Leonard, dem Hüter und Beschützer der Pferde und Reisenden; und es wird normalerweise mit einer romantischen Legende in Verbindung gebracht, die oft eine historische Grundlage hat. Überlieferungen über Hufeisen an Kirchentüren gibt es in der populären Literatur Deutschlands tatsächlich reichlich, und einige Beispiele werden später gegeben. Der St. Leonard's Day, der 6. November, hatte seine besonderen Feiertage. Die Bauern pflegten ihre Pferde zu einer Kirche zu bringen, die diesem Würdigen gewidmet war, und sie dreimal um das heilige Gebäude zu reiten, ein Vorgang, der als äußerst glückverheißend galt. [223] Darüber hinaus war es für Adlige üblich, vor Beginn einer Reitreise ein Hufeisen als Votivgabe für den heiligen Leonard an der Kirchentür zu befestigen. [224]

Besondere Ehre wird diesem Heiligen am Tag seines Festes in Fischhausen, einem Hafendorf im Nordosten Preußens, zuteil. Bei dieser Gelegenheit ist die Pfarrkirche von Bauernwagen und anderen von bunt geschmückten Pferden gezogenen Fahrzeugen umgeben, denn hier hat das Landvolk ein großes Rendezvous; Junge Frauen in Festtagskleidung treiben die Kühe hierher, die aus ihren Sommerquartieren auf den Hochweiden geholt wurden, damit auch sie an den Feierlichkeiten teilnehmen können. Zunächst findet in der Kirche ein Gottesdienst statt, an dem vor allem die Bauern teilnehmen. Anschließend finden Übungen im Freien statt, deren Hauptmerkmal darin besteht, die Pferde dreimal in rasantem Tempo um das Gebäude zu treiben. [225]

Als vor vielen Jahren in Württemberg eine schwere Tierseuche ausbrach, zogen die Menschen ihren Pferden die Hufe aus und hängten sie als Sühneopfer an Kirchenwände. Verschiedene andere Eisengeräte, wie zum Beispiel Kettenspuren, wurden auf ähnliche Weise ausgestellt.

Eine alte Leonhardskapelle in der Stadt Laupheim ist von einer Eisenkette umgeben, die angeblich aus so fromm beigebrachten Hufeisen geschmiedet wurde. [226] Die größte diesem Heiligen geweihte Kirche befindet sich in Tölz in Oberbayern und ihr Altar ist ebenfalls von einer Eisenkette umgeben.

Manchmal werden Bilder von St. Leonard an Stalltüren angebracht, um Glück zu bringen; Gewöhnlich wird er mit einem Hirtenstab in der Hand dargestellt, während auf der einen Seite ein Fohlen oder Stutfohlen, auf der anderen ein kranker Ochse und zu seinen Füßen ein Mutterschaf zu sehen ist.

In Norddeutschland zählt der heilige Georg als Nachfolger Wodans zu den besonderen Hütern und Beschützern der Pferde. Am Festtag dieses Heiligen, dem 23. April, versammeln sich die Bauern in großer Zahl um eine ihm gewidmete Kirche, und ihre Pferde und Fahrzeuge, manchmal viele Hundert, sind in einem Kreis um das Heiligtum aufgestellt. Nachdem der Pfarrer in der Kirche eine Predigt gehalten hat, kommt er zur Tür und segnet jedes Pferd einzeln, während das Tier vorbeigeführt wird, während er es währenddessen mit Weihwasser besprengt. Dann besteigen die jungen Männer ihre besten Pferde und reiten mit ihnen dreimal in vollem Tempo um die Kirche herum, während sie laut schreien.

Jähns bemerkt, dass diese Zeremonie zweifellos ein Relikt eines heidnischen Ritus ist und dass vielerorts ein ehrwürdiger Baum anstelle einer christlichen Kirche als Treffpunkt am St.-Georgs-Tag gewählt wird. Während des Rittes um den Baum herum wirft ein alter Bauer, der in seinem Schatten steht, auf jedes Pferd, das vorbeikommt, ein wenig feuchte Erde, die er von den Wurzeln des heiligen Baumes nimmt, und dies schützt das Tier vor allem bis zum nächsten Frühjahr vor Krankheiten Wenn etwas von der Erde in einen Beutel gegeben und im Stall aufgehängt wird.

So wie der Hammer Thors Emblem war, so wird dem Hufeisen als Symbol des heidnischen Gottes Wodan eine gewisse mystische Bedeutung zugeschrieben; und es wurde angenommen, dass die alten Kirchen, an deren Türen noch Hufeisen zu sehen sind, an der Stelle heidnischer Tempel errichtet wurden, die dieser Gottheit gewidmet waren. Darüber hinaus wurde argumentiert, dass die moderne Verwendung eines Hufeisens als Talisman und die Platzierung von Pferdeköpfen auf Bauernhäusern Relikte des Heidentums seien und eine mysteriöse Affinität zu den Hufabdrucklegenden des Deutschen Ordens hätten Mythologie. Eine solche Theorie erscheint angesichts der Tatsache, dass viele der abergläubischen Bräuche und Überzeugungen der Neuzeit bekanntermaßen bereits vor der christlichen Ära existierten, plausibel.

XIX. LEGENDÄRE LEGENDÄRE LORE

1. In den letzten Jahren waren zwei Hufeisen an der Tür der Pfarrkirche von Haccombe in Derbyshire zu sehen. Eine mit diesen Hufeisen verbundene romantische Legende ist das Thema einer Ballade, die angeblich von einem Meister des Exeter-Gymnasiums zu Beginn des 19. Jahrhunderts geschrieben wurde. Die Ballade beschreibt anschaulich ein Rennen um eine Wette zwischen einem gewissen Earl of Totnes, der auf einem Derbyshire-Roan reitet, und einem gewissen Sir Arthur Champernowne, der auf einem flotten Barbary-Renner reitet. Das Rennen wurde vom Grafen gewonnen, der daraufhin direkt zur Tür der Haccombe-Kirche ritt.

Und da fiel er auf die Knie und betete:

Und viele *Ave Maria* sagten;

Brot und Geld gab er den Armen,

Und er nagelte die Schuhe des Schimmels an die Tür der Kapelle. [227]

2. In den überlieferten Überlieferungen des Harzes gibt es eine seltsame Geschichte von vier Hufeisen, die seit langem an der Tür einer Kirche in der Vorstadt von Klettenburg zu sehen waren.

Es war einmal, so heißt es in der Geschichte, an einem Sonntagmorgen in Elrich ein großes Trinkgelage. Der Preis war eine goldene Kette, und viele Ritter aus nah und fern versammelten sich. Das Gelage dauerte einige Stunden, bis Graf Ernst von Klettenburg, der einzige, der sich noch auf den Beinen halten konnte, jubelnd die goldene Kette beanspruchte, die er sich um den Hals hängte. Dann bestieg er sein Pferd und ritt nach Hause, und als er sich Klettenburg näherte, hörte er die Klänge des Abendgesangs in einer dem Heiligen Nikolaus geweihten Kirche. Er trieb sein Pferd an und ritt wie verrückt durch die offene Tür direkt zum Altar. Dann, so heißt es in der Legende, fielen die vier Hufeisen des Pferdes ab und Pferd und Reiter verschwanden gemeinsam außer Sichtweite. Zur Erinnerung an dieses wunderbare Ereignis wurden die vier Hufeisen an der Tür der Kirche angebracht und viele Jahre lang von der einfachen Landbevölkerung mit Ehrfurcht betrachtet. [228]

3. Beim Bau der St.-Stephans-Kirche in Tangermünde im preußischen Sachsen, einem Backsteinbau aus dem 14. Jahrhundert, waren die Mitglieder zweier Zünfte, der Schmiede und der Schuhmacher, von besonderer Hilfe; und zur Erinnerung daran wurden ein Hufeisen und eine eiserne Schuhsohle in die Außenwand der Kirche eingebaut. Ersteres weist darauf hin, dass die Schmiede die Mauern bis zur Höhe des Hufeisens errichtet hatten, und letzteres zeigt, dass alle Arbeiten oberhalb des Hufeisens von Schuhmachern ausgeführt wurden; So lautet zumindest die gängige Erklärung, die durchaus *cum grano salis angenommen werden kann* .

4. In der Pfarrkirche von Schwarzenstein in Ostpreußen hängen zwei Hufeisen als Erinnerung an die folgende Tradition: Im Dorf Eichmedien, eine Meile von Rastenburg entfernt, lebte früher als Wirtsfrau eine Frau, die sich ein wenig beneidenswertes verdient hatte Bekanntheit erlangte sie durch ihre Praxis, für Unterkunft und Verpflegung das Doppelte der ordentlichen Gebühren zu verlangen. Eines späten Abends, als mehrere ihrer Gäste sie der Betrügerei beschuldigten, bekräftigte sie ihre Ehrlichkeit, indem sie ihre Hand hob und in Form eines Eids sagte: „Wenn meine Punktzahl nicht korrekt ist, möge sich der Teufel jetzt auf meine stürzen." zurück." Der Böse nahm die Frau sofort beim Wort, verwandelte sie in eine Stute und ritt sie verächtlich lachend aus dem Dorf . In rasender Geschwindigkeit ritt er zu einer Schmiede in Schwarzenstein und verlangte, dass seine Stute sofort beschlagen werde. Der aus dem Schlaf gerissene Schmied entschuldigte sich mit der späten Stunde und der Tatsache, dass in seiner Schmiede kein Feuer brannte. Der Teufel bestand jedoch darauf und versprach großzügige Bezahlung, wenn die Arbeit schnell erledigt würde. Der Schmied gab schließlich nach, war aber mit der Formung der Schuhe noch nicht weit fortgeschritten, als die Stute zu sprechen begann. „Mein Cousin, kennst du mich nicht?" Sie sagte; „Ich bin der Wirt." Daraufhin war der Schmied so entsetzt, dass weder Drohungen noch Bitten ihn dazu bewegen konnten, mit dem Beschlagen fortzufahren, und bevor er mit dem dritten Beschlag fertig war, krähte ein Hahn, und sofort wurde der Zauber gebrochen und die Frau nahm wieder ihre eigene Gestalt an. Und um die Moral dieser Legende zu verdeutlichen und als Warnung für Betrüger, wurden die beiden Hufeisen, die der Schmied angefertigt hatte, in der Dorfkirche von Schwarzenstein festgenagelt.

5. Einer alten Überlieferung zufolge fragte der Lappenkönig Olaf Skötkonung (995-1030), der Christ werden wollte, seinen königlichen Zeitgenossen Ethelred II. von England, ihm einen Lehrer zu schicken. Auf diese Bitte hin kamen Bischof Siegfried und drei Missionare nach Schweden, landeten an der Südwestküste und schlugen in der ersten Nacht ihr Lager in Wexio am Sodre-See auf. Hier sah der Bischof in einer Vision eine große Schar von Engeln und beschloss daraufhin, an dieser Stelle eine Kirche zu bauen. Die heidnischen Bewohner standen dem Unterfangen jedoch feindlich gegenüber und ergriffen die drei Missionare Winaman, Unaman und Sunaman, enthaupteten sie und ließen ihre Köpfe ins Wasser werfen.

Eines Nachts, kurz nach diesem traurigen Ereignis, spazierte Siegfried seufzend und betend am Seeufer entlang, als er drei leuchtende Objekte erblickte, die sich auf dem Wasser näherten, von den Wellen getragen, und bald erkannte er sie als die Köpfe seiner Freunde. Und siehe, der erste Kopf sagte: „Die Toten sollen gerächt werden." Und eine Stimme aus dem zweiten Kopf rief: „Wann?" Dann antwortete der dritte Kopf in feierlichem Ton:

„Auf ihre Kinder und Kindeskinder." Diese Prophezeiung erfüllte sich jedoch nicht buchstabengetreu, denn auf Siegfrieds Fürsprache stimmte Olaf zu, das Leben der Mörder zu verschonen, unter der Bedingung, dass sie in Wexio eine christliche Kirche bauen sollten; und diese Kirche, die noch existiert, trägt auf ihrem Wappen oder Siegel die Darstellung von drei abgetrennten Köpfen zur Erinnerung an das Ereignis und seine Legende. In dieser Kirche hing früher ein Schuh von Wodans berühmtem Ross Sleipnir als Andenken an die folgende Tradition: Als die Kirchenglocken zum ersten Mal läuteten, um das Volk zur Messe zu rufen, ritt Wodan über die Berge, und als er sich Wexio näherte, In einem plötzlichen Schrecken schlug Sleipnir mit einem seiner Füße auf einen Felsen, und der Abdruck des heftigen Schlags ist bis heute im Felsen geblieben. Doch der Schuh fiel ab und wurde in die Kirche gelegt. [229]

6. Vor vielen Jahren, so heißt es in einer alten Legende, erhielt ein Mann eine Anstellung auf einem Bauernhof in Norwegen, dessen Geliebte, ohne dass er wusste, eine Hexe war. Obwohl der Mann reichlich gutes, gesundes Essen hatte, gedieh er davon nicht, sondern wurde von Tag zu Tag dünner. Da er darüber beunruhigt war, suchte er den Rat eines weisen Mannes, von dem er den wahren Charakter seiner Geliebten erfuhr. Er erfuhr außerdem, dass sie es gewohnt war, ihn nachts, während er schlief, in ein Pferd zu verwandeln und ihn zur Kirche von Troms zu reiten, eine Tatsache, die seine Schlankheit vollständig erklärte.

Der weise Mann gab ihm auch eine magische Salbe, mit der er sich vor dem Schlafengehen den Kopf einreiben konnte, und als er am nächsten Morgen aufwachte, stand er mit einem Zaumzeug in der Hand an der Kirche von Troms, während hinter ihm ein … Anzahl der durch ihren Schwanz zusammengebundenen Pferde. Bald bemerkte er, dass seine Herrin aus der Kirche kam, und als sie nahe genug bei ihm war, warf er ihr den Zaum über den Kopf, und sofort verwandelte sie sich in eine hübsche Stute, die er bestieg und nach Hause ritt. Unterwegs hielt er jedoch bei einem Hufschmied an und ließ das Tier mit vier neuen Hufen beschlagen, und als er nach Hause kam, erzählte er seinem Herrn, dass er eine schöne Stute gekauft habe, die eine ausgezeichnete Partnerin für die Stute sein würde, die er bereits hatte. Sein Herr kaufte die Stute zu einem guten Preis, aber als er ihr das Zaumzeug abnahm, verschwand sie, und an ihrer Stelle stand die Herrin, die Hexe, mit neuen Hufeisen an Händen und Füßen. Daraufhin erzählte der Mann die wundervolle Geschichte seiner Erlebnisse, und als Folge davon wurde die Frau aus dem Haus geworfen und konnte die Hufeisen nie mehr loswerden. [230]

7. Es war einmal ein vornehmer Herr, der mit vier Pferden die Landstraße entlangfuhr, die zwischen den Städten Tübingen und Hirschau in Würtemberg verläuft, und als er vor einer Straßenkapelle stand, spottete er

über ein Madonnenbild, das sie schmückte. Sofort kamen seine Pferde zum Stehen und er konnte sie trotz energischen Drängens nicht zum Weitergehen bewegen. In diesem Dilemma wurde schließlich ein Priester gerufen, der als Buße die Entfernung eines Hufeisens vom rechten Vorderfuß jedes Pferdes verordnete, und nachdem dies geschehen war, konnte der Herr seine Reise fortsetzen. Und zum Gedenken an dieses Wunder wurde eines der Hufeisen an die Kapellentür genagelt, wo es in den letzten Jahren noch zu sehen war. [231]

8. Eines Sonntagmorgens ritt ein dunkelhäutiger Reiter auf einem schwarzen Pferd in voller Fahrt durch das Dorf Nabburg in Bayern, direkt zur Schmiede, um sein Pferd beschlagen zu lassen. „Wirst du dich an einem Sonntag nicht ausruhen?" fragte der Schmied. „Mein Ross und ich wandern hin und her und kümmern uns nicht um den christlichen Sonntag", antwortete der Reiter; „Deshalb beschlage mein Pferd im Namen des Teufels, und ich rate dir, in der Zwischenzeit kein frommes Wort zu sprechen, denn noch hat kein frommer Mensch die Herrschaft über dieses temperamentvolle Tier erlangt." Mit diesen Worten sprang er zu Boden und streichelte die wallende Mähne seines Pferdes. Obwohl sich der Schmied unwohl fühlte, begann er mit der Arbeit, und das Pferd war so still, als wäre es verzaubert, sehr zum Erstaunen seines Meisters, der seinen Augen kaum trauen konnte. Drei Schuhe waren schnell fertig, und der Schmied rief seinem Gehilfen zu: „Nun, in Gottes Namen, gib mir den letzten Schuh!" Sofort bäumte sich das feurige Ross auf, schlug wild zu und schleuderte seinen Huf mit solcher Wucht gegen die Wand, dass er bis heute dort verankert bleibt. Aber das Pferd und sein Reiter waren nicht mehr zu sehen. [232]

9. In einer Mauer auf einem Anwesen namens Ludwigstein in Schleswig-Holstein ist ein großer Stein mit dem Abdruck eines Hufeisens zu sehen, womit die folgende Geschichte verbunden ist: Eines Morgens vor vielen Jahren ritt ein Reiter entlang Als die Gebetsglocke der Kirche läutete, schwor er einen Eid und sagte: „Möge der Teufel mich holen, wenn ich heute Abend, wenn die Glocke wieder ertönt, nicht wieder an genau dieser Stelle bin." Und tatsächlich hielt er sein Wort, doch beim Glockenschlag des Abends rutschte sein Pferd auf dem Stein aus und brach sich ein Bein, und dort ist noch die Spur eines Schuhs zu sehen.

10. Der Hufeisenabdruck auf dem Friedhof der Frauenkirche in Münster. Während des Baus dieser wunderschönen gotischen Kirche im 14. Jahrhundert beobachtete der Teufel mit zunehmendem Missfallen ihre wohlgeformten Proportionen und dachte sich verschiedene Pläne aus, um den Fortschritt der Arbeiten zu behindern. Schließlich beschloss er, die Sinne des Architekten zu betören. Dementsprechend flocht er sein Haar, kleidete sich in fröhliche Frauenkleidung, geschmückt mit kostbaren Juwelen und erschien vor dem Architekten, den er mit sanften Worten und Geschenken

zu umgarnen versuchte. Aber letzterer ließ sich auf diese Weise nicht täuschen. Auf seinen Maßstab gestützt, lauschte er ungerührt dem betörenden Gespräch der vermeintlichen Schönheit und wies mit Verachtung das Gold und die Edelsteine zurück, die sie ihm brachte. Daraufhin wurde der Teufel wütend, stampfte mit Heftigkeit auf den Boden und verschwand, wobei er einen üblen Geruch hinterließ; und das Zeichen eines der eisernen Hufeisen, mit denen er beschlagen war, war tief in einen Stein auf dem Friedhof eingeprägt und soll laut populärem Bericht immer noch dort gefunden werden.

Die Abdrücke von Hufeisenfiguren auf Stein, von denen es in Nordeuropa zahlreiche Beispiele gibt, werden von einigen Archäologen als heilige Symbole der Heiden oder Reliquien des Wodan-Kults angesehen und zeigen die Standorte antiker Altäre und Bestattungen setzt; während andere behaupten, dass diese Figuren ursprünglich als Grenzmarkierungen gedacht waren. Zahlreiche Traditionen bringen sie mit Schlachten in Verbindung, die an diesen Orten ausgetragen wurden, und in der Volkstümlichkeit wird angenommen, dass sie auf die Lieblingsplätze der Hexen hinweisen, auf die Treffpunkte, an denen sie ihre Feierlichkeiten abhielten, wobei das Hufeisenzeichen einen Abdruck des Fußes des Teufels darstellt. Diese seltsamen Treffpunkte fanden normalerweise auf Berg- oder Hügelgipfeln statt und sind in verschiedenen Teilen Europas, insbesondere in Deutschland, immer noch als Hexentanzorte bekannt.

XX. Zusammenfassung der Theorien über den Ursprung des Hufeisen-Aberglaubens

Auf den vorangehenden Seiten wurde versucht, plausible Gründe für die allgemeine Beliebtheit des Hufeisens sowohl als Amulett als auch als Glücksbringer zu liefern. Es ist jedoch offensichtlich, dass dieser Aberglaube nicht auf einen bestimmten Ausgangspunkt bezogen werden kann. So wie die Quellen eines Flusses vielfältig sein können und aus zahlreichen Quellen und Nebenflüssen bestehen, so hat auch der Glaube an die magischen Kräfte des Hufeisens einen komplexen Ursprung und lässt sich auf verschiedene Anfänge zurückführen.

Es kann daher nützlich sein, die verschiedenen Theorien, die vertreten wurden, kurz aufzuzählen:

1. Beim *Passah-Ritus* bildete das Blut, das auf den Türsturz und die Türpfosten gesprengt wurde, die Hauptpunkte eines Bogens. Daher der Wert bogenförmiger Talismane.

2. Die magische Wirkung des Hufeisens gegen Hexen und Unholde wird auf seine *gegabelte Form* und seine Ähnlichkeit mit der *Mondsichel zurückgeführt* . Es ist bekannt, dass Amulette ähnlicher Form bei den alten Chaldäern und Ägyptern verwendet wurden.

3. *Eisen* und *Stahl* , Metalle mit traditioneller Kraft gegen böse gesinnte Feen und Kobolde.

4. Die *Serpentinenform* . Die Anbetung von Schlangen war bei Naturvölkern nahezu allgegenwärtig, und Amulettsymbole dieser Form wurden bereits im antiken Rom verwendet.

5. Der sogenannte *Hufeisenbogen* als Sinnbild einer wohltätigen, schützenden Macht.

6. Die antike Vorstellung, dass die Erde die Form eines *runden, auf den Kopf gestellten Bootes habe* und dem ägyptischen *Put-Zeichen entspreche* .

7. *Das Pferd.* Dieses Tier wurde von den frühen germanischen Stämmen verehrt und ein englischer Mythos schreibt ihm glückbringende Eigenschaften zu.

8. Der skandinavische Aberglaube der *Dämonenstute* .

9. Das alte astrologische Prinzip, dass *Mars* , der Kriegsgott und das Kriegsross, *Saturn* , dem Lehnsherrn der Hexen, feindlich gegenüberstand.

10. Die Legende vom *Heiligen Dunstan und dem Teufel* .

11. *Phallische Symbolik.*

12. Die *Aureole* oder *der Nimbus* .

Schmieden zugeschrieben werden .

14. Das ägyptische Hieroglyphensymbol $\cap$, das die *mystische Tür des Lebens* bedeutet .

15. *Pferdehufabdrücke* in Mythologie und Tradition.

16. Das Hufeisen ist ein Symbol des heidnischen Gottes *Wodan* .

XXI. ABSCHLUSS

Was auch immer der Ursprung der abergläubischen Verwendung des Hufeisens sein mag, seine Einführung als Glücksbringer scheint vergleichsweise modern zu sein, da seine früheste Verwendung darin bestand, Hexen, böse Geister und alle derartigen unheimlichen Wesen auszuschließen.

Bevor wir das Thema verlassen, sei ein Auszug aus einem Artikel in der „London World" vom 23. August 1753 gegen die Aufhebung des sogenannten Hexengesetzes gegeben, in dem der Autor den folgenden satirischen Rat an wen auch immer er richtet:

Um sich vor den Verzauberungen der Hexen zu schützen, insbesondere wenn Sie ein modischer Mensch sind und noch nie das Vaterunser gelernt haben, besteht die einzige mir bekannte Methode darin, ein Hufeisen an die Schwelle zu nageln. Ich kann bestätigen, dass dies von größter Wirksamkeit ist, da ich auf viele kleine Häuschen auf dem Land mit einem Hufeisen an der Tür aufmerksam geworden bin, in denen Glücksspiel, Extravaganz, Jakobitismus und die ganze Reihe von Hexereien völlig unbekannt waren .

Die Welt bewegt sich und die Zivilisation schreitet voran, aber der alte Aberglaube bleibt derselbe. Das auf der Straße gefundene rostige Hufeisen wird immer noch als Glücksbringer geschätzt und wird zweifellos auch weiterhin so geschätzt sein; denn die menschliche Natur ändert sich nicht, und Aberglaube ist ein Teil der menschlichen Natur.

GLÜCK UND GLÜCK

Wenn das Glück dir gewogen ist, sei nicht hocherfreut;

Wenn sie die Stirn runzelt, verzweifeln Sie nicht.

AUSONIUS.

Wenn das Glück den Menschen das Beste bedeutet,

Sie blickt sie mit drohendem Blick an.

König Johann III. 4, 119.

Wenn das lächelnde Glück seinen goldenen Strahl ausbreitet,

Alle drängen sich zusammen, um zu schmeicheln und zu gehorchen;

Aber wenn sie vom wütenden Himmel donnert,

Unsere Freunde, unsere Schmeichler, unsere Liebhaber fliegen.

OVID.

Da das Glück nicht in unserer Macht steht,

Lasst uns so wenig wie möglich in ihr sein.

STEELE.

I. TYCHE, DIE GRIECHISCHE GLÜCKSGÖTTIN

Zu den populäreren Gottheiten der frühen Griechen gehörte Tyche, die Glücksgöttin, deren Verehrung laut Plutarch die Verehrung des Schicksals ergänzte. Sie herrschte über zufällige Ereignisse und spendete Segen und Unglück gleichermaßen; doch wenn sie ihre Gunst zu großzügig verteilte, war sie Gefahr, die Eifersucht von Nemesis, der Göttin der Vergeltung, auf sich zu ziehen.

Tyche, die Göttin des Glücks, wird in den Werken der frühesten griechischen Dichter nicht erwähnt, aber Homer und Hesiod spielen beide auf eine Meeresnymphe dieses Namens an, die Blumen mit Proserpina sammelte, als diese von Pluto entführt wurde.

Der thebanische Lyriker Pindar scheint der Ursprung der Verehrung der Tyche gewesen zu sein, die er in Versen feierte und ihr den Titel Pharopolis oder Beschützerin der Städte verlieh; [233] und in Griechenland galt diese Göttin gegen Ende des fünften Jahrhunderts V. CHR . ALLGEMEIN ALS HERRSCHERIN ÜBER WELTLICHE ANGELEGENHEITEN. Während Zeus tatsächlich der mächtigste der Götter war, wurde Tyche von manchen als eine Vorsehung angesehen; [234] Dennoch wurde allgemein angenommen, dass sie mit Chance oder Luck identisch sei. Der berühmte ionische Philosoph Anaxagoras sagte, dass Glück eine Ursache sei, die der menschlichen Vernunft unbekannt sei; Denn manche Dinge kommen durch Notwendigkeit, manche durch schicksalhaftes Schicksal und andere durch bewussten Rat. [235]

II. DIE RÖMISCHE GÖTTIN FORTUNA

Die Verehrung der Göttin des Zufalls, *Fortuna* , wurde während der Herrschaft von Servius Tullius bei den Römern aus Griechenland eingeführt und erfreute sich bald großer Beliebtheit. Tatsächlich war Fortuna einst die wichtigste italienische Gottheit, und die Plebejer und Sklaven veranstalteten am 24. Juni ein jährliches Fest zu Ehren derjenigen, die Reichtum und Freiheit schenken konnte. Plinius schrieb, dass der Zufall oder das Glück, durch das wir so viel erlangen, eine göttliche Macht sei; und Plutarch versucht in seinem Werk „Das Schicksal der Römer" zu zeigen, dass die großen Errungenschaften dieses Volkes eher dem Glück als dem Scharfsinn oder der Tapferkeit zuzuschreiben waren. Als Beispiel führt er ihre Flucht vor der Invasion durch den günstigen Tod Alexanders des Großen in Babylon im Jahr 323 V. CHR. an, zu einer Zeit, als er sich darauf vorbereitete, Italien mit seinen Armeen zu überwältigen.

Der römische Biograph Cornelius Nepos sagte über den griechischen Feldherrn Emenes der Cardianer (361–317 V. CHR .), dass selbst wenn die Gunstbeweise, die ihm das Schicksal erwies, seinen großen Fähigkeiten entsprochen hätten, dies aus diesem Grund nicht der Fall gewesen wäre bedeutender gewesen; Denn große Männer sollten an ihren Qualitäten gemessen werden und nicht an ihrem Glück oder Unglück. Der niederländische *Gelehrte* Desiderius Erasmus schrieb, dass Diogenes diejenigen, die der Göttin die Schuld gaben, wenn ihre Angelegenheiten nicht florierten, mit Härte zurechtwies; und er kritisierte auch scharf die vorherrschende Angewohnheit, sich von der Hand der Herrin Fortune nicht nach Dingen zu sehnen, die im Wesentlichen gut waren, sondern eher nach solchen, die in der Vorstellung der Bittsteller zu liegen schienen. Als Philipp von Mazedonien die Nachricht von den großen Siegen seiner Generäle erhielt, dankte er Fortuna für ihre große Güte und bat sie bescheiden, „zu einer anderen Zeit wieder eine leichte und kluge Wendung zu nehmen". Und Erastus kommentierte Philipps Mäßigung und seinen gesunden Menschenverstand, der sich nicht übermäßig über den Wohlstand freute, und bemerkte witzig, dass dieser große König, der über tiefe Weisheit und Erfahrung verfügte, beim Empfang freudiger Nachrichten nicht unverschämt hüpfte und herumhüpfte, sondern eher der Verwöhnung misstraute von Fortune, von dem er wusste, dass er ein launischer Jade war.

III. DER CHARAKTER DES GLÜCKS

Von allen heidnischen Gottheiten war Fortuna die absolutste und am meisten verehrte; denn sie hielt alle Menschen zu ihren Füßen, die Wohlhabenden durch Angst und die Unglücklichen durch Hoffnung. [236] Sie war auch eine exzentrische Göttin, die nicht nur die Tapferen bevorzugte, wie Terenz es gewohnt war, sondern auch entschieden eine Vorliebe für Narren hatte, wenn wir einem anderen klassischen Sprichwort Glauben schenken dürfen: Fortuna favet *fatuis* . Und noch einmal, wie ein antiker Dichter schrieb: *Legem veretur nocens, Fortunam innocens* . Der Satiriker Juvenal sagte, wenn Männer diskret wären, hätte das Glück keine Macht über sie. Als sie Rom betrat, faltete sie ihre Flügel als Zeichen, dass sie dort bleiben wollte; Und wie treffend angemerkt wurde, ist sie immer noch da, denn der moderne Römer glaubt ebenso fest an Glück, sei es gut oder schlecht, wie es der römische Bürger vor zweitausend Jahren war. [237] In der Antike wurde ein glückliches Ereignis, also etwas Unvorhergesehenes, auf eine plötzliche Launenhaftigkeit oder Laune der Göttin zurückgeführt, während der Erfolg eines Unterfangens auf ihre Gunst in nüchterner Stimmung zurückgeführt wurde. [238]

„Warum wurde Fortuna zur Göttin gemacht?" fragte der heilige Augustinus, da sie so blind ist, dass sie ohne Unterschied zu jedem rennt und oft an ihren Bewunderern vorbeigeht, um sich an diejenigen zu klammern, die sie verachten. [239] Und Cicero bemerkte, dass Fortuna nicht nur selbst blind war, sondern ihren Anhängern oft das Augenlicht nahm.

Plinius sagt in seiner Abhandlung über die religiösen Überzeugungen seiner Zeit:

Überall auf der Welt, an allen Orten und zu jeder Zeit ist das Glück der einzige Gott, den jeder anruft: Von ihr allein wird gesprochen; sie allein ist angeklagt und soll schuldig sein; Sie allein ist in unseren Gedanken, wird gelobt und getadelt und ist mit Vorwürfen belastet; So schwankend sie auch ist, die Allgemeinheit hält sie für blind, wandernd, unbeständig, unsicher, veränderlich und bevorzugt oft die Unwürdigen. An sie werden alle unsere Verluste und alle unsere Gewinne weitergeleitet, und indem sie die Rechnungen der Sterblichen zusammenstellt, gleicht sie allein die beiden Seiten unseres Blattes aus. Wir sind so sehr von der Macht des Zufalls abhängig, dass der Zufall selbst als Gott betrachtet wird.

Die Darstellungen der Fortuna, die in antiken Statuen, Flachreliefs, Medaillen und Münzen zu sehen sind, zeigen die vielen verschiedenen Eigenschaften ihres Charakters. Das früheste Bild der Göttin befand sich wahrscheinlich in Smyrna und war das Werk des bedeutenden Bildhauers Bupalus, der im sechsten Jahrhundert V. CHR. LEBTE . Sie wurde hier mit einer Halbkugel auf dem Kopf und mit dem Horn der Amalthæa in ihrer linken Hand dargestellt , und versinnbildlicht somit die Verteilung aller guten Dinge. [240]

Ihr Mangel an Urteilsvermögen wurde von Künstlern symbolisiert, die sie mit einem Verband vor den Augen darstellten; mit einem Ruder, als leitende weltliche Angelegenheiten; oder mit einem Rad oder einer Kugel als Arten der Instabilität. Auf einem Gemälde von Sulzer sitzt Fortuna auf einem Thron, der von Gegenwinden in die Luft getragen wird. In ihrer Hand ist ein Zauberstab, und ihr Gesicht drückt Unbeständigkeit und Wankelmut aus, während in ihrem Gefolge Reichtum, Armut, Despotismus und Sklaverei folgen. In der Villa d'Este, in der Nähe der italienischen Stadt Tivoli, befindet sich ein Gemälde von Zucchari, das Fortuna rittlings auf einem Strauß zeigt. Es soll ein allegorischer Hinweis darauf sein, dass die Göttin eine Vorliebe für Einfaltspinsel hat. [241] In ihrem Tempel in Theben hielt sie Reichtum in ihren Armen. Manchmal wurde sie von einem geflügelten Jüngling namens Favour begleitet, um anzudeuten, wie schnell ihre Gunst von uns verschwinden könnte; [242] oder durch einen geflügelten Amor, was angeblich bedeuten soll, dass Schönheit in der Liebe einen weniger dauerhaften Einfluss hat als Glück. [243]

Ihre zahlreichen Titel waren normalerweise schmeichelhaft, wie Golden oder Royal Fortune, aber Horaz, Ovid und andere Schriftsteller sprachen respektlos über sie, indem sie sie als ungerecht, wankelmütig und am Unheil interessiert charakterisierten. Ein vorwurfsvoller Beiname für sie lautete „ *viskos* ", „zäh" oder „klebrig", weil Männer in ihrer Arbeit gefangen sind wie Vögel in Branntkalk. [244]

Der Abbé Banier moralisiert in seiner „Mythologie und Fabeln der Antike" so über Glück, Gut und Böse:

Da die Menschen irdische Güter schon immer hoch geschätzt haben, ist es kein Wunder, dass sie das Glück vergötterten. Narren! Anstatt also eine intelligente Vorsehung anzuerkennen, die Reichtümer und irdische Güter verteilt, richteten sie ihre Gelübde aus immer weisen, wenn auch dunklen und außerhalb der Reichweite menschlicher Entdeckungen liegenden Ansichten an ein imaginäres Wesen, das ohne Absicht und aus dem Impuls unvermeidlicher Notwendigkeit heraus handelte ; Denn es steht außer Frage, dass das Glück im heidnischen System nichts anderes als Schicksal war. Dementsprechend wurde sie, wie wir später sehen werden, mit den *Parcæ* *verwechselt* , die selbst die verhängnisvolle Notwendigkeit waren, über die die Dichter so viel nachgedacht haben.

Vom Historiker Sueton erfahren wir, dass die frühen römischen Kaiser kleine Glücksbilder in Ehren hielten, die sie als besondere Schutzgottheiten verehrten.

Die Göttin soll dem Kaiser Galba, der 68–69 N. CHR. REGIERTE, EINST IN EINER VISION ERSCHIENEN sein und ihm mitgeteilt haben, dass sie müde vor seiner Tür stand und dass, wenn sie nicht schnell eingelassen würde, alle lieb wären für ihn würde sie zur Beute werden. Als er erwachte, fand er vor der Eingangshalle seines Palastes eine bronzene Glücksfigur, die er unter seinen Gewändern verbarg und zu seiner Sommerresidenz in Tusculum trug. Dort richtete er ein Heiligtum für das Bild ein, betete jeden Monat zu ihm und veranstaltete ihm zu Ehren jedes Jahr eine Nachtwache. Einmal hatte Galba vorgehabt, seinem kleinen Wächtergenie eine Halskette aus Perlen und Edelsteinen zu schenken, überlegte es sich aber anders und schenkte sie der kapitolinischen Venus. In der folgenden Nacht erschien Fortuna in zorniger Stimmung erneut im Traum dem Kaiser und beklagte sich darüber, dass sie um das beabsichtigte Geschenk betrogen worden sei, und drohte, ihm die vielen Vorteile zu entziehen, die sie ihm gewährt hatte. Galba war darüber beunruhigt und sandte frühmorgens einen Boten, um eine Opfergabe vorzubereiten. Er selbst eilte nach Tusculum, fand aber auf dem Altar des Heiligtums nichts als warme Asche. Und in der Nähe stand ein alter, schwarz gekleideter Mann, der in einer Hand einen Glasteller mit Weihrauch und in der anderen ein irdenes Gefäß voller Opferwein hielt. [245]

Einige Verse, die unverbindliche Anspielungen auf den Charakter von Fortune enthielten, waren früher an der Wand einer Kammer in Wressell Castle in Yorkshire zu sehen, einem Gebäude aus der zweiten Hälfte des 14. Jahrhunderts, das 1796 durch einen Brand zerstört wurde:

Die Proverbis auf der Seite der äußersten Kammer oberhalb des Hauses im Gardyng in Wresyll.

Kein Glücksfall, den du anwendest,

Für ihre Gyftis vanyshithe als Fantasie,

Je mehr du von ihrer Frau erhälst, desto unsicherer wirst du,

Umso mehr zum aprochethe Unmut.

Dann vertrauen Sie nicht auf Blynde.

Für ihren Glanz empfängt Sone Ruste.

Glück ist Fykill, Glück ist Blynde.

Ihre Rawardes sind Fekill und Unkynde.

Verzichte auf den Ruhm des Glücks,

Von wem der weltliche Ruhm und doch viel Unverwandtschaft empfand,

Setze dein Vertrauen und setze deine Mynde auf Hymne,

Was auch immer, wenn Fortune Faylithe nie unkynde sein wird. [246]

In den meisten zivilisierten Nationen der Gegenwart wird die Glücksgöttin nicht öffentlich verehrt, obwohl die Japaner ihre sieben Glücksgötter haben, bei denen es sich um vergleichsweise moderne Gottheiten handelt, die aus verschiedenen Quellen stammen, darunter ihrer eigenen primitiven Shinto-Religion, dem Buddhismus und dem Taouismus von China. [247]

Die Lamas von Tibet führen jedes Jahr einen besonderen Sündenbock-Ritus durch, der „Jagd nach dem Dämon des Unglücks" genannt wird. Einer von ihnen, in fantastischer Kleidung und mit grotesk bemaltem Gesicht, sitzt eine Woche zuvor auf dem Marktplatz, und am Tag der Zeremonie wandert dieser würdige Mann, der als Geisterkönig bekannt ist, umher und schüttelt einen schwarzen Yak Schwanz über die Köpfe des Volkes, wodurch ihr Unglück auf mystische Weise auf ihn übertragen wird. [248]

IV. TEMPEL DES GLÜCKS

Tempel zu Ehren der Göttin Tyche wurden in Elis, Korinth und in anderen griechischen Städten gebaut; und im zweiten Jahrhundert N. CHR. errichtete der bedeutende Philanthrop Herodes Atticus für sie einen Tempel in Athen, dessen Ruinen vermutlich noch existieren. [249]

Der westliche Vorort von Syrakus auf Sizilien wurde Τύχη genannt, nach einem Tempel der Tyche, der ihn schmückte.

Unter den Italienern erfreute sich die Verehrung der Fortuna so großer Beliebtheit, dass ihre Tempel zahlreicher waren als alle anderen. „Wir haben tausend Tempel für das Glück gebaut und nicht einen für die Vernunft", bemerkte Fronto, der würdige Lehrer des Kaisers Marcus Aurelius. Von all diesen heidnischen Bauwerken in Rom ist nur noch eines erhalten: der Tempel der Fortuna Virilis, heute die Kirche Santa Maria Egiziaca. [250] Es handelt sich um ein kleines ionisches Gebäude im Tetrastil am linken Tiberufer, etwas nördlich des sogenannten Sonnentempels. Aber der berühmteste italienische Glückstempel befand sich in Preneste, einer alten lateinischen Stadt, die heute Palestrina heißt. Hier wurden Orakel befragt und Flüchtlinge fanden Zuflucht.

In Großbritannien gibt es noch eine Reihe von Altären zu Ehren des Fortuna, die aus der römischen Besatzungszeit stammen. Eine davon, auf der Linie der Antoninusmauer in Schottland, wurde von Soldaten der zweiten und sechsten Legion errichtet. Ein weiterer Altar, der derselben Göttin gewidmet war, wurde im Hauptquartier der sechsten Legion in Eboracum, der modernen Stadt York, gefunden und ist noch immer im dortigen Museum zu sehen. [251] Die Inschrift auf diesem Altar wurde vom Schriftsteller während eines kürzlichen Besuchs in York kopiert und lautet wie folgt:

DEÆ FORTUNÆ
SOSIAIUNCINAQ. ANTONIISAURICILEG. AUG.

V. GLÜCK, ANTIKE UND MODERNE

unser englisches Wort *Luck* skandinavischen Ursprungs, während andere es für die Vergangenheitsform eines angelsächsischen Verbs mit der Bedeutung „fangen" halten. Glück bedeutet daher *einen guten Fang* und ist analog zum deutschen *Glück* . Es wurde treffend bemerkt, dass sehr viele sogenannte willensstarke Menschen, die keinen Augenblick zugeben würden, dass sie abergläubisch sind, dennoch nicht unempfindlich gegenüber der Faszination dieser kleinen Einsilbe sind. Als christliche Menschen bekennen wir uns dazu, bedingungslos an die göttliche Vorsehung zu glauben; Doch weil wir seine Funktionsweise nicht verstehen können, verfallen wir oft so weit ins Heidentum, dass wir heimlich die Glücksgöttin verehren. Tatsache ist, dass Aberglaube ein unausrottbares Element der menschlichen Natur ist. Die vereinten Kräfte von Religion, Bildung, Philosophie und gesundem Menschenverstand sind in einem ständigen Krieg dagegen verbündet. Die tausend und eine kleine Leichtgläubigkeit, die einen so wichtigen Teil der modernen Folklore ausmacht, mögen an sich die allergrößten Launen und Kleinigkeiten sein, aber sie sind ein Beweis für die Hartnäckigkeit traditioneller Überzeugungen.

Der moderne Seemann trägt in seiner Tasche ein Stück Robbenfell oder einen Adlerschnabel, um sich vor den Blitzen zu schützen; und der südliche Neger hat seine Hasenpfote und eine Menge anderer ausgefallener Fetische, alles nur zum Glück.

Die Millionen amerikanischer Neger haben tatsächlich eine tief verwurzelte Liebe zum Übernatürlichen, und ihr Charakter zeigt eine eigenartige Mischung aus Aberglauben und Religion. Unter den gemischtfarbigen Rassen in Missouri finden wir beispielsweise ein verwirrendes Durcheinander aus afrikanischer Voodoo-Glaubwürdigkeit, den Traditionen der amerikanischen Indianer und religiösem Fanatismus. So lesen wir in „Voodoo Tales" von Mary A. Owen von einer alten Frau, die ihre Medizinpfeife und ihre Adlerpfeife neben ihren Andachtsbüchern aufbewahrte, einen Rosenkranz und eine Hasenpfote in derselben Tasche trug und Am Busen baumelte eine Heiligenzehe und unter dem rechten Arm trug sie eine Glückskugel.

Es wurde mit Recht gesagt, dass nur diejenigen, deren Geist dazu veranlagt ist, müßige Fantasien zu hegen, dazu neigen, Unglück als eine natürliche Folge der Legion angeblich böser Vorzeichen zu betrachten. Dennoch wissen wir, dass in allen Zeitaltern und Ländern solche Vorstellungen vorherrschten. Die alten Chaldäer bedienten sich magischer Formeln, um Unglück abzuwehren, und Tacitus berichtet, dass das römische Volk die trivialsten Ereignisse als unheilvoll ansah. Welchen Kontrast zur Leichtgläubigkeit eines abergläubischen Zeitalters bildet die oft zitierte Bemerkung von Cato dem Zensor, der sich weigerte, sie als bedrohlich zu betrachten, als ihm mitgeteilt wurde, dass seine Stiefel von Ratten angenagt worden seien! „Wenn die Stiefel die Ratten angenagt hätten", sagte er, „hätte das ein böses Zeichen sein können."

In dem irischen Sprichwort steckt eine Menge Philosophie: „Irgendwann erwartet jeden Menschen Pech, aber überlass das Pech dem Letzten; vielleicht kommt es nie."

Indem wir die unterschiedlichsten Unglücksfälle unseres Lebens dem Pech zuschreiben, ignorieren wir sicherlich die Tatsache, dass dieselben unwillkommenen Erfahrungen oft die logische Folge unserer eigenen Unzulänglichkeiten sind und dass die launische Göttin nicht immer fairerweise als unser Sündenbock ausgegeben werden kann .

Die Volkskunde des Kochsalzes [252]

Scherze sollten wie Salz sparsam verwendet werden. – *Gleichnisse von Demokrit.*

I. URSPRUNG UND GESCHICHTE

Der Ursprung der Verwendung von Kochsalz als Gewürz liegt in den Labyrinthen der Antike verborgen. Obwohl wir keine Beweise dafür haben, dass dieses wichtige Nahrungsmittel den Vorsintflutlichen bekannt war, gibt es immer noch zahlreiche Beweise dafür, dass es lange vor der christlichen Ära als Würzmittel für Lebensmittel hoch geschätzt wurde. In einer griechischen Übersetzung eines merkwürdigen Fragments der Schriften des halbfabelhaften phönizischen Autors Sanchoniathon, der vor dem Trojanischen Krieg gelebt haben soll, wird die Entdeckung der Verwendung von Salz bestimmten unmittelbaren Nachkommen Noahs zugeschrieben, einem von ihnen Wer war sein Sohn Sem? [253]

Aus der mythischen Überlieferung Finnlands erfahren wir, dass Ukko, der mächtige Gott des Himmels, Feuer im Himmel entzündete, einen Funken, der von den Wellen herabstieg und zu Salz wurde. Die Chinesen verehren ein Idol namens Phelo zu Ehren einer mythologischen Persönlichkeit dieses Namens, von der sie glauben, dass sie das Salz entdeckt und seine Verwendung erfunden hat. Seine undankbaren Landsleute erkannten Phelos Verdienste jedoch nur zögerlich an, und dieser Würdige verließ daraufhin sein Heimatland und kehrte nicht zurück. Dann erklärten ihn die Chinesen zur Gottheit und veranstalteten jedes Jahr im Juni ein Fest zu seinen Ehren, bei dem er überall sehnsüchtig gesucht wurde, aber vergebens; er wird nicht erscheinen, bis er kommt, um das Ende der Welt anzukündigen.

Bei den mexikanischen Nahuas pflegten die Frauen und Mädchen, die mit der Salzzubereitung beschäftigt waren, auf einem jährlichen Fest zu Ehren der Salzgöttin Huixtocihuatl zu tanzen, deren Brüder die Regengötter angeblich aufgrund eines Streits waren haben sie ins Meer getrieben, wo sie die Kunst der Herstellung des kostbaren Stoffes erfand. [254]

Die früheste biblische Erwähnung von Salz scheint sich auf die Zerstörung von Sodom und Gomorra zu beziehen. (Genesis XIX. 24-26.) Als König Abimelech die Stadt Sichem zerstörte, ein Ereignis, das sich vermutlich im 13. Jahrhundert v. CHR. ereignete, soll er „Salz darauf gesät" haben, dieser Satz drückt die Vollständigkeit von aus seine Ruine. [255] (Richter ix. 45.) Es ist sicher, dass die Verwendung von Salz als Genussmittel dem jüdischen Volk zu einem vergleichsweise frühen Zeitpunkt seiner Geschichte bekannt war. Denn im sechsten Kapitel des Buches Hiob findet sich folgende Passage: „Kann das Unappetitliche ohne Salz gegessen werden?"

In östlichen Ländern ist es ein altehrwürdiger Brauch, Fremden Salz als Zeichen und Pfand der Freundschaft und des guten Willens vorzulegen. Der Ausdruck „das Salz einer Person essen" bedeutete früher, im Dienst dieser Person zu stehen, und in diesem Sinne wird er im Buch Esra, IV, verwendet. 14, wo der Ausdruck „wir haben Unterhalt vom Palast des Königs" wörtlich bedeutet: „wir sind mit dem Salz des Palastes gesalzen", was bedeutet, dass wir im Dienst des Königs stehen. Und aus der Idee, im Dienst eines Herrn zu stehen und sein Salz zu essen, entstand der fragliche Ausdruck, um Treue und Loyalität zu bezeichnen. [256]

Als Beispiel für die abergläubische Ehrfurcht, mit der Salz im Osten betrachtet wird, wird berichtet, dass Yacoub ben Laith, der die Dynastie der persischen Fürsten, bekannt als die Saffariden, gründete, aus sehr einfachen Verhältnissen stammte und in seiner Jugend seinen Lebensunterhalt verdiente ein Freibeuter. Dabei war er so ritterlich, dass er seinen Opfern nie all ihren Besitz entriss, sondern ihnen immer etwas hinterließ, mit dem sie ein neues Leben beginnen konnten.

Bei einer Gelegenheit war dieser tapfere Räuber gewaltsam und heimlich in den Palast eines Prinzen eingedrungen und wollte gerade mit beträchtlicher Beute davonziehen, als er über einen Gegenstand stolperte, der laut seinem Geschmackssinn ein Klumpen Salz war. Nachdem er auf diese Weise unfreiwillig ein Gastfreundschaftsversprechen im Haus eines anderen Mannes eingegangen war, überwog seine Ehre seine Gier nach Gewinn und er reiste ohne seine Beute ab. [257]

Aufgrund seiner antiseptischen und konservierenden Eigenschaften war Salz ein Sinnbild für Haltbarkeit und Beständigkeit; daher der Ausdruck „Salzbund". Es war auch ein Symbol der Weisheit und wurde in diesem Sinne zweifellos vom heiligen Paulus verwendet, als er den Kolossern sagte, dass ihre Rede mit Salz gewürzt werden sollte.

Homer bezeichnete das Salz als göttlich und Platon beschrieb es als eine Substanz, die den Göttern am Herzen liegt.

Vielleicht war der Glaube an seine göttlichen Eigenschaften ein Grund für die Verwendung von Salz als Opfergabe durch die Hebräer, Griechen und Römer, die es darüber hinaus alle als unverzichtbaren Genuss betrachteten.

Plutarch sagte, dass ohne Salz nichts wohlschmeckend oder schmackhaft sei und dass diese Substanz den Weinen sogar einen zusätzlichen Geschmack verlieh und sie so „fröhlich den Gaumen hinuntergehen" ließ. Und derselbe Autor bemerkte, dass Ceres und Neptun manchmal zusammen im selben Tempel verehrt wurden, da Brot und Salz üblicherweise zusammen gegessen wurden. [258]

II. Salz, das für Hexen und Teufel unpassend ist

Grimm bemerkt, dass Salz weder in Hexenküchen noch auf Teufelsfesten zu finden sei, weil die römisch-katholische Kirche die Heiligung und Widmung dieser Substanz auf sich genommen habe. Da Christen darüber hinaus Salz als gesundes und wesentliches Nahrungsmittel anerkennen, erscheint es plausibel genug, dass sie es für ungeeignet für den Gebrauch durch Teufel und Hexen halten, zwei Klassen von Wesen, mit denen sie kein besonderes Mitgefühl haben. Daher stammt vielleicht das bekannte Sprichwort: „Der Teufel liebt kein Salz in seinem Fleisch."

Der Überlieferung nach lebte einst ein deutscher Bauer, dessen Frau eine Hexe war, und der Teufel lud sie beide eines schönen Abends zum Abendessen ein. Alle Gerichte waren nicht gewürzt, und der Bauer verlangte trotz der Einwände seiner Frau immer wieder Salz; und als es nach einer Weile gebracht wurde, bemerkte er voller Inbrunst: „Gott sei Dank, hier ist endlich Salz", woraufhin die ganze Szene verschwand. [259]

Der Abt Richalmus, der im 12. Jahrhundert im alten deutschen Herzogtum Franken lebte, behauptete, durch die Ausübung einer besonderen und außergewöhnlichen Fähigkeit in der Lage zu sein, die Machenschaften bestimmter böser Geister zu vereiteln, die besondere Freude daran hatten, schelmischen Streiche zu spielen Kirchenmänner. Tatsächlich scheinen sie die Geduld des guten Abtes in vielerlei Hinsicht auf eine harte Probe gestellt zu haben, beispielsweise indem sie seine Gedanken während der Messe ablenkten und seine Verdauung störten, Zwietracht in der Kirchenmusik förderten und durch Aufhetzung der Gemeinde Ärger verursachten während der Predigt husten. Glücklicherweise verfügte er über drei wirksame Waffen gegen diese lästigen Kreaturen, nämlich das Kreuzzeichen, Weihwasser und Salz.

„Böse Geister", schrieb der Abt, „können kein Salz ertragen." Als er beim Abendessen war und der Teufel ihm böswillig den Appetit genommen hatte, kostete er einfach ein wenig Salz und bekam sofort Hunger. Als ihm dann bald darauf wieder der Appetit verging, nahm er noch etwas Salz, und die Lust am Essen kehrte schnell zurück. [260]

Entgegen der landläufigen Meinung lieben in der ungarischen Volksmärchen böse Gestalten Salz, denn bei den festlichen Zusammenkünften, die in alten Legenden und Märchen beschrieben werden und bei denen sich Hexen und der Teufel trafen, pflegten sie in großen Kesseln einen Eintopf daraus zu kochen Mit Salz gewürztes Pferdefleisch, an dem sie sich eifrig labten.

Daher scheint die unter den Magyaren verbreitete Vorstellung entstanden zu sein, dass eine Frau, die am frühen Morgen ein Verlangen nach Salz verspürt, eine Hexe sein müsse und auf keinen Fall ihren Geschmack befriedigen dürfe.

Es war einmal, so heißt es in der Überlieferung, ein Mann kroch in die Wanne einer Hexe, um das Geschehen bei einem Treffen der unheimlichen Schwesternschaft auszuspionieren.

Kurz darauf erschien die Hexe, sattelte die Wanne und ritt damit zum Treffpunkt, und als der Mann dort ankam, gelang es ihm, eine Menge Salz in die Wanne zu leeren. Nach den Feierlichkeiten wurde er auf die gleiche Weise nach Hause gebracht und zeigte seinen Nachbarn das Salz als Beweis dafür, dass er bei der Versammlung wirklich anwesend gewesen war. Manchmal wird Salz in Ungarn jedoch als Schutz vor Hexen eingesetzt. Die Schwelle eines neuen Hauses wird damit bestreut und die Türangeln werden mit Knoblauch bestrichen, damit keine Hexe hineinkommt. [261]

Die Bauern in Russisch-Estland sind sich der Wirksamkeit des Salzes gegen Hexen und ihr Handwerk bewusst. Sie glauben, dass am Johannisabend in böswilliger Absicht Hexenbutter an die Türen ihrer Wirtschaftsgebäude geschmiert wird, um Krankheiten unter dem Vieh zu verbreiten. Wenn also ein estnischer Bauer diese widerliche Butter an seiner Scheunentür oder anderswo findet, lädt er seine Waffe mit Salz und schießt die Hexenkeime weg. [262]

Die Hindus haben eine Theorie, dass bösartige Geister, sogenannte *Bhúts* , besonders dazu neigen, Frauen und Kinder zu belästigen, unmittelbar nachdem diese Süßwaren und andere süße Köstlichkeiten gegessen haben.

Tatsächlich ist dieser Glaube so weit verbreitet, dass Süßigkeitenverkäufer unter Schulkindern ihren jugendlichen Kunden jeweils eine Prise Salz geben, um den süßen Geschmack aus ihrem Mund zu entfernen und so einen Schutz vor den immer wachsamen Bhúts zu *bieten* . [263]

III. DAS LATEINISCHE WORT „SAL"

Aufgrund der Bedeutung von Salz als Genussmittel wurde sein lateinischer Name *sal* metaphorisch als Bezeichnung für ein herzhaftes geistiges Bissen und allgemein für Witz oder Sarkasmus verwendet. [264] Einige Etymologen behaupteten früher, dass dieses Wort je nach Geschlecht eine dreifache Bedeutung habe. Wenn es also männlich ist, hat es die obige Bedeutung, aber wenn es weiblich ist, bedeutet es *das Meer* , und nur im Neutrum steht es für Kochsalz. Die Charakterisierung Griechenlands als „Salz der Nationen" wird Livius zugeschrieben, und dies ist wahrscheinlich der Ursprung des Ausdrucks „Attisches Salz", der zarten, raffinierten Witz bedeutet. Der

Ausdruck *„cum grano salis"* kann das Körnchen gesunden Menschenverstandes bedeuten, mit dem man einen scheinbar übertriebenen Bericht entgegennehmen sollte. Es kann auch Mäßigung bedeuten, auch wenn Salz zum Würzen von Speisen sparsam verwendet wird.

Bei den Alten, wie auch bei uns, waren Sol und Sal, die Sonne und das Salz, als zwei Dinge bekannt, die für die Aufrechterhaltung des Lebens unerlässlich sind.

Soldaten, Beamte und Arbeiter wurden ganz oder teilweise in Salz bezahlt, [265] das zu diesem Zweck so allgemein verwendet wurde, dass jeder Geldbetrag, der für Arbeit oder Dienste jeglicher Art bezahlt wurde, als Salarium *oder* Gehalt bezeichnet wurde. das heißt, das Nötigste, um an sein Salz zu kommen. [266]

Plinius bemerkte, dass Salz für den vollen Genuss des Lebens unerlässlich sei, und zur Bestätigung dieser Aussage bemerkte er, dass das Wort „ *Sales"* verwendet werde, um die Freuden des Geistes auszudrücken, oder eine ausgeprägte Wertschätzung für witzige Ergüsse, und deshalb war mit der Idee guter Kameradschaft und Fröhlichkeit verbunden. [267]

Den drei Buchstaben, aus denen das Wort „sal" besteht, wird eine gewisse mystische Bedeutung zugeschrieben. So repräsentiert oder suggeriert der allein stehende Buchstabe S zwei miteinander verbundene Kreise, die Sonne und den Mond. Darüber hinaus verkörpert es die Vereinigung von göttlichen und weltlichen Dingen, so wie Salz an den Eigenschaften beider teilhat. A, Alpha, bedeutet den Anfang aller Dinge; während L ein Sinnbild für etwas Himmlisches und Herrliches ist. S und L stehen für Sonnen- bzw. Mondeinflüsse, und das Buchstabentrio steht für eine wesentliche Substanz, die Gott zum Wohle seines Volkes bereitgestellt hat. In einer merkwürdigen Abhandlung über Salz, die ursprünglich 1770 veröffentlicht wurde, erhebt der Autor in leidenschaftlichem Stil die extravagantesten Lobeshymnen auf diese Substanz, die er für die Quintessenz der Erde hält. Salz wird hier als Schatz der Natur, als Essenz der Vollkommenheit und als Vorbild für Konservierungsmittel beschrieben. Darüber hinaus sichert sich der Besitz von Salz neben den materiellen Dingen einen der wichtigsten Faktoren menschlichen Glücks. [268]

Das französische Volk verwendet das Wort „Salz" metaphorisch in mehreren gebräuchlichen Ausdrücken. Wenn sie also über den Mangel an Schärfe oder Schärfe in einer langweiligen Predigt oder Ansprache sprechen, sagen sie: „In dieser Rede war kein Salz." Und über die brillanten Werke eines Lieblingsautors bemerken sie: „Er hat seine Schriften handvoll mit Salz bestreut." [269] In ähnlicher Weise verwenden sie den Begriff „ *un epigramme salé"* , um einen schneidenden Sarkasmus oder Spott zu bezeichnen. Sehr

treffend ist auch die folgende Definition eines alten englischen Schriftstellers:
[270] „Salz, ein angenehmes und fröhliches Wort, das die Leute zum Lachen
bringt und manchmal zum Stechen bringt." Der Ausdruck „eine Rechnung
salzen" bedeutet, den vollen Marktwert jedes Artikels zu erhöhen, und
entspricht einer Verwendung des französischen Verbs *saler*, „überfordern"
und daher „vlies" oder „zupfen". So bedeutet der Satz *„Il me l'a bien salé"* „Er
hat mir einen überhöhten Preis berechnet." [271]

IV. Salz, das zur Bestätigung eines Eids verwendet wird

In den Aufzeichnungen des Presbyteriums von Edinburgh mit Datum vom
20. September 1586 findet sich die folgende Beschreibung eines Eides, den
schottische Kaufleute auf ihrem Weg in die Ostsee leisten mussten:

die Waren aussuchten und bezahlten , sowie die Hinterlegung eines weiteren
in der folgenden Form, nämlich: Sie überreichten *dem Brot* und *Salz und boten*
es an deponer des anderen, worauf er seine Hand legt und deponis sein
Gewissen und seine Sweiris. [272]

Auch Zigeuner verwenden manchmal Brot und Salz, um die Feierlichkeit
eines Eides zu bestätigen. Ein Beispiel hierfür ist im „Pesther Lloyd" vom 1.
Juli 1881 verzeichnet. Ein Mitglied einer Zigeunerbande in Westungarn war
um eine Geldsumme beraubt worden und informierte seinen Chef darüber,
der die Ältesten des Lagers zu sich rief ein Rat. Auf ein aufrecht stehendes
Kreuz aus zwei Stangen wurde ein mit Salz bestreutes Stück Brot gelegt, und
darauf musste jeder Zigeuner schwören, dass er nicht der Dieb war. Der
wahre Schuldige, der sich weigerte, einen so feierlichen Eid zu leisten, wurde
somit entdeckt.

Unter den Juden ist der Salzbund der heiligste überhaupt. Noch heute
bekunden arabische Fürsten die Bestätigung eines Bündnisses gern dadurch,
dass sie Salz aufs Brot streuen und gleichzeitig ausrufen: „Ich bin der Freund
deiner Freunde und der Feind deiner Feinde." Ebenso gibt es unter den
Arabern eine übliche Form der Bitte: „Um des Brotes und Salzes willen, die
zwischen uns sind, tue dies oder das." [273]

Im Osten werden auch heute noch Verträge zwischen Stämmen durch Salz
bestätigt, und die feierlichsten Versprechen werden durch diese Substanz
ratifiziert. Während der indischen Meuterei von 1857 war ein Hauptmotiv
der Selbstbeherrschung der Sepoys die Tatsache, dass sie bei ihrem Salz
geschworen hatten, der englischen Königin treu zu sein. [274]

Wie alt die Verwendung von Salz zur Bestätigung eines Eides ist, zeigt die folgende Passage aus einer Ode des griechischen Lyrikers Archilochos, der zu Beginn des 7. Jahrhunderts v. Chr. seine Blütezeit HATTE :

Du hast den feierlichen Eid gebrochen und das Salz und den Tisch beschämt.

Im Jahr 1731 hielten die protestantischen Bergleute und Bauern, die die „Salzschatzländer" bewohnten, vor ihrer Verbannung aus dem Land durch Leopold, Erzbischof von Salzburg, eine Versammlung im malerischen Dorf Schwarzach ab und „ratifizierten ihren Bund feierlich durch die Alten". Brauch, ihre Finger in Salz zu tauchen." Der Tisch, an dem diese Zeremonie stattfand, und ein Bild, das das Ereignis darstellt, sind noch immer im Gasthaus Wallner, wo das Treffen stattfand, zu sehen. [275]

V. Salzverschütten als Omen

Die weit verbreitete Vorstellung, dass das Verschütten von Salz böse Folgen habe, soll auf die Überlieferung zurückgehen, dass Judas beim Ostermahl ein Salzfass umgeworfen habe, wie es im Gemälde von Leonardo da Vinci dargestellt ist. Es erscheint jedoch wahrscheinlicher, dass dieser Glaube auf den heiligen Charakter des Salzes in früheren Zeiten zurückzuführen ist. Früher ging man davon aus, dass jeder, der das Unglück hatte, Salz zu verschütten, den Zorn aller guten Geister auf sich zog und den böswilligen Einflüssen von Dämonen ausgesetzt war. [276] Wenn in orientalischen Ländern den Gästen Salz als Zeichen der Gastfreundschaft angeboten wurde, galt es als Unglück, wenn bei der Präsentation Salzpartikel verstreut wurden, und in solchen Fällen war mit einem Streit oder einer Auseinandersetzung zu rechnen. [277]

Bischof Hall schrieb 1627, dass, wenn beim Abendessen Salz auf einen abergläubischen Gast fiel, er gewöhnlich Anzeichen geistiger Unruhe zeigte und sich nicht trösten ließ, bis ihm einer der Kellner Wein in den Schoß geschüttet hatte. Und in Gaytons „Kunst der Langlebigkeit" finden wir diese Zeilen:

Ich habe zwei Freunde beiderlei Geschlechts, die wenig oder gar kein Salz essen, aber auch Freunde sind; Von beiden Personen kann ich wirklich sagen, dass sie die unbesiegbarste Geduld haben; den kein Unglück aus der Fassung bringen kann; Nein, wenn das Salz auf sie fallen sollte.

Die Deutschen haben ein Sprichwort: „Wer Salz verschüttet, erregt Feindschaft", und mancherorts wird angenommen, dass der Sturz eines Salzstreuers die direkte Tat des Teufels, des Friedensstörers, sei. Der abergläubische Pariser, der vielleicht der unglückliche Verursacher eines solchen Missgeschicks war, ist durchaus bereit, sich dieser Ansicht anzuschließen, und wirft ein wenig von dem verschütteten Salz hinter sich her, um möglichst dem unsichtbaren Teufel ins Auge zu treffen, was ihn zumindest vorübergehend davon abhält, weiteren Unfug anzurichten. [278] Dies ist wahrscheinlich ein Relikt eines alten götzendienerischen Brauchs; und so geworfenes Salz war früher eine Art Beruhigungsmittel für Cerberus, eine Opfergabe, um eine bestimmte Gottheit zu besänftigen. In ähnlicher Weise pflegten die Eingeborenen von Pegu, einer Provinz im britischen Burma, bei der Durchführung eines ihrer Riten zu Ehren des Teufels Essen über ihre linke Schulter zu werfen, um den Hauptgeist des Bösen zu versöhnen. [279]

Wenn bei Tisch Salz verschüttet wurde, pflegte der fromme Römer zu rufen: „Mögen die Götter das Omen abwenden!" und der moderne Sizilianer ruft in einem solchen Fall „die Mutter des Lichts" an.

Bei den Griechen war es Brauch, den Göttern zu Beginn jeder Mahlzeit Salz als Dankopfer darzubringen. Louis Figuier ordnet in „Les merveilles de l'industrie" diese drei Ereignisse in die Kategorie der unheilvollen Missgeschicke in einem griechischen Haushalt ein: (1) das Weglassen eines Salzstreuers aus der Einrichtung eines Esstisches; (2) das Einschlafen eines Gastes bei einem Bankett, bevor der Salzstreuer entfernt wird, um Platz für den Nachtisch zu schaffen; (3) das Kentern dieses wichtigen Schiffes. Es scheint daher offensichtlich, dass der Ursprung des Glaubens an den unheilvollen Charakter des Salzverschüttens viel älter ist, als allgemein angenommen wird; und Leonardo da Vinci hatte wahrscheinlich die bereits bekannte unheilvolle Bedeutung einer solchen Tat im Sinn, als er Judas als einen Salzstreuer umwerfend darstellte. Einige Beobachter konnten jedoch im ursprünglichen *Cenacolo* an der Refektoriumswand des Mailänder Klosters keine Spur eines Salzfasses entdecken . Auf dem bekannten Stich von Raphael Morghen ist jedoch der umgestürzte Salzstreuer deutlich zu erkennen, und man sieht, wie das verschüttete Salz daraus austritt. Eine lebhafte Diskussion zu diesem strittigen Punkt belebte vor einigen Jahren die Rubrik „Notizen und Fragen".

Die folgende Passage findet sich in einem Werk mit dem Titel „Hieroglyphica, a Joanne Valeriano" (1586), einer Abhandlung über antike Symbole:

Alioqui sal amicitiæ symbolum fuit, durationis gratia. Corpora enim solidiora facit et diutissime conservat. Und während wir allein waren, waren unsere Freunde und ihre Beharrlichkeit von Bedeutung. Es gibt viele Menschen, die sich nicht sicher sind, ob sie zutiefst verunsichert sind. Contra vero faustum si vinum atque id merum effusum sit.

Was ins Englische wie folgt übersetzt wurde: „Salz war früher aufgrund seiner dauerhaften Qualität ein Symbol der Freundschaft. Denn es macht Substanzen kompakter und hält sie lange haltbar. Deshalb wurde es den Gästen meist vor anderen Speisen präsentiert, um die bleibende Stärke der Freundschaft zu symbolisieren. Deshalb halten es viele für unheilvoll, Salz auf den Tisch zu verschütten, und andererseits für günstig, Wein zu verschütten, besonders wenn dieser unvermischt mit Wasser ist." [280]

In Gaules „Magastromancer" (1652) wird das Umwerfen des Salzes in einer Liste „abergläubischer Omen" erwähnt. Einem norwegischen Volksglauben zufolge wird man so viele Tränen vergießen, wie nötig sind, um die Menge Salz, die man verschüttet hat, aufzulösen; [281] und auch in Ost-Yorkshire stellt jedes verschüttete Salzkorn eine zu vergießende Träne dar. Darüber hinaus wurde angenommen, dass Salz ein wesentliches Merkmal von Tränen ist, und diese enge Verbindung zwischen beiden könnte zu einigen der vielen mit Salz verbundenen Aberglauben geführt haben. [282] Um Unglück nach dem Verschütten von Salz abzuwenden, sollte man in Bucks County, Pennsylvania, nicht nur eine Prise des verschütteten Salzes über die linke Schulter werfen, sondern auch unter einen Tisch kriechen und auf dem Boden herauskommen gegenüberliegende Seite. [283]

Im „British Apollo" (1708) stehen diese Zeilen:

Wir sagen Ihnen den Grund

Warum Salz verschütten?

Wird solch ein Fehler geschätzt,

Weil es zu jeder Jahreszeit passt.

Die Antiquitäten waren der Meinung

Es war ein Zeichen der Freundschaft,

Also servierte es den Gästen in Anstand,

Und dachte, die Liebe sei verfallen,

Wenn das nachlässige Dienstmädchen

Lassen Sie das Salzfass vor ihnen taumeln.

In Neuengland ist die Schwere des Salzverschüttens als Omen, der beklagenswerte Abbruch der Freundschaftsbande und die Notwendigkeit sofortiger Abhilfemaßnahmen voll und ganz anerkannt.

Und hier reicht das geschickte Abwerfen der verschütteten Partikel über die linke Schulter nicht immer aus; Denn um den Zauber gründlich zu brechen, müssen diese Partikel auf den Herd geworfen werden. [284]

Zigeuner haben ein Sprichwort: „Das Salz des Streits ist gefallen."

Aus der Idee der Schändung einer heiligen Substanz, auf die bereits angespielt wurde, entstand zweifellos der bemerkenswerte Aberglaube, dass man als Strafe für das Verschütten von Salz so viele Jahre vor dem Tor des Paradieses warten muss, wie es Salzkörner gibt verschüttet. [285]

Im Lansdowne MSS. 231 (British Museum) kommt diese Passage vor:

Das Herabfallen von Salz ist ein echtes **Zeichen** des Unglücks, und nicht jedes Gemüt kann es verachten ; Es handelte sich bei den Alten auch nicht um einen **Gnostiker** des künftigen Bösen, sondern um eine **besondere** Vermutung über den Bruch der Freundschaft. Denn das unvergängliche Salz war ein **Symbol der Freundschaft, und zuvor wurde den Gästen** ein anderer Dienst dargebracht . Aber ob Salz nicht nur ein Symbol der Freundschaft mit **dem** Menschen wäre, sondern auch eine Feige. von Freundschaft und Versöhnung **mit** Gott **und** daher als Opfer dargebracht wurde, ist eine höhere Spekulation.

Herbert Spencer bekräftigt [286] , dass das Bewusstsein, das die Vorstellung hegt, dass das Verschütten von Salz zu Bösem führt, offensichtlich mit dem Bewusstsein des Wilden verbunden ist und dazu neigt, andere abergläubische Überzeugungen zu hegen, wie sie in barbarischen Ländern vorherrschen . Und obwohl Götzendienst und Fetisch-Anbetung in zivilisierten Gemeinschaften nicht gedeihen, ähneln doch viele populäre Aberglauben ihrer Natur nach den Gefühlen, die den Wilden veranlassen, sich vor Bildern aus Holz oder Stein zu verneigen.

VI. Helfen beim Salzen am Tisch

In den nördlichen Grafschaften Englands und ganz allgemein in anglikanischen Gemeinden gilt es als unglücklich, wenn man bei Tisch beim Salzen hilft, und dieser Gedanke findet seinen Ausdruck in dem populären Reim „Hilf mir beim Salzen, hilf mir beim Kummer." In einem kleinen Band mit dem Titel „The Rules of Civility" (London, 1695), aus dem Französischen übersetzt und in „Brand's Popular Antiquities" zitiert, findet sich folgende Passage:

Salz oder *Hirn* zu helfen . Aber meiner Meinung nach ist das ein lächerlicher Skrupel, und wenn Ihr Nachbar möchte, dass Sie ihn (mit Salz) versorgen, müssen Sie entweder etwas davon mit Ihrem Messer herausnehmen und auf seinen Teller legen, oder wenn es mehr als eins sind, müssen Sie es ihm präsentieren mit dem Salz, das sie sich selbst liefern können.

In Russland gibt es ein abergläubisches Vorurteil dagegen, seinem Nachbarn bei Tisch beim Salzen zu helfen, weil man dadurch zu Streitigkeiten neigt.

Man geht nämlich davon aus, dass man dadurch den Anschein erweckt, als würde man sagen: „Nun, Sie haben Ihr Salzkontingent erhalten, jetzt gehen Sie weg." Aber wenn man beim Überreichen des Salzes freundlich lächelt, ist die Gefahr eines Streits glücklich gebannt, und die Tat ist völlig von ihrem bedrohlichen Charakter befreit. [287]

Das einfache Mittel einer zweiten Hilfe wird gemeinhin als ebenso wirksam für diesen Zweck angesehen, aber es ist schwer vorstellbar, woher die angebliche Wirksamkeit eines solchen Gegenmittels stammt, was im Widerspruch zur pythagoräischen Theorie vom göttlichen Charakter der Einheit und des Teuflischen steht Attribute der Nummer zwei.

In vielen Ländern ist es jedoch nur übliche Höflichkeit, einem Freund beim Salzen bei Tisch zu helfen; aber in Italien galt diese zarte Aufmerksamkeit früher als Zeichen unangemessener Vertraulichkeit, und wenn ein Herr der Frau eines anderen Salz anbot, war das ein ausreichender Grund für Eifersucht und sogar Streit. [288]

VII. SALZ ALS SCHUTZ FÜR KLEINKINDER

Der mittelalterliche römisch-katholische Brauch, Kleinkinder vor ihrer Taufe mit Salz vor dem Bösen zu schützen, wird in der frühromantischen Literatur häufig erwähnt. In einer alten Ballade mit dem Titel „Die Königstochter" erfolgt die Geburt eines Kindes unter Umständen, die die Durchführung des Taufritus verhindern. Deshalb stellt die Mutter das Baby in einem Sarg aus und achtet darauf, Salz und Kerzen daneben zu legen. Die Worte der Ballade sind:

Das Mädchen, das sie in so feinem Leinen trug,

In einer vergoldeten Schatulle legte sie es zusammen,

Mickle saute und leicht, sie lag darin,

Denn im Haus Gottes hatte es das noch nie gegeben. [289]

Herr William G. Black sagt in seinem Werk über Volksmedizin, dass es in einigen Bezirken Schottlands früher Brauch war, vor der Taufe dem Kind etwas Salz „mit den Schienbeinen" oder rückwärts herumzutragen – ein Vorgang, der … Es wurde angenommen, dass es das Kind auf seinem oft langen Weg vom Haus zur Kirche, wo die Zeremonie durchgeführt werden sollte, vor dem Bösen schützte. In Marsala schlafen die Angehörigen eines neugeborenen Kindes in der ersten Nacht nicht, aus Angst vor dem Auftauchen von Hexen. Tatsächlich wird die Wache oft viele Nächte lang oder bis zur Taufe des Kindes gehalten. Im Zimmer brennt ständig Licht, und an der Haustür ist das Bild eines Heiligen befestigt. An dem Bild sind ein Rosenkranz und eine zerfaserte Serviette befestigt, und hinter der Tür stehen ein Krug Salz und ein Besen. Wenn eine Hexe kommt und das Bild des Heiligen und den Rosenkranz sieht, geht sie normalerweise sofort weg; Aber selbst wenn diese Talismane fehlen, bieten Salz, Serviette und Besen ausreichenden Schutz. Denn jede Hexe muss vor dem Betreten die Salzkörner, die Fäden der Serviettenfransen und die Zweige, aus denen der Besen besteht, zählen. Und sie hat nie genug Zeit für diese Aufgaben, weil sie nicht vor Mitternacht erscheinen kann und sich vor dem Morgengrauen verstecken muss. [290]

Dieser weit verbreitete Glaube an die magische Kraft des Salzes, Säuglinge vor dem Bösen zu schützen, insbesondere in der Zeit zwischen Geburt und Taufe, wird in der folgenden Anspielung auf ein Findelkind in einer metrischen „Geschichte der Familie Stanley" veranschaulicht, die aus der Frühzeit stammt Teil des sechzehnten Jahrhunderts (Harleian MSS. 541, British Museum): „Es war nicht zerrissen, es schien außer Zweifel zu stehen, denn an seinem Hals war Salz in einer Leinenschlaufe festgebunden." [291]

Auch in Sizilien ist es manchmal üblich, dass der Priester dem Kind bei der Taufe ein wenig Salz in den Mund gibt und ihm so Weisheit vermittelt. Daher das beliebte örtliche Sprichwort über einen verständnislosen Menschen: Der Priester gebe ihm nur wenig Salz in den Mund. [292] Eine ähnliche Verwendung ist im Bezirk Campine in Belgien in Mode. Die Verwendung von Salz bei der Taufe in der christlichen Kirche geht auf das vierte Jahrhundert zurück. Es war eine frühe Praxis, dem Säugling zuvor gesegnetes Salz in den Mund zu geben, um die Gegenwirkung zur Sündhaftigkeit seines Wesens zu symbolisieren. [293]

Auch bei den Taufzeremonien der Kirche von England im Mittelalter wurde dem Kind Salz, über das ein Exorzismus gesagt worden war, in den Mund gegeben und seine Ohren und Nasenlöcher mit Speichel berührt – Praktiken, die heute überholt waren etwa zur Zeit der Herrschaft Heinrichs VIII.

Ein achteckiges Taufbecken aus dem 15. Jahrhundert in der St. Margaret's Church in Ipswich, Suffolk, trägt auf einer Seite die Figur eines Engels, der eine Schriftrolle trägt, auf der eine teilweise unleserliche Inschrift mit den Worten Sal et Saliva zu sehen *ist* . [294]

Thomas Ady sagt in „A Perfect Discovery of Witches" (London, 1661), dass Weihwasser, richtig gezaubert, verwendet wurde, um den Teufel in Ehrfurcht zu versetzen und ihn daran zu hindern, Kirchen oder Wohnungen zu betreten.

Mit solchem Weihwasser wurden satanische Einflüsse von Speisen und Getränken sowie „vom Salz auf dem Tisch" ferngehalten.

In den schottischen Highlands war es üblich, dass die Wächter bis zur Taufe ständig an der Wiege blieben, anstatt Salz als Amulett zum Schutz kleiner Babys zu verwenden. Denn man glaubte, dass boshafte Feen gesunde Säuglinge entführten und an ihrer Stelle kümmerliche Exemplare ihrer eigenen Elfennachkommen zurückließen; und so entführte Säuglinge wurden manchmal sieben Jahre lang im Märchenland festgehalten. Aus diesem weithin bekannten Volksglauben entstand das Wort „Changeling", das ein „seltsames, dummes, hässliches Kind, das die Feen anstelle eines schönen oder bezaubernden Kindes hinterlassen haben, das sie gestohlen haben" bedeutet. [295] Und da Elfenbabys ausnahmslos verkümmert und intellektuell schwach waren, hielt man alle idiotischen und zwergischen Kinder für Wechselbälge. [296]

Von da an entkam eine Fee, die nichts zu sagen hatte,

Dort, als du in zarten Windeln schliefst,

Und ihre Basis-Elfenbrut dort für die Linke:

Solche Männer nennen *Chaungelinges*, die vom Diebstahl der Feen so geplagt sind. [297]

VIII. SALZ ALS MAGISCHE SUBSTANZ

Die Ureinwohner Marokkos betrachten Salz als Talisman gegen das Böse, und ein häufiges Amulett unter den armen neapolitanischen Menschen ist ein Stück Steinsalz, das um den Hals hängt. [298] Die Bauern der Hartz-Gebirgsregion in Deutschland glauben, dass drei Körner Salz in einem Milchtopf Hexen von der Milch fernhalten würden; [299] Und um Butter vor ihren unheimlichen Einflüssen zu schützen, war es vor einigen Jahren in der Grafschaft Aberdeen, Schottland, Brauch, Salz auf den Deckel einer Buttermühle zu geben. [300] Auch in der Normandie pflegten die Bauern ein wenig Salz in ein Gefäß mit Milch zu streuen, um die Kuh, die die Milch gab, vor den Einflüssen der Hexerei zu schützen.

Unter amerikanischen Negern sind merkwürdige Vorstellungen über die magischen Eigenschaften von Salz weit verbreitet. So zieht in manchen Regionen ein neuer Mieter erst dann in ein möbliertes Haus ein, wenn alle Gegenstände darin gründlich eingesalzen wurden, um Hexenkeime abzutöten. [301] Ein weiteres Beispiel für die übernatürlichen Eigenschaften, die dem Salz zugeschrieben werden, ist die unter ungebildeten Menschen in einigen Gemeinden verbreitete Meinung, dass es in der Lage sei, widerwärtige Personen in seinen Bann zu ziehen. Zu diesem Zweck genügt es, entweder Salz über die schlafende Gestalt eines Feindes oder auf das Grab eines seiner Vorfahren zu streuen. [302] Eine andere Art von Salzzauber, der im Süden Englands in Mode ist, besteht darin, an drei aufeinanderfolgenden

Freitagabenden ein wenig Salz ins Feuer zu werfen und dabei folgende Worte
zu sagen:

Es ist nicht dieses Salz, das ich verbrennen möchte,

Es ist das Herz meines Geliebten, sich umzudrehen;

Damit er weder ruhe noch glücklich sei,

Bis er kommt und mit mir spricht.

Am dritten Freitagabend erwartet das untröstliche Mädchen das Erscheinen
ihres Geliebten. [303] Jeder kennt das alte Sprichwort: „Du kannst einen Vogel
mit der Hand fangen, wenn du zuerst etwas Salz auf seinen Schwanz gibst."
Es wurde angenommen, dass dieser seltsame Ausdruck andeutet, dass es
leicht ist, einen Vogel zu fangen, wenn man ihm nahe genug kommt, um Salz
auf seinen Schwanz zu streuen. Der Ausdruck lässt sich jedoch eher auf den
Glauben an die magischen Eigenschaften von Salz zurückführen, die den
Vogel verzaubern. Andernfalls könnte jede Substanz zum Fangen gleich
wirksam sein. Der Autor erinnert sich, irgendwo eine alte Legende über einen
jungen Mann gelesen zu haben, der einer Hexe, die neben ihm am Tisch saß,
spielerisch etwas Salz auf den Rücken warf und die Hexe daraufhin eine
solche Zunahme der Avoirdupois bekam, dass sie sich bis ins junge Alter
nicht mehr bewegen konnte Der Mann wischte höflich das Salz weg.

Die alten Germanen glaubten, dass der schnelle Flug der Vögel von
bestimmten mächtigen Geistern der Luft verursacht wurde. Nun ist Salz ein
Feind der geisterhaften Macht, verleiht Körpern Gewicht und behindert ihre
Bewegung; Daher ist der Grund für seine Funktionsweise, wenn er am
Schwanz eines Vogels angebracht wird, leicht verständlich.

In der Provinz Quebec streuen Französisch-Kanadier manchmal Salz über
die Türen ihrer Ställe, um zu verhindern, dass die schelmischen kleinen
Kobolde namens *Lutins* eindringen und die Pferde ärgern, indem sie Kletten
in ihre Mähnen und Schweife stecken. [304] Der *Lutin* oder *Gobelin* ist mit dem
skandinavischen Hausgeist verwandt, der Kinder und Pferde liebt und erstere
auspeitscht und kneift, wenn sie unartig sind, sie aber streichelt, wenn sie
brav sind. [305] Es wird angenommen, dass in Marsala im Westen Siziliens ein
Pferd, ein Maultier oder ein Esel beim Betreten eines neuen Stalls der Gefahr
ausgesetzt ist, von Feen belästigt zu werden. Als Vorsichtsmaßnahme wird
daher ein wenig Salz auf den Rücken des Tieres gestreut, und es wird
angenommen, dass dies dafür sorgt, dass es keine Lahmheit oder andere
durch Feenboss verursachte Übel erleidet. [306] Kochsalz genießt seit langem
den Ruf, ein Mittel zur Ernüchterung zu sein. Es war ein Bestandteil einer
Salbe „gegen nächtliche Koboldbesucher", die von den Sachsen in England
verwendet und in einem ihrer alten Blutegelbücher beschrieben wurde; [307]
Während in den Annalen der Volksmedizin zahlreiche Hinweise auf ihre

angeblichen Tugenden als magisches Therapeutikum zu finden sind. Wenn in Schottland eine Person an einer Erkrankung leidet, deren Ursache nicht erkennbar ist, wird so viel Salz, wie auf einen Sixpence gegeben werden kann, in Wasser gelöst und die Lösung dann dreimal auf die Fußsohlen des Patienten aufgetragen Handflächen und an seine Stirn. Dann wird von ihm erwartet, die Mischung zu probieren, von der ein Teil über das Feuer geworfen wird, während er sagt: „Herr, bewahre uns vor einem Skaith." [308]

Die Deutschen im Buffalo Valley in Zentral-Pennsylvania glauben, dass ein Junge von seinem Heimweh geheilt werden kann, indem er Salz in die Säume seiner Hose streut und ihn dazu bringt, in den Schornstein zu schauen. [309]

In Indien reiben die Eingeborenen als Heilmittel gegen Skorpionbisse Salz und Wein auf die betroffene Körperstelle und glauben, dass der Erfolg dieser Behandlung auf der übernatürlichen Kraft des Salzes beruht, die Unholde zu verscheuchen, die den Schmerz verursacht haben. [310] Ein altirischer Zauberspruch, der bei Verdacht auf einen „Feenschlag" großen Anklang fand, bestand darin, drei gleiche Portionen Salz in drei parallelen Reihen auf einen Tisch zu legen. Der angehende Zauberer umschließt dann das Salz mit seinem Arm und wiederholt das Vaterunser dreimal in jeder Reihe. Dann ergreift er die Hand der von der Fee getroffenen Person und sagt darüber: „Durch die Macht des Vaters und des Sohnes und des Heiligen Geistes möge diese Krankheit verschwinden und der Bann der bösen Geister gebrochen werden." Dann folgt eine feierliche Beschwörung und ein Befehl an den vermeintlichen Dämon, und der Zauber ist vollständig. [311]

In Bayern und der Ukraine leckt die Mutter einem Kind die Stirn, um festzustellen, ob es Opfer einer Verhexung geworden ist. und wenn ihr Geschmackssinn dabei einen ausgeprägten Salzgeschmack verrät, ist sie überzeugt, dass ihr Kind unter dem Einfluss eines bösen Blicks stand. [312]

Im Schweizer Kanton Bern glaubt man, dass man durch die einfache Möglichkeit, in der rechten bzw. linken Manteltasche ein Stück frisches Brot und ein Psalmbuch bei sich zu tragen, gegen alle Arten von geistlichen Feinden ausreichend gerüstet ist, vorausgesetzt, man achtet darauf Haben Sie etwas Steinsalz entweder in jeder Westentasche oder in einem Stock aus Bruyèreholz, in den drei Kreuze eingeschnitten sind. [313] In Böhmen versucht eine Mutter ihre Tochter vor bösen Blicken zu schützen, indem sie ein wenig Brot und Salz in ihre Tasche steckt; Und wenn ein junges Mädchen spazieren geht, streut die Mutter hinter ihr Salz auf den Boden, damit sie sich nicht verirrt. [314]

Weihwasser wurde in den religiösen Zeremonien vieler Völker als Mittel zur Reinigung von Personen und Dingen sowie zur Abwehr von Dämonen eingesetzt. Das Besprengen und Waschen damit waren wichtige Merkmale des griechischen Rituals.

Das Weihwasser der römisch-katholischen Kirche wird hergestellt, indem Salz und Wasser getrennt exorziert und gesegnet werden. Anschließend wird das Salz im Wasser aufgelöst und über die Mischung wird ein Segen ausgesprochen. Im hawaiianischen Ritual wurde manchmal Meerwasser bevorzugt. [315]

Eine magyarische Hausfrau wird einer Frau, die am frühen Morgen an die Tür kommt und darum bittet, kein Salz geben, weil sie glaubt, dass ein solcher Möchtegern-Kreditnehmer mit Sicherheit eine Hexe sei; aber um alle Hexen und Hexen fernzuhalten, streut sie Salz auf die Schwelle. Am Lucienstag dürfen weder Salz noch Feuer aus dem Haus genommen werden. [316]

Bei den Japanern sind die geheimnisvollen konservierenden Eigenschaften des Salzes die Quelle verschiedener Aberglauben. Die Herrin eines Haushalts kauft es nicht nachts, und wenn es tagsüber gekauft wird, wird eine kleine Menge ins Feuer geworfen, um Zwietracht in der Familie und allgemein Unglück zu verhindern. [317]

In Schottland galt Salz früher als Glücksbringer, und die Salzkiste war das erste Hab und Gut, das in eine neue Wohnung gebracht wurde. Als Robert Burns im Jahr 1789 im Begriff war, ein neues Haus in Ellisland zu beziehen, wurde er auf seinem Weg dorthin entlang der Ufer des Flusses Nith von einer Prozession von Verwandten begleitet, und in ihrer Mitte wurde eine Schüssel mit Salz getragen, die ruhte zur Familienbibel. [318]

An manchen Orten im Norden Englands ist das Verschenken von Salz eine gefährliche Prozedur; Denn wenn das so gegebene Salz in den Besitz eines Übeltäters gelangt, stellt es den Spender vollständig in die Gewalt einer solchen Person. [319]

In Oberägypten ist es Brauch, dass die einheimischen Frauen vor dem Aufbruch einer Karawane Salz auf brennende Kohlen streuen, die in irdenen Gefäßen getragen und vor den verschiedenen Ladungen abgestellt werden. Während sie dies tun, rufen sie aus: „Möge dein Gehen und Kommen gesegnet sein", und sie glauben, dass solche Beschwörungen alle Machenschaften böser Geister außer Kraft setzen. [320]

IX. VERSCHIEDENE BEMERKUNGEN ZU SALZ

Unter den Bauern der spanischen Provinz Andalusien ist das Wort „Salz" ein Synonym für Anmut und Charme im Benehmen, und man kann keine liebenswertere oder schmeichelhaftere Sprache verwenden, um eine Frau, ob

Ehefrau oder Geliebte, anzusprechen, als sie „das Salz" zu nennen -Box
meiner Liebe." Auch der Satz „Mögest du wohlgesalzen sein" ist als
Ausdruck liebevoller Wertschätzung aktuell. [321]

Schottische Fischer haben den traditionellen Brauch, ihre Netze „zum
Glück" zu salzen, und manchmal werfen sie auch etwas Salz ins Meer, „um
die Feen zu blenden".

Auf der Isle of Man gilt der Austausch von Salz als unverzichtbar für jede
Geschäftstransaktion, und es ist bekannt, dass Bettler auf Manx sogar ein
Almosen verweigerten, wenn sie ohne Salz angeboten wurden. [322]

In Syrakus, Sizilien, hat sich Salz durch eine seltsame Fehlinterpretation der
Worte „ *sedes sapientiæ* "der sogenannten Lauretanischen Litanei einen Namen
als Symbol der Weisheit gemacht; Diese Worte werden im Mund des Volkes *zu*
Salz   HYPERLINK "https://gutenberg.org/files/57411/57411-h/57411-
h.htm" \l "Footnote_323" und Weisheit.

Salz und Brot, die lebensnotwendigen Dinge, sind die ersten Gegenstände,
die ein frisch verheiratetes Paar in Russland mit in die Wohnung nimmt. Und
in Pommern trägt ein Diener am Ende eines Hochzeitsfrühstücks einen
Teller mit Salz herum, auf den die Gäste Geldgeschenke legen. [324]

In alten Zeiten galten Brot und Salz als die einfachsten und unverzichtbarsten
Nahrungsmittel und wurden den Gästen als Garant für Gastfreundschaft
und Freundlichkeit angeboten. Der universelle Ruf des Salzes als Symbol des
guten Willens zeigt sich in den Sprichwörtern und aktuellen Redewendungen
vieler Nationen. Cicero schrieb in seiner Abhandlung über Freundschaft,
dass das Alter den Wert von Freundschaften steigerte, während es
gleichzeitig die Qualität bestimmter Weine verbesserte; und er fügte hinzu,
dass das Sprichwort wahr sei: „Viele Stücke Salz müssen zusammen gegessen
werden, um die Freundschaft zur Vollendung zu bringen."

Da Salz ein notwendiger und gesunder Bestandteil der Ernährung ist, wird
eine großzügige Verwendung davon als vorteilhaft angesehen. Evan Marlett
Boddy, FRCS, in seiner „Geschichte des Salzes", S. 78, kommentiert mit
einiger Schärfe den Brauch, der an den Tischen des englischen Adels
vorherrschte, Salz in die kleinsten Gefäße zu geben, als wäre es eine äußerst
teure Substanz. Für ihn ist es alles andere als erbaulich, „zu sehen, wie sich
der Gastgeber und seine Gäste auf die feinste, groteskste Art und Weise an
den fast verschwindend geringen Mengen Salz bedienen, als wäre es ein
Zeichen guter Erziehung und Feinheit." Im Gegenteil, fährt er fort, seien
solche dummen Bräuche einer „guten Gesellschaft" tatsächlich ein Zeichen
geistiger Schwäche und tiefer Unwissenheit.

In einer Abhandlung über die „Würde und Nützlichkeit des Salzes" von Jean de Marcounille Percheron, Paris, 1584, wird dieses Mineral in seinem Wert mit den vier von den Alten anerkannten Elementen verglichen: Erde, Luft, Feuer und Wasser; und tatsächlich wurde Salz aufgrund seiner Bedeutung für die Erhaltung der Gesundheit in der Tierwirtschaft als „fünftes Element" bezeichnet. Die alten Thraker schätzten dieses Gut so sehr, dass sie Sklaven dafür eintauschten, woher der Ausdruck „ *Sale emptum mancipium* " stammt .

Der ägyptische Geograph Cosmas gab an, dass im sechsten Jahrhundert in Afrika eine Salzwährung verwendet wurde; [325] und Marco Polo schrieb, dass Salz im 13. Jahrhundert ein übliches Tauschmittel unter bestimmten asiatischen Völkern war. In Tibet zum Beispiel dienten in einer Form geformte Salzstücke, die jeweils etwa ein halbes Pfund wogen, als Kleingeld; Achtzig solcher Stücke entsprachen im Wert einem *Saggio* aus Feingold, entsprechend dem römischen *Solidus* , im Wert von etwa drei Dollar. Darüber hinaus wurde Salz zu dieser Zeit in Yun-Nan und anderen Provinzen im Südwesten Chinas als Geld verwendet. [326]

Felix Dubois, in seinem „Timbuctoo the Mysterious", S. 123, kommentiert die Seltenheit von Salz im Inneren des Sudan und sagt, dass es das wertvollste Gut dieser Region, das *wahre Gold* der Sudanesen, sei. Der Großteil der Salzversorgung von Timbuctoo stammt aus den Salzminen von Taudeny, die in der großen Sahara-Wüste, etwa dreihundert Meilen nördlich, liegen. Hier ist das Salz unter einer spärlichen Sandschicht reichlich vorhanden und wird in Klumpen ausgegraben und zu Blöcken verarbeitet. Kleine Stücke dieses Steinsalzes dienen dem Reisenden als Geld und werden von den sudanesischen Kaufleuten gerne als solches angenommen.

Die Kamele der Südmongolei benötigen eine gewisse Menge Salz, um in guter Verfassung zu bleiben. Daher stöbern sie instinktiv nach den Salzausblühungen, die man in den Grasebenen oder Steppen Asiens findet. Baron Humboldt schrieb in seinen „Aspekten der Natur" (Berlin, 1808), dass diese Ebenen mit saftigen, immergrünen Sodapflanzen bedeckt seien; und dass viele von ihnen von weitem mit Flocken aus verströmtem Salz glänzten, die sehr an frisch gefallenen Schnee erinnerten. Wenn Kamele diese Ausblühungen nicht finden, zeigen sie manchmal ihr Verlangen nach dem salzigen Geschmack, indem sie weiße Steine in den Mund nehmen und sie für Salzklumpen halten. [327]

Aufgrund seiner universellen Verwendung wird Salz auch als „kosmopolitisches Gewürz" bezeichnet. Das Verlangen nach dieser Substanz ist nicht auf den Menschen beschränkt, sondern wird auch von niederen Tieren geteilt, und ihr hygienischer Wert für Pferde und Kühe ist bekannt. Wilde Tiere legen weite Strecken über Wüsten und Prärien oder durch Sümpfe und Dschungel zurück, um „Salzlecken" zu erreichen.

Es kann sein, dass dieses natürliche Verlangen nach Salz, das Mensch und Tier gemeinsam hat, auf einen Brauch der Etikette in Abessinien schließen lässt. Denn wenn ein Eingeborener dieses Landes einem Freund oder Gast eine besonders liebevolle Aufmerksamkeit schenken möchte, holt er ein Stück Steinsalz hervor und erlaubt ihm gnädig, es mit seiner Zunge abzulecken; ein Brauch, der um nichts lächerlicher ist als das feierliche Darbringen von Schnupftabak und das gesellschaftliche Niesen der modernen Zivilisation.

In bestimmten Teilen des Dunklen Kontinents gilt Salz als großer Luxus und wird von einheimischen Kindern genauso genossen wie Süßigkeiten in begünstigten Ländern.

In der Region Accra an der Küste Guineas soll Salz einen gleichwertigen Wert wie Gold haben; und laut Mungo Park impliziert der Ausdruck „sein Essen mit Salz würzen" bei den Mandingos und Bambarras, westafrikanischen Stämmen, deren Mitglieder ungewöhnlich intelligent sind, den Besitz von Reichtum. [328]

Die Namaquas, Bewohner des Hottentottenlandes, teilen so wenig die Ansichten ihrer Nachbarn über Salz, dass sie es für einen überflüssigen Artikel ohne jeglichen Wert halten.

Um das Jahr 1830 erschien in England ein Buch eines gewissen Doktor Howard mit dem folgenden seltsamen Titel: „Salz, die verbotene Frucht oder Nahrung; und die Hauptursache für Krankheiten des Körpers und des Geistes von Menschen und Tieren, wie von den alten ägyptischen Priestern und Weisen und in der Heiligen Schrift gelehrt, im Einklang mit der langjährigen Erfahrung des Autors." [329]

Wie der Titel schon vermuten lässt, behandelt dieses Buch Salz als eine höchst widerwärtige Substanz, deren Abstinenz als Nahrungsbestandteil für die Erhaltung der Gesundheit unerlässlich ist.

Darüber hinaus ging man davon aus, dass die Verwendung von Salz als Nahrungsmittel jemanden jähzornig und melancholisch machen würde, und zur Veranschaulichung dieser Ansicht sei die folgende Passage aus „Euphues und sein England" von John Lyly, Maister of Arte (1580) zitiert):—

Ehrlich gesagt, meine Herren, aus Angst vor Zorn esse ich selten Salz, und wenn Sie mir als Zeichen geben, dass ich Witz brauche, dann machen Sie Cholericke, bevor ich es esse; denn Frauen, auch wenn sie noch nie so dumm waren, würden immer für weise gehalten werden.

Salz isst, macht man sich Sorgen ; und kein *Salz* zu haben , bedeutet Mangel an Witz, dann verwunderst du mich, dass du so wählerisch bist, wenn du kein

Salz isst; Und da du kein *Salz* liebst, bist du so weise, wenn in der Tat so viel Witz für eine Frau ausreicht, dass sie, wenn sie im Regen ist, sie warnen kann, aus dem Regen herauszukommen." [330]

In einem kürzlich im „Journal of Hygiene" erschienenen Artikel bekräftigt der Autor, dass der allgemeine Glaube an die Notwendigkeit der Verwendung von Salz zur Erhaltung der Gesundheit bösartig sei; Denn viele Menschen neigen in ihrem Eifer, das Beste aus einer guten Sache herauszuholen , dazu, Salz zum Würzen aller Arten von Speisen zu essen. Dadurch entsteht ein abnormales Verlangen nach Salzgeschmack und das Gewürz wird im Übermaß verwendet, wodurch die Sekretionsorgane übermäßig beansprucht werden, obwohl in Wirklichkeit nur eine kleine Menge Salz erforderlich ist. Personen, die von der sogenannten „Salzgewohnheit" abhängig sind, haben einen perversen Geschmack und sind als Genießer von Natur aus völlige Versager; Denn wie kann jemand behaupten, ein Feinschmecker zu sein, der den wahren Geschmack jedes Gerichts verschleiert und dessen Gaumen sich weigert, sich von den erlesensten Häppchen verwöhnen zu lassen, es sei denn, diese riechen stark nach Salz?

Aber selbst in unserer Zeit wird die Verwendung von Salz als Genussmittel manchmal als unnötig, wenn nicht sogar schädlich, abgetan. Daher wird argumentiert, dass diese Substanz die physiologischen Prozesse des Zerfalls und der Erneuerung der Zellen, aus denen die Gewebe des lebenden Körpers bestehen, hemmt oder verzögert, Prozesse, die für die Erhaltung von Leben und Gesundheit unerlässlich sind.

Ein neuerer Verfechter dieser Theorie behauptet, dass die Vorliebe einiger domestizierter Tiere für Salz eher auf einem erworbenen Geschmack als auf einem instinktiven Verlangen beruht; Denn Hunde und Katzen gewöhnen sich schnell an künstliche Produkte wie Eis und Bier. Was die gelegentlichen Besuche wilder Tiere an Salzlecken anbelangt, so wurde angenommen, dass die Tatsache, dass solche Besuche vergleichsweise selten sind, ein Beweis dafür sei, dass diese Tiere regelmäßig die medizinische Wirkung von Salzwasser benötigen, und zwar nach dem gleichen Prinzip, das wohlhabende und elegante Menschen dazu verleitet Besuchen Sie bestimmte Spas in Europa oder Amerika. Der oben erwähnte Autor weist darauf hin, dass zwar jedes Lebensmittel seinen eigenen, individuellen Geschmack hat, die Zugabe von Salz jedoch dafür sorgt, dass sie alle gleich schmecken. Und wenn ein eingefleischter Salzkonsument einen Monat lang auf dieses Lieblingsgewürz verzichtet, wird er dann zum ersten Mal in die Lage versetzt, den wahren Geschmack von Fleisch und Gemüse richtig zu genießen. [331]

In den „Revelations of Egyptian Mysteries" von Robert Howard wird die Verwendung von Salz als Genussmittel als Verstoß gegen das Naturgesetz beschrieben, das es Tieren verbietet, mineralische Substanzen als Nahrung zu sich zu nehmen. Die Geschichte kann zwar für die Antike des Brauchs bürgen, kann aber keinen Beweis für seine Angemessenheit liefern. Tatsächlich behauptet der Autor in dem oben genannten Werk, dass Salz eine höchst schädliche Substanz und die direkte Ursache vieler Krankheiten sei.

Der Satz „Genug ist so gut wie ein Fest" gilt in vollem Umfang auch für die Verwendung von Salz als Gewürz, denn ein Überschuss dieser Substanz im Essen verdirbt mit Sicherheit den Geschmack. Einer Version eines rumänischen Waldmythos zufolge stieß ein Prinz, der die Jagd verfolgte, auf einen wunderschönen Lorbeerbaum, dessen Zweige von goldener Farbe waren. Dieser Baum gefiel seiner Fantasie so sehr, dass er beschloss, sein Abendessen in seinem Schatten einzunehmen, und den entsprechenden Befehl gab. Entsprechende Vorbereitungen wurden getroffen; Doch während der vorübergehenden Abwesenheit der Köchin stieg ein schönes Mädchen aus dem Baum und streute eine Menge Salz auf die Speisen. Danach betrat sie den Baum wieder, der sich über ihr schloss. Als der Prinz zurückkam und mit dem Essen begann, schimpfte er mit dem Koch, weil er zu viel Salz verwendet hatte, und der Koch beteuerte ganz natürlich seine Unschuld.

Am folgenden Tag ereignete sich dasselbe, und der Prinz beschloss daraufhin, Wache zu halten, um den Täter nach Möglichkeit aufzuspüren. Am dritten Tag, als die Jungfrau in böser Absicht aus dem Baum hervortrat, fing der Prinz sie auf und trug sie fort, und sie wurde seine treue Frau. [332]

Dieser Abschnitt kann angemessen mit der folgenden Übersetzung einer römischen Legende abgeschlossen werden, die den Wert von Kochsalz als Nahrungsmittel veranschaulicht: [333] –

Der Wert von Salz. Ein römisches Volksmärchen.

Es war einmal ein König, der hatte drei Töchter, und er wollte unbedingt wissen, welche von ihnen ihn am meisten liebte; Er probierte sie auf verschiedene Weise aus, und es schien immer so, als ob die jüngste Tochter bei der Prüfung am besten abgeschnitten hätte. Dennoch war er nie zufrieden, weil er von der Vorstellung besessen war, dass die Älteren ihn am meisten liebten.

Eines Tages dachte er, er würde die Sache ein für alle Mal regeln, indem er jeden einzeln fragte, wie sehr sie ihn liebte. Also rief er die Älteste allein an und fragte sie, wie sehr sie ihn liebte.

„So viel wie das Brot, das wir essen", war ihre Antwort; und er sagte bei sich: „Sie muss mich, wie ich dachte, am meisten lieben; denn Brot ist das erste Notwendige unseres Daseins, ohne das wir nicht leben können. Sie meint daher, dass sie mich so sehr liebt, dass sie ohne mich nicht leben könnte."

Dann rief er die zweite Tochter allein und sagte zu ihr: „Wie sehr liebst du mich?“

Und sie antwortete: „So viel wie Wein.“

„Das ist auch eine gute Antwort“, sagte sich der König. „Es stimmt, sie scheint mich nicht ganz so sehr zu lieben wie die Älteste; Dennoch kann man kaum ohne Wein leben, so dass es keinen großen Unterschied gibt.“

Dann rief er die Jüngste allein und sagte zu ihr: „Und du, wie sehr liebst du mich?“

Und sie antwortete: „So viel wie Salz.“

Dann sagte der König: „Was für ein abscheulicher Vergleich! Sie liebt mich nur so sehr wie das Billigste und Gewöhnlichste, was auf den Tisch kommt. Das heißt so viel wie: Sie liebt mich überhaupt nicht. Das habe ich immer gedacht. Ich werde sie nie wieder sehen.“

Dann ordnete er an, dass ein Flügel des Palastes vom Rest abgetrennt werden sollte, wo sie mit allem versorgt werden sollte, was zu ihrem Lebensstand gehörte, aber wo sie für sich allein leben und ihm niemals nahe kommen sollte.

Hier lebte sie also ganz allein. Aber obwohl ihr Vater glaubte, dass sie sich nicht um ihn kümmerte, sehnte sie sich so danach, von ihm ferngehalten zu werden, dass sie schließlich erschöpft war und es nicht länger ertragen konnte.

Das Zimmer, das ihr gegeben worden war, hatte keine Fenster zur Straße, damit sie nicht den Spaß hatte, zu sehen, was in der Stadt vor sich ging, aber sie blickten auf einen Innenhof. Hier sah sie manchmal, wie der Koch herauskam und am Brunnen Gemüse wusch.

„Kochen, kochen!“ rief sie eines Tages an, als sie ihn so unter dem Fenster vorbeigehen sah.

Die Köchin blickte mit einem gutmütigen Gesicht auf, was ihr Mut machte.

„Glauben Sie nicht, Koch, ich muss hier oben ganz allein sehr einsam und elend sein?“

„Ja, Signorina“, antwortete er; „Ich denke oft, dass ich dir gerne dabei helfen würde, rauszukommen; aber ich wage nicht, daran zu denken, der König würde so wütend sein.“

„Nein, ich möchte nicht, dass du dem König den Gehorsam verweigerst", antwortete die Prinzessin; „Aber würden Sie mir wirklich einen Gefallen tun, der mich wirklich sehr dankbar machen würde?"

„Oh ja, Signorina, alles, was ich tun kann, ohne dem König ungehorsam zu sein", antwortete der treue Diener.

„Dann ist es das", sagte die Prinzessin. „Wirst du mich bitte so weit verpflichten, Papas Abendessen heute ohne Salz zuzubereiten? Überhaupt nicht das geringste Korn. Lassen Sie es ein so gutes Abendessen sein, wie Sie möchten, aber ohne Salz. Wirst du das tun?"

„Ich verstehe", antwortete der Koch mit einem wissenden Nicken. „Ja, verlass dich auf mich, ich werde es tun."

An diesem Tag hatte der König beim Abendessen kein Salz in der Suppe, kein Salz im gekochten Fleisch, kein Salz im Braten, kein Salz im Frittierten.

"Was ist die Bedeutung davon?" sagte der König, während er eine Schüssel nach der anderen von sich schob. „Es gibt heute nichts, was ich essen kann. Ich weiß nicht , was sie mit allem gemacht haben, aber es gibt keine einzige Sache, die auch nur den geringsten Geschmack hat. Lassen Sie den Koch rufen.

Also kam der Koch vor ihm.

„Was hast du heute mit den Lebensmitteln gemacht?" sagte der König streng. „Sie haben eine Menge Geschirr heraufgeschickt, und niemand am Leben kann eines vom anderen unterscheiden. Sie sind alle genau gleich und keines davon kann gegessen werden. Sprechen!"

Der Koch antwortete: –

„Als ich Eure Majestät sagen hörte, Salz sei das Gewöhnlichste, was auf den Tisch kommt, und insgesamt so wertlos und verachtenswert, überlegte ich, ob es überhaupt etwas war, das es verdiente, an den Tisch des Königs serviert zu werden. und weil ich es für unwürdig hielt, verbannte ich es aus der Küche des Königs und bereitete alle Fleischgerichte ohne es zu. Abgesehen davon sind die Gerichte dieselben, die jeden Tag an den Tisch des Königs geschickt werden."

Dann erkannte der König den Wert des Salzes und begriff, wie groß die Liebe seines jüngsten Kindes zu ihm war; Also schickte er los, ließ ihre Wohnung öffnen und rief sie zu sich, damit sie nie mehr weggehen sollte.

X. DER SALZKELLER

Der Rhetoriker Arnobius schrieb in seinem Werk „Disputationes contra Gentes", dass die Heiden ihre Tische durch das Aufstellen von Salzfässern weihten oder heiligten. Denn aufgrund der Tatsache, dass Salz bei jedem Opfer als Opfergabe an die Götter verwendet wurde, und aufgrund seiner angeblich göttlichen Eigenschaften galten auch Gefäße, die Salz enthielten, als heilig.

Tatsächlich hatte das Salzfass den Charakter eines heiligen Gefäßes, das mit dem Tempel im Allgemeinen und insbesondere mit dem Altar verbunden war. [334]

Pythagoras sagte, dass Salz das Sinnbild der Gerechtigkeit sei; Denn wie sie alle Dinge bewahrt und Korruption verhindert, so bewahrt die Gerechtigkeit alles, was sie belebt, und ohne sie ist alles korrupt. Er ordnete daher an, bei jeder Mahlzeit ein Salzfass auf den Tisch zu stellen, um die Menschen an diese symbolische Kraft des Salzes zu erinnern. [335]

Die Römer betrachteten Salz als heiliges Nahrungsmittel, und es war für sie eine Frage des religiösen Grundsatzes, dafür zu sorgen, dass kein anderes Gericht auf den Tisch gestellt wurde, bevor das Salz angebracht war. [336] Auf dem Tisch des römischen Bauern diente eine Muschel als Behälter für Salz, aber beim Mahl des wohlhabenden Bürgers wurde der silberne Salzstreuer, der normalerweise ein Erbstück war, in die Mitte des Tisches gestellt; und derselbe Brauch herrschte im Mittelalter in England.

In einem Werk mit dem Titel „Antiquitates Culinariæ", zusammengestellt von Rev. Richard Warner, London, 1791, finden sich, nachgedruckt von einer alten Papierrolle, ausführliche Anweisungen für die Zubereitung der Banketttafel anlässlich eines großen Festes Fest zur Inthronisierung von George Neville als Kanzler von England und Erzbischof von York im sechsten Jahr von Edward dem Vierten N. CHR . 1466.

Nach dem Legen der „Chiefe-Serviette" wurden die mit solchen Aufgaben betrauten Beamten des Königshauses angewiesen, Salz, Brot und Grabenmesser zu bringen und „das Salz direkt unter das Tuch des Anwesens zu legen".

Es folgen detaillierte Anweisungen zur richtigen Anordnung der Grabenmesser, Messer, Löffel und Brot sowie deren genaue Beziehung zum Salz, das während der Zeremonie mit besonderer Ehrerbietung behandelt wurde.

Der Hon. Horace Walpole veröffentlichte einen Bericht über die Formalitäten, die beim „Eindecken" des Esstisches von Königin Elizabeth beobachtet wurden, wie von einem deutschen Reisenden beschrieben, der bei einer solchen Gelegenheit anwesend war. Nachdem das Tischtuch ausgebreitet war, erschienen zwei Herren, einer mit einem Stab und der andere mit einem Salzfass, einem Teller und Brot. Nachdem sie dreimal voller Ehrfurcht niedergekniet waren, legten sie diese drei Gegenstände auf den Tisch und zogen sich zurück. Später in der Zeremonie kamen eine unverheiratete Dame in weißer Seide und eine Matrone mit einem Verkostungsmesser. Nachdem sich die erstere dreimal niedergeworfen hatte, näherte sie sich in höchst anmutiger Weise dem Tisch und bestreute die für die Gäste bereitgestellten Teller mit Brot und Salz. Danach traten die in Scharlach gekleideten Bauern der Wache, jeder mit einer goldenen Rose auf dem Rücken, barhäuptig ein und brachten vierundzwanzig Gerichte. In den Haushalten des englischen Adels herrschte ein ähnlicher Brauch. Ein rhythmischer Befehlskodex für Bedienstete des fünfzehnten Jahrhunderts verlangte, dass das Salz immer der erste Artikel sein sollte, der auf die festliche Tafel gelegt wurde, nachdem das Tuch ausgelegt wurde: [337]–

Ihre Premiere findet an jedem Ort und in der gesamten Herberge statt

La nappe, et après le sel;

Cousteaulx, Schmerz, vin et puis viande,

Puis apporter ce qu'on requeste.

Im „Haven of Health" (Thomas Coghan, London, 1636) finden sich diese Verse, zitiert von einem früheren Autor:

Sal primo poni debet, primoque reponi,

Omnis Mensa Male Ponitur Absque Sale.

Eine merkwürdige kleine Abhandlung mit dem Titel „Wie man einem Herrn dient" legt fest, wie der wichtigste Salzstreuer aufgestellt werden soll:

Dann soll hierauf der Boteler oder Panter sein Hauptsalz herbeibringen … er soll den Saler in den Myddys des Tabull platzieren, entsprechend dem Ort, an dem sich der Hauptsouverän niederlassen soll … dann das zweite Salte am unteren Ende … dann sollen Salte Selers Seien Sie auf dem Syde-Tables.

Es wird angenommen, dass der Brauch, vor allem Salz auf den Tisch zu legen, seinen Ursprung in der alten Vorstellung hat, dass diese Substanz ein Symbol der Freundschaft sei; und in der Tat war kein Bankett, wie aufwändig es auch sein mag, ohne es vollständig. Das Salz war übrigens der letzte Gegenstand, der von der gastfreundlichen Tafel gestrichen wurde.

Es war, als ob unsere Vorfahren damit beabsichtigten, dass die Gäste, wenn sie Salz auf dem Tisch sahen, erkennen sollten, dass sie „in Liebe eingeladen und geliebt wurden, bevor sie kamen"; und die Tatsache, dass es bleiben durfte, nachdem das andere Geschirr entfernt worden war, könnte sie daran erinnern, dass Feste wie viele andere gute Dinge zu Ende gehen, Liebe und Freundschaft jedoch ewig bestehen können. [338]

Macrobius schrieb im fünften Jahrhundert n. CHR ., dass die Alten sich bei einem Bankett weder als willkommen noch als sicher betrachteten, wenn nicht das Salz und die Schreine ihrer Götter auf den Tisch gelegt wurden; Ersteres weist auf eine herzliche Begrüßung hin und Letzteres bedeutet eine Schutzgarantie.

Im alten „Boke of Keruynge" heißt es: „Dann legen Sie Ihr Salz auf die rechte Seite, wo Ihr Herrscher stehen soll, und auf die linke Seite stellen Sie Ihre Schützengräben auf."

Mittelalterliche Salzfässer waren oft kunstvoll gearbeitete Silberstücke. In Paul Lacroix' „Mannschaften, Bräuche und Kleidung im Mittelalter" sind Abbildungen eines emaillierten silbernen Salzfasses mit sechs Seiten zu sehen, das die Arbeit des Herkules darstellt und in Limoges für den französischen König Franz I. angefertigt wurde Anfang des 16. Jahrhunderts. Am Corpus Christi College in Cambridge, England, ist ein elegant gearbeiteter Salzkeller aus Silber und Gold erhalten, der Matthew Parker gehörte, der 1558 zum Erzbischof von Canterbury ernannt wurde. [339]

Im „Art Journal" (Bd. xxxix. 1887) findet sich eine Beschreibung des staatlichen Salzkellers von Mostyn Hall, Flintshire, Nordwales, der kürzlich in einer alten Truhe entdeckt wurde. Dieses prächtige Stück Teller, das das Londoner Datum 1586–87 trägt, ist 18,5 Zoll hoch und hat eine zylindrische Form, auf der sich eine Vase befindet und reich mit Gruppen von Früchten, Blättern, Tieren und Vögeln verziert ist.

Im mittelalterlichen England hatte der wichtigste Salzkeller manchmal die Form eines silbernen Schiffes, was sowohl auf die salzige Tiefe als auch auf das darauf segelnde Fahrzeug schließen lässt.

König Heinrich III. bestellte im Jahr 1243 zwanzig Silbersalze. [340]

Im Raum mit den Kronjuwelen im Tower of London sind elf prächtige goldene Salzfässer zu sehen, von denen die ältesten aus der Regierungszeit Elisabeths stammen. Von diesen wurde der sogenannte Staatssalzkeller, ein Modell des Weißen Turms, von der Stadt Exeter König Karl II. geschenkt und bei Krönungsbanketten verwendet.

Beschreibungen und Abbildungen alter englischer Salzfässer aus verschiedenen Epochen finden sich in einem Band mit dem Titel „Old English Plate" von Wilfred Joseph Cripps, MA, FSA, London, 1886; und in „Old Plate" von JH Buck, New York, 1888. In der früheren Arbeit wird ein prächtiger Salzkeller „in Form eines Olifaunts" erwähnt, der 1347 Eigentum von John, Earl of Warrenes, war ; und ein weiteres „in der Form eines Hundes", das 1380 Edmund Mortimer, Earl of March, gehörte.

Von einer frühen Zeit bis zum Ende des 17. Jahrhunderts wurde der Rang der Gäste bei einem Bankett in wohlhabenden Haushalten, wie in den Hallen der Landjunker in England, durch die Lage ihrer Plätze am Tisch in Bezug auf das massive Silber angezeigt Mittelstücke, die das Salz enthielten, [341] manchmal auch „Salzbottich" oder „Salzfuß" genannt.

Am Kopfende des Tisches, der als *Tafelende bezeichnet wurde* , und „über dem Salz" saßen der Gastgeber und seine angeseheneren Gäste; und während der Herrschaft Heinrichs VII. und VIII. Den Platzanweisern wurde auferlegt, dafür zu sorgen, dass niemand einen höheren Platz einnahm, als ihm zusteht. Wahrscheinlich wurde Gästen, die unabsichtlich einen ehrenvolleren Sitzplatz wählten, als ihr Rang es rechtfertigte, keine Strafe auferlegt, abgesehen von der Versetzung auf eine niedrigere Position. Aber in der weniger zivilisierten Ära des elften Jahrhunderts sahen die Gesetze von König Knut vor, dass jede Person, die bei einem Bankett über seiner Position saß, „nach Ermessen der Gesellschaft mit Knochen von ihrem Platz geschleudert werden sollte, ohne das Privileg zu haben, sie einzunehmen". Delikt." [342]

In einem Buch mit dem Titel „Strange Foot-Post, with a Packet full of Strange Petitions" von Nixon (London, 1613) sagt der Autor in Bezug auf einen armen Gelehrten:

Nun, was sein Essen betrifft, so ist es am billigsten Tisch leicht, aber er muss unter dem Salz sitzen, das ist an solchen Orten ein Axiom; Dann hat er gemächlich sein Messer gezogen, seine Serviette höflich auseinandergefaltet und sich zweimal oder dreimal über den Bart gewischt. Wenn er ihn hat, kann er vielleicht das Brot mit der Spitze seines Messers erreichen.

Im „Babees Book" (1475) heißt es: „Das Salz berührt auch nicht in seinem Salere mit Nokyns Mete, sondern legt es ehrlich auf den Trenchoure, denn das ist Knicks;" und das „Junge Kinderbuch" (1500) enthält diese Passage: „Es war nicht anmutig, das Salz zu nehmen, außer mit dem Clene-Knyfe; viel weniger, sein Fleisch in das Salzfass zu tunken."

Joseph Hall spricht in seinen „Satires" (1597) von den Bedingungen, die ein sanfter Knappe dem Lehrer seines Sohnes auferlegte, und sagt, dass dieser in einem ausziehbaren Bett am Fußende der Couch seines jungen Herrn schlafen musste, und das auch sein Platz am Tisch befand sich ausnahmslos „unter dem Salz".

Auch in einem Band der „Essayes" von Sir William Cornwallis (1632) steht Folgendes:

Es gibt noch eine andere Sorte, die schlimmer ist als diese, die nie etwas von sich gibt, sondern Scherze auswendig lernt und Büchern und Männern schöne Geschichten raubt und dennoch darauf hofft, dass diese einen Raum über dem Salz *haben* .

Sehr passend zu unserem Thema sind die Worte einer alten englischen Ballade:

Du bist ein kleiner Kerl,

Ihr Salz steht zwischen mir und dir.

Die folgende Passage aus Smyths „Leben der Berkeleys" bezieht sich auf Lord Henry Berkeley, der in der zweiten Hälfte des 16. Jahrhunderts in Caludon Castle in der Nähe von Coventry in Warwickshire wohnte, und könnte dazu dienen, die Bedeutung des zentralen Salzwassers zu veranschaulichen. Keller als Grenze:—

Zu Weihnachten und anderen Festen, wenn seine Nachbarn in seinem Saal feierten, erhob er sich mitten beim Abendessen von seinem eigenen, ging zu jedem ihrer Tische und hieß sie fröhlich willkommen; und wenn Ehrengäste und hochrangige Gäste seinen eigenen Tisch füllten, setzte er sich an das untere Ende; und wenn solche Gäste nur die Hälfte seiner Verpflegung ausfüllten und diejenigen von geringerem Rang die andere Hälfte, nahm er seinen eigenen Platz zwischen ihnen in der Mitte seines langen Tisches in der Nähe des Salzes ein, was durch seine gnädigen, rücksichtsvollen Taten viel dazu beitrug, die Liebe seines Volkes *zu* gewinnen hatte für ihn.

Und in einem Kommentar zu dieser Passage bemerkt ein neuerer Autor, dass man sich seine hochmütige Frau, Lady Katherine, so hochgeboren, schön und klug sie auch sei, kaum vorstellen könne, „unter dem Salz" zu sitzen, aus Rücksicht auf die Gefühle einer Minderwertigen . [343]

In den Häusern wohlhabender Bauern der schottischen Bauernschaft in der zweiten Hälfte des 18. Jahrhunderts wurde manchmal ein Leinentuch über den oberen Teil des Esstisches ausgebreitet, an dem der Bauer und seine Familienmitglieder saßen. Sehr häufig trennte jedoch eine Kreidelinie dieses Ende der Tafel vom unteren Teil, wo die Lohnarbeiter saßen; und in den anspruchsvolleren Haushalten diente die Salzschale als Grenze. [344]

In „Nares' Glossary", Bd. ii. P. 763, unter der Überschrift „Above or Below the Salt", kommentiert der Autor die unangenehmen Unterschiede, die früher zwischen Gästen gemacht wurden, die am selben Tisch saßen, und zitiert Folgendes aus Ben Jonsons „Cynthia's Revels" in Bezug auf einen eingebildeten Kerl:

Seine Art besteht nicht darin, das, was in seiner Kleidung unter ihm steht, zu erkennen; er trinkt nie unter dem Salzgehalt.

Die Innholders Company hält noch immer an dem Brauch fest, den Rang und die gesellschaftliche Stellung bei Tisch durch einen hübschen Salzstreuer aus der Zeit Jakobs I. anzuzeigen, dem die verantwortliche Funktion zukommt, bei den Livree-Dinnern den Hof vom Livree zu trennen ; Letzterer nahm die Sitze ein, die denen der Gefolgsleute im Saal des alten Barons entsprachen. [345]

Bei den Puritanern in Neuengland „stand der Salzkeller im Mittelpunkt der alten Tafel". Unsere Vorfahren brachten von jenseits des Meeres nicht nur die im alten Land vorherrschenden Ideen zur Tischetikette mit, sondern auch so greifbare Eitelkeiten wie Silberteller. Miss Alice Morse Earle sagt in ihrem Buch „Customs and Fashions of Old New England", dass das „stehende Salz" oft das schönste Tischmöbelstück war, und erwähnt unter den Besitztümern von Comfort Starr aus Boston im Jahr 1659 , ein „großer doppelter Salzstreuer aus vergoldetem Silber". Zu Beginn des 18. Jahrhunderts wurden diese schweren Silbergefäße durch die kleinen „Grabensalze" in verschiedenen Mustern ersetzt, die immer noch verwendet werden.

Die Omen des Niesens

Er ist ein Freund zum Niesen; Das Beste, was man von ihm bekommen kann, ist ein „Gott segne dich!" – italienisches Sprichwort.

I. IN DER ALTEN ZEIT

Die alten Ägypter betrachteten den Kopf als eine Zitadelle oder Festung, in der das Denkvermögen wohnte. [346] Daher verehrten sie besonders jede Funktion, die scheinbar einem so edlen Teil des Körpers zuzuordnen war, und würdigten sogar den unbedeutenden Akt des Niesens, indem sie ihm je nach dem Stand des Mondes und den Zeichen Vorzeichen für Gutes oder Böses zuschrieben des Tierkreises. [347] Auch die Griechen und Römer, für die die unbedeutendsten Vorkommnisse des Alltags als Omen des Glücks oder des Gegenteils galten, betrachteten das Phänomen des Niesens in dieser Hinsicht als nicht unwichtig. Homer erzählt uns in der Odyssee, dass Prinzessin Penelope, beunruhigt über die Zudringlichkeiten ihrer Verehrer, zu den Göttern um die baldige Rückkehr ihres Mannes Odysseus betete. Kaum war ihr Gebet beendet, als ihr Sohn Telemachos nieste, und dieses Ereignis wurde von Penelope als Zeichen dafür gewertet, dass ihrer Bitte stattgegeben werden würde.

Aristoteles sagte, dass es einen Gott des Niesens gäbe und dass zwei oder vier Niesen als vorteilhaft galten, wenn in Griechenland ein Geschäftsvorhaben unternommen werden sollte. Bei mehr als vier waren die Schirmherrschaften gleichgültig, während eine oder drei es gefährlich machten, fortzufahren. [348] Diesbezüglich scheint es jedoch keine unveränderliche Regel gegeben zu haben. Das Niesen bei einem Bankett galt bei den Römern als besonders bedrohlich; Und als es unglücklicherweise passierte, wurden einige der Speisen zurück auf den Tisch gebracht und noch einmal probiert, da man annahm, dass dies allen bösen Auswirkungen entgegenwirken würde. Die Griechen gingen davon aus, dass das Gehirn die Funktion des Niesens kontrollierte. Daher achteten sie ebenso sorgfältig darauf, diesen Teil eines Tieres nicht zu essen, wie die Pythagoräer darauf verzichteten, Bohnen als Nahrungsmittel zu sich zu nehmen. [349]

Es wird berichtet, dass kurz vor der Schlacht von Salamis im Jahr 480 V. CHR., als Themistokles, der athenische Feldherr, den Göttern auf dem Deck seiner Galeere ein Opfer darbrachte, ein Niesen auf der rechten Hand zu hören war, das als … gefeiert wurde glückliches Omen von Euphrantides, dem Wahrsager. Wieder einmal passierte es, dass, während Xenophon sich an seine Soldaten wandte und auf die Gerechtigkeit ihrer Sache und die damit zu erwartende göttliche Gunst hinwies, zufällig jemand nieste. Der große General hielt in seiner Ansprache inne und bemerkte, dass Jupiter sich gefreut habe, ihnen ein glückliches Omen zu senden, und dass es daher nur richtig scheine, den Göttern ein Opfer darzubringen. Dann, nachdem die ganze Gesellschaft einen Dankgesang anstimmte, wurde das Opfer dargebracht und Xenophon fuhr mit seiner Ermahnung fort.

Bei den Alten galt das Niesen nach rechts als Glücksfall und das Niesen nach links als Unglück. In einigen erotischen Versen mit dem Titel „Acme und Septimius" des römischen Dichters Catullus (87-47 V. CHR .) werden diese Zeilen zweimal wiederholt:

Die Liebe stand voller Freude da und hörte zu,

Und nieste seine Schirmherrschaft auf der rechten Seite.

Den Omen des Niesens galt in Liebesbeziehungen eine besondere Bedeutung, und tatsächlich pflegten die klassischen Dichter von schönen Frauen zu sagen, dass die Liebe bei ihrer Geburt geniest habe. Während der italienische Dichter Propertius seine anhaltende Zuneigung zu Cynthia, der Tochter des Dichters Hostius, zum Ausdruck bringt, apostrophiert er das Hauptthema seiner Lobreden so: „In deinen neugeborenen Tagen, meinem Leben, nieste die goldene Liebe laut und deutlich eine Wohltat." Omen."

Die Ägypter, Griechen und Römer betrachteten das Niesen als eine Art Göttlichkeit oder Orakel, das sie bei verschiedenen Gelegenheiten warnte, welchen Weg sie einschlagen sollten, und auch zukünftiges Gutes oder Böses vorhersagte. [350]

Plutarch sagte, dass der vertraute Geist oder Dämon des Sokrates einfach das Niesen entweder des Philosophen selbst oder seiner Umgebung sei. Wenn jemand in seiner Gesellschaft auf seine rechte Hand nieste, fühlte sich Sokrates ermutigt, mit dem Projekt oder Unternehmen fortzufahren, das er möglicherweise im Sinn hatte. Aber wenn der Nieser an seiner linken Hand war, gab er das Unternehmen auf. Wenn er selbst nieste, obwohl er nicht sicher war, ob er etwas tun sollte oder nicht, betrachtete er dies als einen bejahenden Beweis; aber wenn er zufällig nieste, nachdem bereits mit einer Arbeit begonnen worden war, gab er sofort davon ab. [351] Der Dämon, so wird uns erzählt, machte ihn stets durch ein leichtes Niesen darauf aufmerksam, wann immer seine Frau Xantippe einen Scheltanfall bekommen würde, so dass er sich so rechtzeitig zurückziehen konnte. Und indem Sokrates dies tat, scheint er, falls nötig, den Beweis seiner überlegenen Weisheit geliefert zu haben; denn es war bekannt, dass Xantippe in ihrem Zorn den Esstisch umwarf, und das auch, wenn ein Gast anwesend war.

Auf einer Säule im Garten des Hauses des Fauns in Pompeji befindet sich eine lateinische Inschrift, die frei wie folgt übersetzt werden kann:

Victoria, viel Glück für dich und wo immer du willst, niese angenehm. [352]

Clemens von Alexandria bezeichnet in einer Abhandlung über Höflichkeit das Niesen als verweichlicht und als Zeichen der Unmäßigkeit.

Der wahrscheinlich einzige biblische Hinweis auf das Thema Niesen findet sich in 2. Könige IV. 35, wo der Sohn der Schunamiterin siebenmal nieste und dann durch das Gebet Elisas wieder auferstand.

Hor-Apollo sagt in seiner Abhandlung über ägyptische Hieroglyphen, dass die Bewohner des alten Ägypten glaubten, dass die Fähigkeit zum Niesen im umgekehrten Verhältnis zur Größe der Milz stehe; und sie stellten den Hund als Personifikation des Niesens und Riechens dar, weil sie glaubten, dass dieses Tier eine sehr kleine Milz hatte. Andererseits waren sie der Ansicht, dass Tiere mit großer Milz nicht in der Lage seien, zu niesen, zu riechen oder zu lachen, das heißt, offen, fröhlich oder aufrichtig zu sein. [353]

Die Funktion der Milz in der Tierhaltung ist bis heute nicht vollständig geklärt. Wenn die obige Theorie richtig wäre, müssten wir damit rechnen, dass die Entfernung der Milz eines Hundes eine übermäßige Sternutation hervorrufen und den Geruchssinn schärfen würde, während das einzige erkennbare Ergebnis der Operation ein unersättlicher Appetit ist. Die Theorie ist sicherlich einzigartig, aber auch unlogisch und absurd.

Der heilige Augustinus schrieb, dass zu seiner Zeit der Glaube an die Vorzeichen des Niesens so weit verbreitet war, dass ein Mann wieder ins Bett ging, wenn er morgens beim Anziehen seiner Schuhe niesen musste.

Der gelehrte englische Prälat Alcuin (735-804) vertrat die Meinung, dass Niesen als Vorzeichen wertlos seien, außer für diejenigen, die sich darauf verließen. Aber er bemerkte weiter: „Es war dem bösen Geist gestattet, durch die Täuschung von Personen, die diese Dinge beobachten, zu bewirken, dass Prognostiker in gewissem Maße oft die Wahrheit vorhersagen." [354]

In einer alten angelsächsischen Predigt, von der sich eine Kopie in der Bibliothek der Universität Cambridge in England befindet, wird auf bestimmte Aberglauben verwiesen, die unter den Sachsen vor ihrer Konvertierung zum Christentum existierten. Der Autor sagt: „Jeder, der auf Weissagungen vertraut, sei es durch Vögel oder durch Niesen, oder durch Pferde oder Hunde, der ist kein Christ, sondern ein berüchtigter Abtrünniger."

II. MITTELALTERLICHE ÜBERZEUGUNGEN ÜBER DAS NIESEN

Aus bestimmten alten walisischen Gedichten geht hervor, dass Niesen im 12. Jahrhundert in Wales als Unglück galt; [355] Aber in Europa galt im Mittelalter im Allgemeinen das Niesen einer Katze am Vorabend einer Hochzeit als glückverheißend. [356] In den Schriften des französischen Dichters Pierre de Ronsard (1524-85) wird die Meinung geäußert, dass es ein Zeichen von Unglück sei, beim Blick in die Sonne nicht zu niesen; und aus Dr. Hartliebs „Buch aller verbotenen Künste, des Unglaubens und der Zauberei" aus dem Jahr 1455 erfahren wir, dass es in Deutschland einen weitverbreiteten Glauben gab, dass drei Niesen auf die Anwesenheit von vier Dieben im Haus hindeuteten.

Jerome Cardan, der bekannte italienische Philosoph und Arzt (1501-76), bemerkte, als er von Genien oder vertrauten Geistern sprach, dass Niesen seiner Meinung nach ein übernatürliches Phänomen sei und ebenso wie das Klingeln in den Ohren eine Vorwarnung sei ein Ereignis von Bedeutung. [357]

Eine Vorstellung von den leichtgläubigen Ansichten zum Thema Niesen, die in England während der Herrschaft von Königin Elisabeth vorherrschten, kann man den folgenden Auszügen aus den „Burghley Papers", Lansdowne MSS, entnehmen. (Nr. 121) im British Museum. [358]

1. Wenn jemand mit einem anderen über irgendetwas redet und zweimal oder zweimal schnüffelt, soll er nach und nach aufstehen. Wenn er sich auf den Weg macht oder wenn er steht, soll er sich bewegen und sofort gehen, ohne sich von seinem Geschäft aufhalten zu lassen. denn es wird ihm gut gehen.

2. Wenn er mehr als zehnmal schnüffelt, soll er bleiben, denn es ist zweifelhaft, wie er sich verhalten wird.

3. Wenn jemand ein oder zwei Mal wittert, soll er in keiner Weise weitermachen, sondern in Ruhe lassen, denn es wird zu nichts führen.

4. Wenn zwei Männer gleichzeitig beide schnüffeln, ist das ein guter Zufall, und lasst sie ihrem Vorhaben nachgehen, sei es zu Wasser oder zu Land, und es wird ihnen gut gehen.

5. Zweimal zu schnüffeln ist ein guter Syne, aber einmal oder zwei Mal zu schnüffeln ist ein völliger Syne. Wenn jemand plötzlich in ein Haus kommt und eines bemerkt, ist das ein gutes Zeichen.

6. Ein einziges Niesen in der Nachtzeit, das irgendjemand aus dem Haus macht, bedeutet Glück für das Haus, aber wenn er zwei Niesen macht, bedeutet das Schaden.

7. Trewe yt ist, dass derjenige, der in diesem Zustand einen Teil der Bedeutung nimmt, dass er einen Teil mit einem anderen verbindet.

8. Wenn jemand zwei Nächte zusammen schnüffelt, ist es ein Zeichen, dass einer aus dem Haus färbt, sonst geschieht etwas Großes, Gutes oder Schlimmes im Haus.

9. Wenn jemand in ein Haus geht und einmal spottet, soll er dort wohnen; wenn er aber zweimal spottet, soll er nicht bleiben und nicht darin wohnen.

10. Wenn ein Mann wach in seinem Bett liegt und einmal niest, ist das ein Anzeichen für eine schwere Krankheit oder einen Schnupfen.

11. Wenn ein Mann einmal in seinem Bett schläft und niest, ist das ein Zeichen für großes Unglück, den Tod einer Person oder einen extremen Verlust der Lebenskraft.

12. Wenn ein Mann in seinem Bett liegt und einmal schnieft, ist das ein gutes Zeichen sowohl für die Gesundheit als auch für den Gewinn, aber wenn er schläft, ist es viel besser.

13. Wenn ein Mann drei Nächte lang zwei Nächte zusammen schnüffelt, ist das ein gutes Zeichen, egal, was er unternimmt.

14. Wenn jemand auf den Wegen reist und in ein Inne kommt und dort nieset, soll er das Haus verlassen und zu einem anderen gehen, sonst wird es ihm nicht gut gehen.

15. Wenn jemand hinausgeht, um Arbeit zu suchen, und die Hände davon ergreift und es dann einmal bemerkt, soll er gehen, seine Arbeit zurücklassen und anderswo Arbeit suchen, und so wird es ihm gut gehen; aber wenn er es bemerkt, soll er seine Arbeit nehmen und nicht weitergehen.

16. Wenn jemand, nachdem er mit einem anderen über irgendetwas verhandelt hat, und es dann einmal bemerkt, bedeutet das, dass sein Verhandeln nicht weitergehen wird.

17. Wenn ein Mann an einem Montagmorgen morgens aus seinem Bett aufsteht und einmal schnüffelt, ist das ein Zeichen dafür, dass es ihm die ganze Woche über gut gehen und gut gehen wird, oder dass er eine andere Freude und Bequemlichkeit haben wird.

18. Aber wenn er es erkennt, ist es genau das Gegenteil.

19. Wenn ein Mann ein Pferd oder irgendetwas anderes verliert und sich aus seinem Stall zurückzieht, um es zu holen, soll er es einmal erblicken, denn das ist ein Zeichen dafür, dass er es wieder haben wird, aber wenn er es erblickt hat, wird er es niemals *tun* es schon wieder.

20. Wenn ein Mann an einem Sonntag aufsteht und zweimal schnüffelt, ist das ein gutes Zeichen, aber wenn er ein Mal schnüffelt, ist es ein gutes Zeichen.

21. Wenn jemand gleich zu Beginn des Mittag- oder Abendessens etwas essen möchte und zweimal schnüffelt, ist das ein gutes Zeichen, aber wenn er einmal schnüffelt, ist das ein gutes Zeichen.

22. Wenn jemand krank im Bett liegt und sich selbst traut und einmal schnüffelt, ist das ein Zeichen des Todes, aber wenn er zweimal schnüffelt, soll er fliehen.

23. Wenn eine Frau sehr krank ist, ist es ein Zeichen der Gesundheit, wenn sie einmal niesen würde; wenn sie aber zweimal niesen würde, würde sie sterben.

III. Moderner Aberglaube über das Niesen

Das Niesen zu Beginn einer Unternehmung, sei es eine wichtige Unternehmung oder die banalste Handlung, wird üblicherweise als unglücklich angesehen. Nach einem modernen germanischen Glauben sollte sich ein Mann, der morgens beim Aufstehen niest, noch einmal drei Stunden hinlegen, andernfalls wäre seine Frau eine Woche lang sein Herr. [359] Ebenso beginnt der fromme Hindu, der vielleicht niest, während er seine morgendlichen Waschungen im Ganges beginnt, sofort wieder mit seinen Gebeten und der Toilette; und unter den Alfooranern oder Ureinwohnern der Insel Celebes im indischen Archipel: Wenn einer zufällig niest, wenn er gerade dabei ist, ein Treffen mit Freunden zu verlassen, nimmt er sofort seinen Platz für eine Weile wieder ein, bevor er sich erneut auf den Weg macht. [360]

Wenn ein Eingeborener der Banks-Inseln in Polynesien niest, stellt er sich vor, dass jemand seinen Namen ruft, entweder in guter oder böser Absicht, wobei das Motiv durch die Art des Niesens erkennbar wird. So deutet ein sanftes Niesen auf ein freundliches Gefühl seitens der Person hin, die von ihm spricht, während ein heftiger Anfall auf einen Fluch hinweist.

Im letzteren Fall greift er auf eine besondere Form der Wahrsagerei zurück, um herauszufinden, wer ihn verflucht. Dies besteht darin, die Arme über den Kopf zu heben und die geschlossenen Fäuste umeinander zu drehen. Die Revolution der Fäuste ist die Frage: „Ist es eine solche?" Dann werden die Arme ausgestreckt und die vermutlich bejahende Antwort erfolgt durch das Knacken der Ellenbogengelenke. [361]

Es ist bekannt, dass in Schottland sogar gebildete Leute behaupten, dass Idioten nicht in der Lage seien zu niesen, [362] und wenn dies wahr ist, ist die Schlussfolgerung klar, dass der Akt des Sternutierens ein *Anscheinsbeweis* für den Besitz eines bestimmten Grades an Intelligenz ist .

Früher glaubten britische Krankenschwestern, dass Säuglinge so lange unter einem Zauber standen, bis sie niesten. „Gott hat das Kind geheiligt", rief eine alte schottische Krankenschwester, als ihr kleiner Schützling schließlich nieste, „es ist kein Hexenmeister."

Auch das irische Volk hegt ähnliche Überzeugungen. So findet sich in Lady Wildes „Ancient Cures, Charms, and Usages of Ireland" (S. 41) die folgende Beschreibung einer magischen Zeremonie zur Heilung eines von Feen befallenen Kindes. Es wird ein gutes Feuer angezündet, in das eine von den Feenfrauen vorgeschriebene Menge bestimmter Kräuter geworfen wird; und nachdem dichter Rauch aufgestiegen ist, wird das Kind dreimal um das Feuer getragen, während eine Beschwörung wiederholt und großzügig Weihwasser versprüht wird. In der Zwischenzeit müssen alle Türen geschlossen sein, damit keine neugierige Fee hereinkommt und das Geschehen ausspioniert. und die magischen Riten müssen fortgesetzt werden , *bis das Kind dreimal niest* , denn dadurch wird der Zauber verloren und das Kleine ist dauerhaft von der Macht der Hexen erlöst.

Bei unzivilisierten Völkern hat das Niesen eines kleinen Kindes eine gewisse mystische Bedeutung und ist eng mit seinem künftigen Wohlergehen oder Unglück verbunden. Wenn also ein Maori-Säugling niest, rezitiert seine Mutter sofort einen langen Wortzauber. Wenn das Niesen während einer Mahlzeit auftritt, wird davon ausgegangen, dass dies ein Hinweis auf einen Besuch oder eine interessante Neuigkeit ist; wohingegen es in Tonga als böses Zeichen gilt.

So ist es auch bei den Neuseeländern: Wenn ein Kind anlässlich des Namensempfangs niest, hält ihm der amtierende Priester sofort das hölzerne Bild eines Idols ans Ohr und singt einige mystische Worte.

In einer Notiz, die seinem „Mountain Bard" beigefügt ist, sagt der Ettrick Shepherd über den Aberglauben von Selkirkshire: „Wenn sie morgens beim ersten Aufstehen niesen, wird ihnen dadurch bescheinigt, dass im Laufe der Zeit Fremde dort sein werden." Tag, in Zahlen, die den Nieszeiten entsprechen." [363]

Es war ein flämischer Glaube, dass ein Niesen während eines Gesprächs beweise, dass das, was jemand sagte, die Wahrheit sei, [364] eine Doktrin, die sich für Schnupftabak-Nehmer bewährt haben muss.

In der Folklore der Shetlandinseln und Wales deutet das Niesen einer Katze auf kalte Nordwinde im Sommer und Schnee im Winter hin; [365] und die

Böhmen haben einen angeblich unfehlbaren Test, um den Teufel zu erkennen, denn sie glauben, dass er beim Anblick eines Kreuzes zwangsläufig heftig niesen muss. [366]

Einem chinesischen Aberglauben zufolge ist ein Niesen am Silvesterabend bedrohlich für das kommende Jahr; und um dies auszugleichen, muss der Nieser drei Familien mit unterschiedlichen Nachnamen besuchen und von jeder einen kleinen schildkrötenförmigen Kuchen erbetteln, der vor Mitternacht gegessen werden muss. [367]

Wenn in Turkistan eine Person, an die eine Bemerkung gerichtet ist, niest, ist das eine Beteuerung, dass die Meinung oder Aussage richtig ist, so als ob die angesprochene Person ausrufen würde: „Das ist wahr!“ Im selben Land bringt drei Niesen Unglück. Auch wenn jemand Schluckauf hat, gehört es zur Etikette zu sagen: „Du hast mir etwas gestohlen“, und dieser Satz soll in solchen Momenten Glück bringen. [368]

Die Japaner legen Wert darauf, wie oft ein Mann niest. So zeigt ein Niesen an, dass jemand ihn lobt, während zwei Niesen Tadel oder Herabwürdigung bedeuten; Ein dreifaches Niesen ist an der Tagesordnung und bedeutet einfach, dass sich jemand erkältet hat. [369] Auch in Mexiko glaubte man früher entweder, dass jemand schlecht über jemanden redete, der nieste, oder dass über ihn von einer oder mehreren Personen geredet wurde. [370]

Die Menschen in Sussex haben Vorurteile gegenüber Katzen, die eine Neigung zum Niesen entwickeln, denn sie glauben, dass dreimaliges Niesen einer Hauskatze ein schlechtes Zeichen für die Gesundheit des Haushalts ist und ein Vorzeichen für Grippe und Bronchialerkrankungen ist. [371]

In einem interessanten Artikel im „Macmillan's Magazine“ mit dem Titel „Aus dem Notizbuch eines Landarztes“ [372] erzählt ein in einem abgelegenen Teil Cornwalls praktizierender Arzt von einem eigenartigen Heilmittel gegen Taubheit, das ihm kürzlich aufgefallen ist.

Eine seiner Patientinnen, eine ältere Frau namens Grace Rickard, beklagte sich darüber, dass sie das Grunzen ihrer Schweine nicht mehr hören konnte, ein Geräusch, das sie seit ihrer Kindheit am frühen Morgen aus dem Schlaf gerissen hatte. Der Arzt musste ihr sagen, dass die Schwierigkeiten auf das fortgeschrittene Alter zurückzuführen seien.

Als er kurze Zeit später bei ihr vorbeikam, fand er sie vor dem Feuer sitzend, mit einem Stück Brett auf dem Schoß, tief in Gedanken versunken. Gerade als sich die Tür öffnete, rief sie: „Herr, erlöse mich von meinen Sünden“, und auf diese Bitte folgte ein seltsames Geräusch, das wie ein vergebliches Niesen klang. „Lass dich nicht ärgern, zur“, sagte sie, „die Tante muss niesen.“ „Das ist das seltsamste Niesen, das ich je gehört habe“, sagte der Arzt; „Warum kann man nicht auf normale Weise niesen?“ „Das tue ich, wenn ich kann", erklärte sie; „Aber jetzt sind es bis zu neun Mal hintereinander, und ich weiß nicht, woher ich neun Nieser bekommen kann."

Es schien, dass Grace ein unfehlbares Heilmittel gegen Taubheit ausprobierte, dessen notwendige Vorrichtung aus einem Stück Brett und einigen stabilen Stiften bestand. Eines davon wird jeden Morgen in das Brett gesteckt, wobei der Patient seine Zeigefinger über der Nadel kreuzt, während der oben erwähnte fromme Ausruf gleichzeitig mit einem kräftigen Niesen wiederholt wird. Am nächsten Morgen müssen zwei Stecknadeln in die Tafel gesteckt werden, wobei die Bitte und das Niesen einmal wiederholt werden; am nächsten Morgen drei Nadeln, drei Gebete und drei Niesen und so weiter bis zu neun Mal.

IV. Die Lehre von der dämonischen Besessenheit

Der natürliche Instinkt des ungebildeten Wilden besteht darin, das Niesen als Manifestation eines Angriffs eines Dämons zu betrachten. Bestimmte afrikanische Stämme sollen beispielsweise glauben, dass jeder, der niest, von einem bösen Geist besessen ist, dessen bösartige Wirkung auf die Heftigkeit des Anfalls und die völlige Missachtung von Zeiten und Jahreszeiten zurückzuführen ist.

Dr. Edward B. Tylor behauptet in seinem Werk „Primitive Culture" (Bd. ip 97), dass die Zulus auch an die Wirksamkeit freundlicher Geister glauben, und sagt, dass einer dieser Menschen es gewohnt ist, zu niesen, wenn er niest rufe aus: „Ich bin jetzt gesegnet; Der Ahnengeist ist bei mir. Ich möchte mich beeilen und es loben, denn es ist das, was mich zum Niesen bringt." Daraufhin lobt er die Geister der Toten und bittet um verschiedene Segnungen. Aber bei den meisten unzivilisierten Völkern wird Niesen in die Kategorie der paroxysmalen Krankheiten eingeordnet und als dämonischen Ursprung angesehen.

Da Niesen oft ein Symptom einer beginnenden Erkältung ist, bei der es sich um ein körperliches Leiden handelt, und da bei wilden Stämmen jedes körperliche Leiden als ein Fall dämonischer Besessenheit angesehen wird, scheint der Einsatz von Zaubersprüchen und Exorzismen den Bemühungen der bösen Geister entgegenzuwirken ein natürliches Hilfsmittel. [373]

Als ein amerikanischer Indianer krank wird, glaubt er, dass seine Krankheit das Werk eines boshaften Dämons sei. Deshalb ändert er nach seiner Genesung seinen Namen, damit der Dämon ihn möglicherweise nicht wiedererkennen kann. [374]

Das Hauptziel des Medizinmannes bei der Behandlung eines Patienten ist die Vertreibung des bösen Geistes; und dies ist der Hauptzweck der verschiedenen abergläubischen Zeremonien und Beschwörungsformeln, die in der medizinischen Praxis der Wilden eine herausragende Rolle spielen. [375] Der Medizinmann versucht, den Dämon durch schreckliche Geräusche und Gesten sowie durch abscheuliche Grimassen und Verrenkungen zu vertreiben. Manchmal macht er ein kleines Bild, das den Geist der Krankheit verkörpert, und dieses Bild zerbricht dann böswillig in Stücke. [376]

Die Ureinwohner Westafrikas glauben, dass die bloße Erwähnung unangenehmer Namen ausreicht, um die Dämonen zu verscheuchen, die Krankheiten verursachen; und diese Geister können außerdem getäuscht werden, indem man einfach den Namen eines kranken Kindes ändert. Auch in der Provinz Tonquin, einem französischen Besitztum in Südostasien, wird angenommen, dass abscheuliche Namen für kränkliche Kinder die bösen Geister in Angst und Schrecken versetzen; aber wenn die kleinen Patienten sich erholen, werden sie durch angenehmere Namen ersetzt. [377]

Die Indianer des Nootka Sound auf Vancouver Island führen körperliche Beschwerden entweder auf das Fehlen oder unregelmäßige Verhalten der Seele oder auf die Wirkung von Geistern zurück, und die medizinische Praxis wird entsprechend geregelt; Deshalb unterziehen die Okanogons des Staates Washington schwerkranke Patienten der magischen Behandlung des Medizinmannes. [378]

Die Inselbewohner im Südpazifik haben ihre eigene Lehre über die Philosophie des Niesens. Sie glauben, dass, wenn der Geist umherzieht, seine Rückkehr natürlich für einige Aufregung sorgt, was durch das heftige Niesen deutlich wird. Sie halten es daher für angemessen, den Wandergeist wieder willkommen zu heißen, wobei die Form der Begrüßung auf den verschiedenen Inseln unterschiedlich ist. Der von den Eingeborenen von Raratonga verwendete Ausdruck bedeutet beispielsweise „Ha! du bist zurückgekommen!" [379]

Die „Sadda", eines der heiligen Bücher der Parsen, rät den Gläubigen, beim Niesen zum Gebet Zuflucht zu nehmen, denn in diesem kritischen Moment ist der Dämon besonders aktiv.

Die Parsen betrachten das Niesen als Ausdruck dafür, dass die bösen Geister, die ständig versuchen, in den Körper einzudringen, durch das innere Feuer, das ihrer Meinung nach jeden Menschen belebt, gewaltsam vertrieben wurden. Wenn daher ein Parse jemanden niesen hört, ruft er: „Gesegnet sei Ormuzd!" so lobte er seine Hauptgottheit. Den Parsen ist es verboten, während des Essens zu sprechen, da Dämonen in solchen Momenten auf der Hut sind und nach Möglichkeiten Ausschau halten, über den Mund in den Körper einzudringen, während eine Person in ein Gespräch vertieft ist. [380]

Fromme Brahmanen achten sorgfältig darauf, das rechte Ohr zu berühren, wenn sie zufällig niesen, sei es während einer religiösen Zeremonie oder zu bestimmten anderen Zeiten, die in der „Shastra", den heiligen Büchern der Hindus, festgelegt sind. Es wurde angenommen, dass böse Geister sowohl durch die Ohren als auch durch die Nase oder den Mund in den Körper eindringen, und der Zweck der Berührung des Ohrs bestand darin, ihnen den Zutritt dort zu verwehren.

In Bezug auf dieses Thema sagt Gerald Massey in „Natural Genesis" (Bd. I, S. 83-85): –

Niesen ist nicht nur eine heftige Form des Atmens, sondern auch unwillkürlich. daher inspiriert oder von außergewöhnlichem Ursprung. Ein herzhaftes Niesen, wenn man krank und ohnmächtig ist, würde einen plötzlichen Anstieg der Atemkraft bedeuten, der innerlich inspirierend und äußerlich austreibend wirkt. Der gute Geist tritt ein und der böse Geist geht, vertrieben durch den plötzlichen Antrieb. Der Ausschluss und die Ablehnung, die das Niesen impliziert, werden in dem Sprichwort, dass so etwas „nicht zu verachten" sei, noch einmal thematisiert.

Die Ureinwohner Turkistans betrachten das Gähnen als eine verwerfliche Handlung, die von einem bösen Ort im Herzen ausgeht und einen Zustand der Vorbereitung auf die Aufnahme von Dämonen anzeigt. Wenn sie also gähnen, wird die Hand mit der Handfläche nach außen vor den offenen Mund gelegt, um so die Dämonen fernzuhalten. [381]

Die einst verbreitete und auch heute noch verbreitete Meinung, dass die Wirksamkeit eines Arzneimittels proportional zu seinem herben Geschmack sei, ist wahrscheinlich ein Überbleibsel der alten Theorie, die Krankheiten auf die Besessenheit durch böse Geister zurückführte. Wenn man glaubte, der Körper sei der Wohnsitz eines solchen Geistes, bestand der natürliche Wunsch darin, den unwillkommenen Besucher zu vertreiben und ihn zu zwingen, einen anderen Wohnort zu suchen. Heutzutage haben wir diese Theorie so weit aufgegeben, dass wir, obwohl wir an die Vorzüge bitterer Kräuter glauben, bereit sind, auch die wohlschmeckenden Heilmittel des modernen Arzneibuchs willkommen zu heißen; Doch bis vor relativ kurzer Zeit war die Wissenschaft der Therapie von Aberglauben geprägt, und Ärzte verordneten Heilmittel, die aus den abstoßendsten und unheimlichsten Inhaltsstoffen bestanden.

In Tibet werden Antiseptika bei chirurgischen Eingriffen eingesetzt, wobei der Zweck ihrer Verwendung in diesem Land darin besteht, die Wunde vor bösen Geistern zu schützen. Und wenn in der Nähe der Stadt Leh, der Hauptstadt der Provinz Ladakh, Pocken wüten, versuchen die Landbewohner, die Epidemie abzuwehren, indem sie Dornen auf ihre Brücken und an ihre Grenzlinien legen. [382] Diese Praxis weist im Prinzip eine auffallende Analogie zu einigen der abergläubischen Verwendungen von Eisen und Stahl in Form scharfer Instrumente auf, die an anderer Stelle in diesem Band erwähnt wurden.

Die Ureinwohner Tibets führen Krankheiten auf die Bosheit von Dämonen zurück, und daher ist ein Hauptziel ihrer religiösen Riten die Besänftigung dieser bösartigen Wesen durch das Opfern einer Kuh, eines Schweins, einer Ziege oder eines anderen Tieres. [383]

In der gesamten Christenheit ist es üblich, dass die Anwesenden den göttlichen Segen für eine Person erbitten, die niest, und der Muslim betet unter ähnlichen Umständen zu Allah um Hilfe gegen die Mächte des Bösen. In beiden Fällen scheint die zugrunde liegende Idee dieselbe zu sein, nämlich die Lehre von eindringenden Geistern.

Im alten Ägypten ging man davon aus, dass Krankheiten durch Dämonen verursacht wurden, die irgendwie in den Körper des Patienten eingedrungen waren und sich dort niedergelassen hatten; und die chaldäischen Ärzte, angetrieben von demselben Glauben, pflegten die widerlichsten Medikamente zu verschreiben, um den besessenen Dämon völlig abzustoßen und so seinen Abgang zu erzwingen. [384]

Diese Lehre vom geistlichen Besitz sollte früher sogar durch die Heilige Schrift und insbesondere durch einen Vers des 141. Psalms gerechtfertigt sein: „Stelle, o Herr, eine Wache vor meinen Mund; Behalte die Tür meiner Lippen. Diese Passage wurde als Bitte um Schutz vor bösen Geistern interpretiert, die wahrscheinlich durch den Mund in den Körper eindringen, [385] insbesondere beim Gähnen, Niesen, Sprechen und Essen. Aus diesem Grund betrachten die Hindus das Gähnen als gefährlich und daher das Mundwaschen, das zu ihrem täglichen Ritual gehört. Daher auch ihre Gewohnheit, mit den Fingern zu knacken und „Großer Gott!" auszurufen. nach dem Gähnen, um die *Bhúts* oder bösartigen Geister einzuschüchtern . Niesen wird in Indien üblicherweise als Glücksbringer angesehen, außer zu Beginn einer Unternehmung, denn es bedeutet die Ausweisung eines *Bhút* . [386]

Josephus berichtet, er habe gesehen, wie ein Jude namens Eleasar im Beisein des Kaisers Vespasian und vieler seiner Soldaten Teufel aus besessenen Menschen austrieb. Seine Vorgehensweise bestand darin, dem Dämonen einen Ring mit einem Stück der Wurzel eines magischen Krauts auf die Nase zu legen und dann den bösen Geist durch die Nasenlöcher zurückzuziehen, während er bestimmte Beschwörungsformeln wiederholte, die ursprünglich von Salomo verfasst worden waren.

V. Gruß nach dem Niesen

Der Ursprung des Segens nach dem Niesen, ein nahezu universeller Brauch, liegt im Dunkeln. Einer populären Legende zufolge niesten Menschen vor der Zeit Jakobs nur einmal, da sich der Schock als tödlich erwies. Der Patriarch erwirkte jedoch durch Fürsprache eine Lockerung dieses Gesetzes unter der Bedingung, dass jedes Niesen durch ein Ausstoßgebet geweiht werden sollte. [387] Einem bekannten Mythos der klassischen Antike zufolge formte Prometheus aus Ton das Modell eines Menschen, und in dem Wunsch, die leblose Gestalt zu beleben, wurde er von der Göttin Minerva in den Himmel getragen, wo er ein Schilfrohr mit gestohlenem himmlischem Feuer füllte von einem Rad des Sonnenwagens. Als er dann auf die Erde zurückkehrte, legte er das magische Rohr an die Nasenlöcher des Bildes, das daraufhin zu einem lebenden Menschen wurde und seine Existenz durch Niesen begann. Prometheus, erfreut über seinen Erfolg, äußerte einen innigen Wunsch für das Wohlergehen seines neugeborenen Geschöpfes. Von da an wiederholte dieser immer laut den gleichen Segensspruch, wann immer er jemanden niesen hörte, und ermahnte seine Kinder zu demselben Brauch, der so an die nachfolgenden Generationen weitergegeben wurde.

Famianus Strada, der italienische Jesuitenhistoriker (1572-1649), berichtet in seinen „Prolusiones Academicæ", dass Cicero eines Tages, als er einer Aufführung der römischen Oper beiwohnte, zu niesen begann, woraufhin das gesamte Publikum, unabhängig vom Rang, zu niesen begann , stand auf und rief einstimmig: „Gott segne dich!" oder, wie es im Volksmund hieß: „Möge Jupiter mit dir sein!" Daraufhin begannen drei junge Männer namens Fannius, Fabalus und Lemniscus, die in einer der Logen faulenzten, eine lebhafte Diskussion über das Alter dieses Brauchs, von dem alle glaubten, dass er von Prometheus stammte. [388]

Schon zur Zeit des Aristoteles galt der Gruß nach dem Niesen als alter Brauch; [389] und Hinweise darauf finden sich in den Schriften römischer Autoren. Plinius erzählt in seiner „Naturgeschichte", dass Kaiser Tiberius Cäsar, der als einer der melancholischsten und ungeselligsten Menschen galt, gewissenhaft von seinen Dienern einen Segen verlangte, wann immer er nieste, sei es in seinem Palast oder während der Fahrt in seinem Streitwagen; und Apuleius, der platonische Philosoph des zweiten Jahrhunderts, spielt in seiner Geschichte „The Fuller's Wife" auf das Thema an.

Obwohl die Tatsache, dass dieser Brauch Jahrhunderte vor der christlichen Ära existierte, unbestreitbar ist, führt ein sehr allgemeiner Volksglaube seinen Ursprung auf eine viel spätere Zeit zurück. Der italienische Historiker Carlo Sigonio äußert diesen Glauben in seiner Aussage, dass die Praxis im sechsten Jahrhundert, während des Pontifikats Gregors des Großen, begann. Zu dieser Zeit wütete in Italien eine gefährliche Pest, die für diejenigen, die niesen, tödlich endete. Der Papst ordnete daher an, dagegen Gebete zu sprechen, begleitet von bestimmten Kreuzzeichen. [390] Und das Volk pflegte auch zu denen zu sagen, die niesten: „Gott stehe euch bei!" [391] eine Wiederbelebung eines Brauchs, der bis in prähistorische Zeiten zurückreicht.

Wiederum schrieb Jacobus de Voragine (1230-98) in der „Goldenen Legende", einem populären religiösen Werk des Mittelalters, Folgendes:

Für eine recht große und schwere Krankheit: denn wie die Romayns in der Stadt nüchtern und in Enthaltsamkeit gelebt hatten und danach in Ester ihren Erlöser empfangen hatten; nachdem sie sie in Etyng, in Drynkyng, in Playes und in Lecherye in Unordnung gebracht hatten. Und deshalb wurde unser Herr von ihnen gequält und sandte ihnen eine Grete-Pestelenz, die Botche von Impedymye genannt wurde, und die grausam und sodayne war und dazu führte, dass die Menschen im Goyng by the Waye, im Pleying, im Leeying am Tisch usw. färbten Indem sie miteinander redeten, starben sie. Auf diese Art und Weise handelten sie irgendwann; So dass, wenn irgendjemand weinte, jemand, der dabei war, sagte: „*Gott helfe dir*" oder „*Kristall helfe*"" und dennoch den Brauch erduldet. Und auch wenn er schnüffelt oder klafft, macht er vor seinem Angesicht das Zeichen des Kreuzes und den Segensgesang. Und doch erträgt dieser Brauch.

Wenn der Isländer niest, sagt er: „Gott helfe mir!" und zu einer anderen Person, die niest, sagt er: „Gott helfe dir!" In der isländischen Tradition stammt der Brauch aus einer fernen Zeit, als die Schwarze Pest in Teilen des Landes heftig wütete und die Sterblichkeitsrate hoch war. Schließlich erreichte die Geißel einen bestimmten Bauernhof, auf dem ein Bruder und eine Schwester lebten, und sie beobachteten, dass die Mitglieder des Haushalts, die der Krankheit erlagen, zunächst von einem heftigen Niesanfall befallen wurden; Deshalb pflegten sie zu rufen: „Gott hilf mir!" als sie selbst niesten. Von allen Bewohnern dieses Bezirks waren diese beiden die einzigen, die die Pest überlebten, und daher haben die Isländer über Generationen hinweg den so entstandenen frommen Brauch fortgeführt. [392]

In der mittelalterlichen deutschen Poesie findet man gelegentlich Hinweise auf dieses Thema, wie in der folgenden Passage aus Grimms „Deutscher Mythologie": „Die Heiden wagten nicht zu niesen, auch wenn man sagen sollte: ‚Gott stehe dir bei'." Und in der Im selben Werk wird eine Anspielung auf ein uriges Märchenstück gemacht, in dem es um verzauberte Kobolde geht, die unter einer Brücke niesen, damit jemand „Gott helfe" ruft und den Zauber rückgängig macht.

Im Jahr 1542 erhielt der spanische Entdecker Hernando de Soto in Florida Besuch von einem einheimischen Häuptling namens Guachoya, und während ihres Interviews nieste dieser. Sofort standen seine Begleiter auf und grüßten ihn mit respektvollen Gesten, während sie gleichzeitig sagten: „Möge die Sonne dich beschützen, mit dir sein, dich erleuchten, dich preisen, dich beschützen, dich begünstigen" und andere ähnliche gute Wünsche aussprechen. Und die anwesenden Spanier waren beeindruckt von der Tatsache, dass im Zusammenhang mit dem Niesen bei wilden Stämmen noch aufwändigere Zeremonien begangen wurden als bei zivilisierten Nationen. Und daher kamen sie zu dem Schluss, dass solche Bräuche für die gesamte Menschheit natürlich und instinktiv seien. [393] Wir haben das Zeugnis der ersten englischen Entdecker, dass der Brauch des Grußes nach dem Niesen in den entlegensten Teilen Afrikas und im Fernen Osten üblich war. Speke und Grant konnten bei den Ureinwohnern Äquatorialafrikas keine Spur von Religion entdecken, außer in ihrer Praxis, jedes Mal, wenn jemand nieste, einen arabischen Ausruf oder ein Gebet auszusprechen. [394]

Der portugiesische Reisende Godinho schrieb, wann immer der Kaiser von Monomotapa nieste, seien überall in seinem Reich Beifallrufe zu hören; und in Guinea im letzten Jahrhundert knieten alle Anwesenden nieder, klatschten in die Hände und wünschten ihm allen Segen, wenn eine hochrangige Person nieste. Die Höflinge des Königs von Sennaar in Nubien pflegten anlässlich eines königlichen Niesens ihrem Herrscher den Rücken zu kehren und ihm kräftig auf die rechte Hüfte zu schlagen. [395] Bei den Zulu-Stämmen gilt das Niesen als positives Symptom bei einer kranken Person, und die Eingeborenen sind es gewohnt, danach zu danken. Wenn in Madagaskar ein Kind niest, ruft die Mutter gemäß europäischem Brauch den göttlichen Segen an; und in Persien ist der Nieser der Empfänger von Glückwünschen und guten Wünschen.

Im „Zend-Avesta", den heiligen Schriften der persischen Religion, steht die Anweisung: „Und wann immer du das Niesen deines Nachbarn hörst, sollst du zu ihm sagen: Ahunavar Ashim-Vuhu, und so soll es auch sein . " sei wohl mit dir. [396] Wenn in Ägypten ein Mann niest, sagt er: „Gepriesen sei Gott!" und alle Anwesenden, mit Ausnahme der Diener, stimmen zu: „Gott sei dir gnädig!" [397]

Die Omahas, Dakotas und andere Sioux-Stämme amerikanischer Indianer legen besonderen Wert auf das Niesen. Wenn also einer von ihnen einmal niest, glaubt er, dass sein Name entweder von seinem Sohn, seiner Frau oder einem engen Freund gerufen wurde. Daher ruft er sofort: „Mein Sohn!" Aber wenn er zweimal niest, sagt er: „Mein Sohn und seine Mutter!" [398]

In Frankreich verlangten die Regeln der Etikette früher, dass ein Herr, der in Gegenwart eines anderen nieste, seinen Hut abnehmen sollte, und wenn der Anfall nachließ, wurde von ihm erwartet, dass er den Gruß aller Anwesenden förmlich erwiderte. Auch in England war die Begrüßung von Niesern durch Abnehmen der Mütze üblich. Joseph Hall, der 1627 Bischof von Exeter war, schrieb, dass ein abergläubischer Mann, wenn er nieste, die Anwesenden, die es nicht aufdeckten, nicht zu seinen Freunden zählte.

Die Italiener grüßen den Nieser mit dem Ausruf „*Viva*" oder „*Felicità*"; und es wurde argumentiert, dass der letztere Ausdruck manchmal unter ähnlichen Umständen von den alten Römern verwendet worden sein könnte, denn eine Reklame an den Mauern von Pompeji endet damit, dass sie dem Volk mit dem einzigen Wort „Felicitas" Gottes Segen *wünscht*!

Auch in Irland wird der Nieser mit innigen Segenswünschen begrüßt, wie zum Beispiel: „Der Segen Gottes und der heiligen Maria sei mit dir!" Denn man geht davon aus, dass solche Beschwörungen den Machenschaften böser Feen entgegenwirken. [399]

Die Siamesen haben zu diesem Thema eine eigene, einzigartige Theorie. Sie glauben, dass der höchste Richter der spirituellen Welt ständig die Seiten eines Buches umblättert, das einen Bericht über das Leben und die Taten jedes Menschen enthält; und wenn er auf die Seite kommt, die sich auf eine einzelne Person bezieht, muss diese immer wieder niesen. Auf diese Weise versuchen die Siamesen, einen plausiblen Grund für die Verbreitung des Niesens bei Männern und auch für die damit verbundene Begrüßung zu liefern. In Siam und Laos lautet der übliche Ausdruck: „Möge das Urteil für Sie günstig sein." [400]

In den Niederlanden geht man davon aus, dass sich jemand, der niest, dadurch in die Macht einer Hexe begibt, es sei denn, jemand ruft einen göttlichen Segen an; und solche Vorstellungen liefern eine plausible Erklärung einer Theorie über den Ursprung dieses Brauchs. [401]

Grimm (Bd. IV, S. 1637) bezieht sich auf eine Passage in den „Avadanas", den buddhistischen Gleichnissen, in der die Ratte so dargestellt wird, als wünsche sie der Katze Freude, wenn sie niest. Und im Departement Finistère im Nordwesten Frankreichs sagen die Menschen, wenn ein Pferd niest oder hustet: „Möge St. Eloy Ihnen helfen!" St. Eloy war der Hüter der Hufschmiede und der Schutzgott der Pferde. [402]

Die Ureinwohner der Fidschi-Inseln rufen nach einem Niesen „*Mbula*", also „Mögest du leben!" oder „Gesundheit für Dich!" Und der Nieser antwortet höflich mit „*Maulwurf*" und „Danke." Früher war die fidschianische Etikette noch anspruchsvoller und erforderte, dass der Nieser hinzufügte: „Mögest du jemanden schlagen!" oder „Möge deine Frau Zwillinge bekommen!" [403]

Ein spanischer Schriftsteller, Juan Cervera Bachiller, sagt in seinem Buch „Creencias y superstitiones", Madrid, 1883, dass diese weit verbreitete Praxis offenbar teilweise aus religiösen Motiven und teilweise aus Galanterie entstanden ist und dass sie ebenso offensichtlich ein Relikt des Heidentums ist Zeiten wie die verschiedenen Omen, die jemals mit Niesen in Verbindung gebracht wurden.

Man geht davon aus, dass der scheinbar unabhängige Ursprung des Brauchs des Grußes nach dem Niesen bei weit voneinander entfernten Nationen und seine Verbreitung seit undenklichen Zeiten sowohl in den kultiviertesten Gemeinschaften als auch bei unzivilisierten Rassen einen schlagenden Beweis für die wesentliche Ähnlichkeit der menschlichen Geister liefert. unabhängig von ihrer Umgebung.

VI. Legenden rund um das Niesen

In der traditionellen Überlieferung der antiken Picardie gibt es die folgende Legende:

In der Nähe von Englebelmer waren nächtliche Wanderer oft überrascht, wenn sie am Straßenrand wiederholtes Niesen hörten, und die jungen Leute der Nachbardörfer unternahmen häufige Versuche, den Ursprung der mysteriösen Geräusche herauszufinden, aber ohne Erfolg. Der schelmische Geist oder *Lutin* hatte Freude daran, sie auf vergeblicher Suche umherlaufen zu sehen, während er selbst unsichtbar blieb. Schließlich gewöhnten sich die Menschen daran, dieses Phantom-Niesen zu hören, und da noch nie jemandem Schaden zugefügt worden war, achteten sie mit der aus der Vertrautheit erwachsenden Verachtung kaum auf die spirituellen Manifestationen und begnügten sich damit, sich nur andächtig zu bekreuzigen.

An einem schönen Mondscheinabend im Sommer hörte ein Bauer, der vom Markt zurückkehrte, das übliche *Atchi, atchi* , setzte aber seinen Weg mit Gleichmut fort. Der *Lutin verfolgte ihn* jedoch etwa eine Meile lang und nieste immer wieder. Schließlich rief der Bauer ungeduldig: „Möge der liebe Gott dich und deine Erkältung am Kopf segnen!" Kaum hatte er gesprochen, erschien vor ihm die Erscheinung eines Mannes, gekleidet in ein langes weißes Gewand. „Danke, mein Freund", sagte er, „du hast mich gerade von dem Bann befreit, unter dem ich lange geruht habe. Als Folge meiner Sünden verurteilte mich Gott dazu, vom Abend bis zum Morgen niesend durch dieses Dorf zu wandern, bis mich eine barmherzige Person durch einen Segen befreite. Mindestens fünfhundert Jahre lang bin ich so umhergewandert, und du bist der Erste, der zu mir gesagt hat: „Gott segne dich." Glücklicherweise fiel mir ein, Ihnen zu folgen, und so wurde ich freigelassen. Ich danke dir. Auf Wiedersehen."

Danach waren die geheimnisvollen Geräusche nicht mehr zu hören; und so entstand im Glauben der Bauern der Picardie der Brauch, nach dem Niesen zu grüßen. [404]

Unter einer Brücke in der Nähe der Stadt Paderborn in Preußen lebt eine arme Seele, die nichts anderes tut, als ab und zu zu niesen. Wenn ein Wagen in dem Moment, in dem ein Niesen zu hören ist, über die Brücke fährt und der Fahrer es versäumt, „Gott helfe dir" zu sagen, wird das Fahrzeug mit Sicherheit umkippen, und der Fahrer wird arm und bricht sich das Bein.

Die Überlieferung besagt, dass ein gottloser Kerl, der vor langer Zeit während einer Pestepidemie im württembergischen Wurmlingen an unaufhörlichem Niesen starb, wegen seiner Sünden dazu verurteilt wurde, in der Nachbarschaft umherzustreifen und immer noch zwischendurch zu niesen. Eines Tages, als einer der Dorfbewohner eine Brücke über einige Wiesen in der Nähe der Stadt überquerte, hörte er unten zweimal jemanden niesen und antwortete jedes Mal fromm: „Gott helfe dir!" Als er jedoch ein drittes Niesen hörte, dachte der Dorfbewohner bei sich: „Der Kerl niest vielleicht noch lange und macht mich lächerlich." Also schrie er wütend: „Möge der Teufel dir helfen!" Daraufhin rief eine Stimme unter der Brücke mitleiderregend: „Wenn du nur gesagt hättest: ‚Gott steh dir bei!' ein drittes Mal hätte ich von dem Zauber befreit werden sollen, der mich bindet." [405]

TAGE DES GUTEN UND DES BÖSEN OMEN

Der Mond am Freitag,

Komm, wann es will, es kommt zu früh.

Sprichwort.

I. ÄGYPTISCHE TAGE

Der Glaube an Glücks- und Unglückstage scheint erstmals von den Zauberern des alten Chaldäas gelehrt worden zu sein, und aus der Geschichte erfahren wir, dass ähnliche Vorstellungen jedes Detail des primitiven babylonischen Lebens Tausende von Jahren vor Christus betrafen. Ein Hinweis auf einen „unglücklichen Monat" findet sich in einer Liste abwertender Beschwörungen, die in einem Dokument aus der Bibliothek des königlichen Palastes in Ninive enthalten sind. Dieses Dokument ist im akkadischen Dialekt der turanischen Sprache verfasst, der dem in der Region des unteren Euphrat gesprochenen Dialekt ähnelt; eine Sprache, die bereits veraltet und für die Assyrer des siebten Jahrhunderts v. CHR. UNVERSTÄNDLICH WAR. [406] Bestimmte Tage wurden *Dies Egyptiaci* genannt , weil sie von den Astrologen des alten Ägypten als Unglückstage bezeichnet wurden.

In diesem Land gab es jedoch weniger Unglückstage als Glückstage, und sie unterschieden sich auch im Ausmaß ihres Unglücks. Während also einige ausgesprochen bedrohlich waren, drohten andere lediglich mit Unglück, und wieder andere hatten gemischte Vorzeichen, teils gut, teils böse. Es gab bestimmte Tage, an denen den Menschen absolutes Nichtstun auferlegt wurde, wenn von ihnen erwartet wurde, dass sie ruhig zu Hause saßen und sich dem *dolce far niente hingaben* . [407]

Der Dichter Hesiod, dessen Blütezeit etwa tausend Jahre V. CHR. vermutet wird, unterscheidet im dritten Buch seines Gedichts „Werke und Tage", das in der Tat eine Art metrischer Almanach ist, Glückstage von anderen und gibt Landwirten Ratschläge bezüglich der günstigsten Tage für die verschiedenen landwirtschaftlichen Tätigkeiten. Daher empfiehlt er den elften des Monats als idealen Zeitpunkt für die Maisernte und den zwölften für die Schafschur. Aber der dreizehnte war ein unglücklicher Tag für die Aussaat, wenn auch günstig für die Aussaat. Der fünfte Tag jedes Monats war ein besonders unglücklicher Tag, während der dreißigste der günstigste von allen war.

Einige der intelligentesten und gelehrtesten Griechen waren bei der Einhaltung der ägyptischen Tage sehr genau. Der Philosoph Proklos (412-485 N. CHR.) soll in dieser Hinsicht noch gewissenhafter gewesen sein als die Ägypter selbst. Und Plotin (204-270 N. CHR.), ein weiterer bedeutender griechischer Philosoph, glaubte mit den Astrologen späterer Tage, dass die Positionen der Planeten am Himmel einen Einfluss auf die menschlichen Angelegenheiten hatten. [408]

In einem alten Kalender aus dem Jahr 334, zur Zeit der Herrschaft Konstantins des Großen, wurden 26 ägyptische Tage festgelegt. [409] Die kirchlichen Autoritäten verbot jedoch schon früh die abergläubische Einhaltung dieser Tage.

Einige der bedeutendsten frühen Schriftsteller der christlichen Kirche, der heilige Ambrosius, der heilige Augustinus und der heilige Chrysostomus, lehnten ernsthaft den vorherrschenden Brauch ab, die Angelegenheiten des Lebens anhand der angeblichen Vorzeichen des Kalenders zu regeln. Das vierte Konzil von Karthago im Jahr 398 tadelte solche Praktiken; und die Synode von Rouen unter Chlodwig verfluchte diejenigen, die an solche Relikte des Heidentums glaubten. [410]

Aus der Quelle Marco Polos erfahren wir, dass die Brahmanen der Provinz Laristan in Südpersien im 13. Jahrhundert bei der Auswahl geeigneter Tage für die Erledigung geschäftlicher Angelegenheiten äußerst sorgfältig waren. Dieser berühmte Reisende schrieb, dass ein Brahmane, der beispielsweise über einen Kauf nachdachte, die Länge seines eigenen Schattens im frühen Morgensonnenlicht messen würde, und wenn der Schatten die richtige Länge hätte, wie es für diesen Tag offiziell vorgeschrieben war, würde er fortfahren den Kauf tätigen; andernfalls würde er warten, bis die Länge des Schattens einem vorgegebenen Standard für diesen Wochentag entsprach.

Der lateinische Historiker Rolandino (1200-76) beschreibt im dritten Buch seiner „Chronik" ein Unterfangen, das katastrophal endete, weil es, wie behauptet wurde, vorschnell an einem „ägyptischen Tag" begonnen wurde. In vielen alten Manuskripten in der Ambrosianischen Bibliothek in Mailand werden diese Tage häufig erwähnt. [411]

In einem sogenannten „Buch der Präzedenzfälle", das 1616 gedruckt wurde, werden 53 Tage als „von denen die Ägypter als gefährlich ansahen, etwas zu beginnen oder in die Hand zu nehmen, eine Reise oder ähnliches zu unternehmen" angegeben. " In einem alten Manuskript werden achtundzwanzig Tage im Jahr erwähnt, „die vom Engel Gabriel dem guten Joseph offenbart wurden und von denen immer gesagt wurde, dass sie sehr glückliche Tage seien, entweder um Blut zu vergießen, Wunden zu heilen, Marchandien zu verwenden, Samen zu säen, Häuser zu bauen, oder Reisen unternehmen."

Früher gaben Astrologen bestimmte Tage an, an denen es für Ärzte gefährlich war, Patienten zu bluten; und besonders zu vermeiden war der erste Montag im April, an dem Kain geboren und sein Bruder Abel getötet wurde; der erste Montag im August, der angebliche Jahrestag der Zerstörung von Sodom und Gomorra; und der letzte Montag im Dezember, der angeblich der Geburtstag von Judas Iskariot war.

In Masons „Anatomie of Sorcerie" (1612) wurden die vorherrschenden Vorstellungen zu diesem Thema als vergebliche Spekulationen der Astrologen beschrieben, die weder eine Grundlage im Wort Gottes noch einen natürlichen Grund hatten, sie zu stützen, sondern nur auf der abergläubischen Vorstellungskraft der Menschen beruhten . In einem Werk aus dem Jahr 1620 mit dem Titel „Melton's Astrologaster" heißt es, dass der christliche Glaube verletzt wird, wenn jemand wie ein Heide und Abtrünniger „die Tage beachtet, die *Egyptiaci* genannt werden, oder die Kalender des Januars, oder jeden Monat, Tag , Zeit oder Jahr, entweder um zu reisen, zu heiraten oder irgendetwas zu unternehmen." Und der gelehrte Sir Thomas Browne protestierte in seiner 1658 veröffentlichten „Pseudodoxia Epidemica" in altmodischer, aber eindringlicher Sprache gegen die Frivolität solcher Lehren.

II. Römischer Aberglaube über Tage

Die Römer hatten ihre *Dies fasti* , entsprechend der modernen Hofzeit in England. An solchen Tagen, von denen es achtunddreißig im Jahr gab, war es dem Prätor erlaubt, Recht zu sprechen und die drei Worte *Do, dico, addico auszusprechen* : „Ich gebe Gesetze, erkläre Recht und urteile über Verluste."

nefasti (von *ne* und *fari*) genannt , weil die drei Worte dann vom Prätor nicht legal gesprochen werden durften. Aber diese Tage wurden als unglücklich angesehen, eine Tatsache, die durch eine Äußerung von Horaz deutlich wurde. Die Römer stuften auch die Tage unmittelbar nach den Kalendern, Nonen und Iden eines jeden Monats als unglücklich ein. Unglückstage wurden *„dies atri"genannt* , weil sie im Kalender mit schwarzer Kohle markiert waren, die glücklichen Tage hingegen mit weißer Kreide. Es gab auch Tage, die als besonders günstig für Kriegshandlungen galten, doch der Jahrestag eines nationalen Unglücks galt als sehr ungünstig. So erhielt dieses Datum nach der Niederlage der Römer gegen die Gallier unter Brennus am Ufer des Flusses Allia am 16. Juli 390 v. CHR . einen herausragenden Platz unter den schwarzen Tagen des Kalenders. Aber nicht jeder General war von einem solchen Aberglauben beeinflusst. Als Lucullus versucht wurde, ihn davon abzubringen, Tigranes, den König von Armenien, anzugreifen (den er 69 V. CHR. besiegte), weil die Kimbern an diesem Tag eine römische Armee besiegt hatten, antwortete er: „ *Ich* werde es zu einem Tag des *guten* Omens machen." die Römer." [412] Die römischen Damen, so wird uns erzählt, schenkten den

Unglückstagen ihres eigenen Kalenders weniger Beachtung als den Werken ägyptischer Astrologen, unter denen Petosiris ihre bevorzugte Autorität war, wenn sie den richtigen Tag und sogar den richtigen Tag ermitteln wollten Stunde, für die Erledigung von Haushalts- und anderen Pflichten. [413]

Horaz (Buch II. Ode XIII.) apostrophiert so einen Baum, durch dessen Fall er nur knapp der Zermalmung in Sabinum entging: „Du verfluchter Baum! Wer auch immer es war, der dich zuerst gepflanzt hat, hat es sicherlich an einem unglücklichen Tag und mit frevelhafter Hand getan."

Der lateinische Schriftsteller Macrobius erklärte, dass es als sehr unglücklich galt, wenn einer der *Nundinæ*- oder Markttage auf Neujahr fiel. In einem solchen Fall übernahm Kaiser Augustus, der sehr abergläubisch war, die Methode, im Vorjahr einen zusätzlichen Tag einzufügen und von dem darauffolgenden einen Tag abzuziehen, um so die Regelmäßigkeit des julianischen Stils der Zeitrechnung beizubehalten. Gewöhnlich galt der Neujahrstag jedoch als glücksverheißend, und an diesem Tag pflegten die Menschen wie heute einander Glück und Glück zu wünschen.

III. MITTELALTERLICHER GLAUBE AN TAGESTOD

Die frühen Sachsen in England waren hinsichtlich des Glücks oder Unglücks bestimmter Tage des Monats äußerst leichtgläubig und leiteten aus dem Zeitalter des Mondes eine Legion guter und böser Prognosen ab. So hielten sie den zwölften Tag des Mondmonats für einen gewinnbringenden Tag zum Säen, Heiraten, Reisen und Blutvergießen, aber der dreizehnte Tag stand bei den Sachsen in schlechtem Ruf, ein schlechter Tag für die Verrichtung jeglicher Arbeit. Der vierzehnte war für alle Zwecke gut, um Leibeigene zu kaufen, zu heiraten und Kinder zur Schule zu schicken; wohingegen der sechzehnte nur zum Diebstahl nützlich war. Der zweiundzwanzigste Tag war die richtige Zeit, um Schurken oder landwirtschaftliche Leibeigene zu kaufen, und ein an diesem Tag geborener Junge würde Arzt werden. Der fünfundzwanzigste war gut für die Jagd geeignet, und ein damals geborenes Mädchen war von gefräßiger Veranlagung und ein „Wollfresser". [414]

In einem englischen Manuskript aus dem 12. Jahrhundert, das im „Book of Days" von Chambers erwähnt wird und als „Exeter-Kalender" bekannt ist, wird Neujahr als Dies *mala festgelegt* . Als Beispiel für die im 15. Jahrhundert in England vorherrschende Leichtgläubigkeit hinsichtlich der meteorologischen und moralischen Einflüsse des Auftretens wichtiger Kirchenfeste an bestimmten Wochentagen seien einige Zeilen aus einem Manuskript der Harleian Collection im British Museum genannt hier zitiert:—

Ihr alle Lordlinge, ich warne,

Wenn der Tag, an dem Christus geboren wurde

Fiel auf einen Sonntag,

Der Winter wird gut sein, sage ich,

Aber in der Höhe wird es starke Winde geben;

Der Sommer soll schön und trocken sein,

Mit freundlichem Geschick und ohne Verlust.

In allen Ländern wird Frieden herrschen.

Gute Zeit für alles, was erledigt werden muss,

Aber wer stiehlt, wird bald gefunden.

Welches Kind könnte an diesem Tag geboren werden?

Er wird ein großer Herr sein.

Nicht nur in Großbritannien, sondern auf der ganzen Welt haben Männer einen Tag über den anderen geschätzt. Diese universelle Tendenz des menschlichen Geistes kommt in einer Übersetzung von Barnaby Googe einiger Verse, die dem bayerischen Theologen Thomas Kirchmaier (1511-78) zugeschrieben werden, dessen literarisches Pseudonym Naogeorgus war, knapp zum Ausdruck:

Und erstens machen sie zwischen den Tagen keinen kleinen Unterschied,

Denn alle seien nicht von gleicher Tugend oder von gleicher Vorherrschaft,

Aber einige von ihnen sind Ägypter und voller Gefahren,

Und noch einmal einige, neben dem Rest, sowohl gute als auch glückliche Biene,

Wie ein Unterschied in den Nächten, die sie machen, als ob der allmächtige König

Das machte sie alle, nicht in allem gnädig zu ihnen. [415]

John Gaule bemerkt in seinem „Magastromancer" (1652), dass nach den Lehren der Astrologen

Die Zeiten können unserem Unternehmen ein gewisses Glück bescheren. Die Magier haben ebenfalls bemerkt, und alle antiken Versmänner stimmen darin überein, dass es von großer Bedeutung ist, zu welchem Zeitpunkt und in welcher Anordnung des Himmels alles, ob natürlich oder künstlich, seine Existenz in dieser Welt erhalten hat: für sie Ich habe überliefert, dass der erste

Augenblick eine so große Macht hat, dass der gesamte Verlauf des Schicksals davon abhängt und dadurch vorhergesagt werden kann.

Im dunklen Zeitalter und auch in der frühen Neuzeit dominierten die falschen Lehren der Astrologie, ein Erbe der Antike, das Handeln der Menschen. In allen wichtigen Unternehmungen sowie in der alltäglichen Arbeit galt es als wesentlich, unter dem Einfluss eines günstigen Planeten einen Anfang zu machen. Diese Überzeugungen herrschten auch nicht ausschließlich unter unwissenden Menschen vor, sondern waren auch Teil des Glaubensbekenntnisses von Gelehrten sowie des Adels und des Adels. Moderne astronomische Entdeckungen und insbesondere das kopernikanische System haben dazu beigetragen, einen großen Teil des Aberglaubens über den böswilligen Charakter bestimmter Tage zu verbannen. Aber weder die Wissenschaft noch die Religion konnten es bisher vollständig ausrotten, wie aus dem schlechten Ruf hervorgeht, der dem sechsten Tag der Woche auch heute noch innewohnt, einem Thema, auf das später eingegangen werden soll.

In den „Loseley Manuscripts", herausgegeben von Alfred John Kempe, London, 1836, findet sich ein Brief, von dem einige Auszüge den überragenden Einfluss der Astrologie in England im 16. Jahrhundert veranschaulichen könnten. Der Brief ist an Herrn George More in Thorpe gerichtet:

Was mein Kommen am nächsten Mittwoch zu Ihnen betrifft … Ich kann unmöglich vor Donnerstag bei **Ihnen sein** .

Am Freitag und Samstag wird die Unterschrift im Herzen sein, am Sonntag, Montag und Dienstag im Stomake, während der Zeit wird es keinen guten Umgang mit Ihrer gewöhnlichen Pisicke geben, **bis** Mittwoch spätestens sieben Uhr nachmittags kommt, und von dieser Zeit an für 15 oder 16 Tage vergeht gut. Sobald es Ihnen gefällt, mir Ihre günstige Gelegenheit und Jahreszeit mitzuteilen, werde ich es nicht versäumen, sofort mit **Ihrem** Boten vorbeizukommen.

Eure Anbetung ist ein liebevoller Freund

Simon Trippe, MD

WINTON. September. 18. 1581.

Der Einfluss der Mondposition auf die Bestimmung der richtigen Jahreszeiten für chirurgische Eingriffe und die Verabreichung von Medikamenten lässt sich am besten anhand einiger Auszüge aus alten Almanachen veranschaulichen.

Ein antiker illustrierter Manuskript-Almanach für das Jahr 1386 enthält den folgenden Rat für Ärzte:

In einem neuen Monat wird es kein Blutvergießen geben, denn die Körper der Menschen sind voller Blut und Feuchtigkeit, und durch das Blutvergießen werden sie noch mehr verärgert.

Und wieder:-

Es geht darum, im Allgemeinen zu wissen, dass Sie sich dazu entschieden haben, ein Medikament zu geben, wenn Ihr Geld und Ihr aufsteigender Herr frei von allen Krankheiten sind und nicht davon betroffen sind, ... und es ist wichtig, sich vor einem Medikament zu hüten, warum Sie Geld erhalten ein kranker Aspekt, wt Satne oder Mars.

Ein Almanach für das Jahr 1568, veröffentlicht von John Securis, London, enthält eine Liste von Tagen in diesem Jahr, die für die Erhaltung der Gesundheit des Menschen günstig oder nicht geeignet waren.

Der zweite Januartag wurde darin als völlig günstig erklärt. Der zwölfte war aufgrund des wütenden Aspekts des Mars zur Sonne ungünstig, was jedoch wahrscheinlich keine körperliche Krankheit hervorrufen würde, sondern eher dazu führen würde, dass sich manche Menschen Böses von ihren Herrschern vorstellten. Der fünfzehnte April war besonders fürchterlich. An diesem Tag, sagt der Autor, „bewahre Gott uns vor der Wut des Mars."

Im Juni sollten böse Leidenschaften, Zorn, Hass und Streit die Herzen der Menschen erregen; denn in diesem Monat befanden sich nicht weniger als sechs Quartilaspekte der Planeten untereinander.

Es werden auch viele günstige Tage erwähnt, und abschließend werden *alle* Tage als günstig für einen guten Menschen erklärt.

In „A New Almanache and Prognostication for the Yeare of our Lord God 1569" (London) heißt es, dass chirurgische Eingriffe nur dann durchgeführt werden dürfen, wenn „der Moone oder Lorde des ersten Hauses" im Tierkreiszeichen steht, das das jeweilige Mitglied oder Organ regiert operiert werden.

Und in einem englischen Almanach für das Jahr 1571 finden wir die folgende Passage:

Kein Teil des menschlichen Körpers sollte mit chirurgischen Instrumenten oder tatsächlichem oder potenziellem Kauterium berührt werden, wenn die Sunne oder Moone oder der Herr des Aufsteigenden im selben Zeichen steht, das diesen Teil des menschlichen Körpers beherrscht.

Auch *Zwillinge* , *Löwe* , die letzte Hälfte der *Waage* und die ersten 12 Grade des *Skorpions* : mit *Stier* , *Jungfrau* und *Steinbock* , sind nicht gut für das Blutlassen. Zwei Tage vor dem Mondwechsel und einen Tag danach ist es Zeit, bluten zu lassen.…

Wenn das Gleiche für die Pestilenz, die Phrensie, die Pluresie, die Squincie oder für einen ständigen Kopfschmerz gilt, der von Cholera oder Blähungen ausgeht; oder wegen eines brennenden Fiebers oder extremer Schmerzen in den Körperteilen darf ein Mann nicht so sorgfältig für einen bestimmten Tag beim *Almanach bleiben* , damit der Patient in der Zwischenzeit vielleicht sterben kann. Aus diesem Grund soll der geschickte Chirurg eine Vene öffnen, es sei denn, er findet den Patienten sehr schwach oder der Mond befindet sich in derselben Syne, die diesen Teil des menschlichen Körpers regiert.

Das Fortbestehen ähnlicher Überzeugungen wird durch den folgenden Auszug aus „A Briefe Prognosticon oder vielmehr Diagnosticon for this Year of Grace" (1615) von John Keene, London, gezeigt:

Da diese niederen und sublunären Mischkörper von den höheren und einfachen Körpern und insbesondere von der Bewegung unseres Nachbarplaneten, dem Mond, regiert werden, variieren und unterscheiden sich Krankheiten, und nicht deshalb übertrifft sie den Rest an Tugend und Kraft, sondern weil sie ist uns näher und schneller in der Bewegung; Denn siehe da, der Moone nimmt zu, der Humor nimmt zu; und wenn sie abnimmt, nehmen auch die Säfte ab: Denn die Knochen im Vollmond sind voller Mark, und alle Lebewesen sowohl auf See als auch an Land nehmen dann an Feuchtigkeit zu, wie die Krabbe, der Hummer, die Auster usw. Auch die Säfte sind vorhanden Der Körper und die Pflanzen des Menschen nehmen dann zu. Denn wenn Sonne und Mond in heißen Zeichen stehen, nimmt die Hitze zu, in kalten Zeichen übersteigt die Kälte die Hitze. Deshalb müssen wir bei der Säuberung der Säfte die Bewegung des Mondes durch jedes Zeichen des Zodiacke berücksichtigen, nicht nur bei der Säuberung der Säfte, sondern auch bei der Heilung von Krankheiten und bei der Stärkung der Fähigkeiten und Tugenden.

Im „Dialogue of Dives and Pauper", gedruckt von Richard Pynson im Jahr 1493, wird dieses Thema wie folgt erwähnt:

Alle, die hede zu düsteren Tagen führen oder Nyce-Gebräuche im Newe Moone oder im Newe Yeere verwenden, als Mete oder Drynke bei Nacht auf der Bank, um Alholde (oder Gobelyn) zu veranstalten.

Der französische Reisende Jean Chardin (1643-1713) berichtete, dass im Jahr 1668 Kosaken in die nördlichen Provinzen Persiens einmarschierten; und als die Einwohner die persische Regierung um Hilfe baten, erhielten sie nur die Antwort, dass ihnen keine Hilfe geschickt werden könne, bis der Mond das Zeichen des Skorpions verlassen habe. Die Perser teilten früher alle Tage des Jahres in drei Klassen ein: bevorzugte oder glückliche, mittelmäßige oder gleichgültige und unglückliche oder verabscheuungswürdige Tage; [416] und der Kaiser Friedrich der Große von Preußen (1712-86) ließ sich bei seinen militärischen Operationen von den Ratschlägen der Astrologen leiten und wartete immer, bis ihnen der günstige Zeitpunkt für einen Start angezeigt wurde.

Der „englische Apollo" von Richard Saunders, Student der göttlichen, lobenswerten und himmlischen Wissenschaften, London, 1656, sagt in seinen Ratschlägen für Seefahrer, dass die gute oder schlechte Position der Planeten zum Zeitpunkt der Fahrt einen großen Einfluss darauf hat die Geschicke einer Reise. Darüber hinaus erklärten die alten Weisen, dass das wichtigste Mittel zur Abwendung des Bösen erstens die fromme Anrufung der Vorsehung sei; und zweitens die sorgfältige Wahl des richtigen Zeitpunkts zum Segeln unter Beachtung der Regeln der Astrologie.

In William Jones' „Credulities Past and Present" (1525) wird St. Augustine wie folgt zitiert:

Niemand soll tageweise darauf achten, an welchem Tag er reist oder an welchem Tag er zurückkehrt; weil Gott alle sieben Tage geschaffen hat, die in der Woche bis zum Ende dieser Welt laufen. Aber wohin auch immer er gehen möchte, er soll singen und sein *Paternoster* sagen, wenn er es weiß, und seinen Herrn anrufen und sich selbst segnen und frei von Sorgen reisen, unter dem Schutz Gottes, ohne die Zaubereien des Teufels.

IV. Prävalenz ähnlicher Überzeugungen in modernen Zeiten

Bei den heutigen Chinesen, wie auch bei den Bewohnern des alten Babylon, werden die Tage, die als günstig oder ungünstig für Geschäftstransaktionen, landwirtschaftliche Betriebe oder Reisen gelten, immer noch von Astrologen bestimmt und in einem offiziellen Almanach angegeben, der jährlich unter veröffentlicht wird Pekin vom Imperial Board of Astronomers. Auch die verschiedenen Stämme der Insel Madagaskar sind äußerst abergläubisch, was das Glück oder Unglück an bestimmten Tagen betrifft, und manchmal wird das Leben von Kindern geopfert, die zu einem unglücklichen Zeitpunkt geboren wurden, um sie vor drohendem Unglück zu bewahren.

Die Eingeborenen der Goldküste Westafrikas beobachten in ihren Jahresabschnitten eine „lange Zeit", die aus neunzehn Glückstagen besteht, und eine „kurze Zeit", die aus sieben gleichermaßen günstigen Tagen besteht. Die sieben Tage zwischen diesen beiden Zeiträumen gelten als unglücklich, und in dieser Zeit unternehmen sie keine Reisen oder kriegerischen Unternehmungen. Etwas ähnliche Vorstellungen herrschen auf Java und Sumatra sowie auf vielen kleineren Inseln des Malaiischen Archipels vor. Die Kosaken Westsibiriens, die Eingeborenen der baltischen Provinzen des Russischen Reiches und die Lappländer im hohen Norden passen ihr Leben alle an die schwarzen und weißen Tage ihres Kalenders an. Die Bauernschaft von West Sussex in England erlaubt ihren Kindern nicht, am zehnten Tag des Oktobers Brombeeren zu pflücken, weil sie glauben, dass der Teufel an diesem Tag vergeht und dass jedem, der so besonnen ist, die gesammelten Früchte zu essen, sicherlich Unglück widerfahren würde unter solchen Umständen. Dieselben Leute glauben, dass alle im Monat Mai geborenen Katzen Hypochonder sind und die unangenehme Angewohnheit haben, Schlangen und Vipern ins Haus zu bringen.

Unter den Moslems Indiens gibt es in jedem Monat sieben böse Tage, an denen kein Unternehmen aus irgendeinem Grund unternommen werden darf. Einige der besonderen Aberglauben dieser Menschen in Bezug auf das Reisen an den verschiedenen Wochentagen werden in „Zanoon-E-Islam, or the Customs of the Mussulmans of India“ von Jaffur Shurreef gezeigt. Wenn also jemand vorschlägt, am Samstag zu reisen, sollte er vor Beginn Fisch essen, damit sein Plan erfolgreich umgesetzt werden kann. Am Sonntag ist jedoch Betelblatt zu diesem Zweck vorzuziehen. Ebenso sollte er am Montag in einen Spiegel schauen, um Reichtum zu erlangen. Am Dienstag sollte er Koriandersamen essen und am Mittwoch vor Beginn Sauermilch zu sich nehmen. Wenn er am Donnerstag Rohzucker isst, kann er getrost damit rechnen, mit reichlich Waren zurückzukommen; und wenn er am Freitag zubereitetes Fleisch isst, wird er Perlen und Juwelen in Hülle und Fülle mitbringen.

Eine Vorstellung von den im Mutterland im letzten Jahrhundert vorherrschenden Glaubensvorstellungen kann man durch ein Studium der Anzeigen von Astrologen und medizinischen Scharlatanen in der damaligen öffentlichen Presse gewinnen. Zum Beispiel im Jahr 1773 ein gewisser Sylvester Partridge, Besitzer und Verkäufer von Gegenmitteln, Elixieren, Waschmitteln gegen Sommersprossen, Füllern zum Abrunden der Wangen, Glasaugen, Waden und Nasen, Kiefern aus Elfenbein und einer neuen Quittung zum Ändern der Haarfarbe , zur Prüfung angeboten, um Ratschläge zu den richtigen Zeiten und Jahreszeiten für das Blutlassen zu geben und um den günstigsten Aspekt des Mondes für das Ziehen von Zähnen und das Schneiden von Hühneraugen anzugeben. Darüber hinaus gab er Ratschläge, wie man unglückliche Tage beim Schneiden der Nägel vermeiden sollte, und gab das freundlichste Tierkreiszeichen für das Pfropfen, Impfen und Öffnen von Bienenstöcken.

Im aufgeklärten England gibt es immer noch viele Menschen, die glauben, dass die relativen Positionen von Sonne, Mond und Planeten wesentliche Faktoren bei der Bestimmung der richtigen Zeiten und Jahreszeiten für die Unternehmung auf der Erde sind. In Zadkiels Almanach von 1898 heißt es, dass die natürliche Astrologie gute Fortschritte mache, um wieder eine anerkannte Wissenschaft zu werden. Um aus dem Vorwort dieser Veröffentlichung zu zitieren:

So wie der gesamte Körper des Ozeans nicht in der Lage ist, auch nur ein einziges Teilchen freier Luft zurückzuhalten, das zwangsläufig seinen Weg an die Oberfläche erzwingen muss, um sich mit der Atmosphäre zu vereinen, so können auch die vereinten Kräfte der Vorurteile und der wohlüberlegten Verachtung aller Soi nicht *zurückhalten -Disant* „wirklich wissenschaftliche Männer" des Endes des Jahrhunderts verhindern, dass die Wahrheit der *Astrologia Sana* über ihre vergeblichen Bemühungen hinausragt, sie zu unterdrücken, sich der großartigen Atmosphäre der Naturwissenschaft anzuschließen und den menschlichen Geist in seinem weiteren Verlauf und seinen Bemühungen zu erleuchten ,- „durch die Natur aufsteigen bis zum Gott der Natur."

Ein Beispiel mag genügen, um den Charakter der Vorhersagen in diesem Werk zu veranschaulichen. Unter der Überschrift „Stimme der Sterne", August 1898, sagt der Autor, dass die stationären Positionen von Saturn und Uranus Spanien (und vielleicht die Toskana) am 10. oder 11. wahrscheinlich physisch und politisch erschüttern werden. Es wird angespannte diplomatische Beziehungen zwischen den Vereinigten Staaten und Spanien geben; Denn Mars im Zeichen Zwillinge und Saturn im Schützen müssen in beiden Ländern für Spannungen und Unruhen sorgen.

Der heutige jüdische Glaube an den Einfluss bestimmter Tage und Jahreszeiten scheint größtenteils von den alten Römern abgeleitet zu sein. Selbst heutzutage werden unter den Juden in der Zeitspanne von fünfzig Tagen zwischen dem Passahfest und Pfingsten keine Hochzeiten gefeiert; und früher waren die beliebtesten Hochzeitstage der Neu- oder Vollmond. [417] In Siam gelten der achte und fünfzehnte Tag des Mondes als heilig und dienen der Anbetung und der Ruhe von der gewöhnlichen Arbeit. An diesen Tagen ist es Sportlern verboten, zu jagen oder zu fischen. Die siamesischen Astrologen geben den wahrscheinlichen Charakter eines Jahres an, indem sie es mit einem Tier in Verbindung bringen, auf dessen Rücken das neue Jahr reitend dargestellt wird. [418]

V. DER SECHSTE TAG DER WOCHE

Betrachten wir nun das Thema Freitag als angebliche *Dies Mala* . Die sieben Wochentage wurden ursprünglich nach Saturn, Jupiter, Mars, Sonne, Merkur, Venus und Mond in der angegebenen Reihenfolge benannt, und diese Namen finden sich in den frühchristlichen Kalendern. Die germanischen Nationen übernahmen jedoch entsprechende Namen in der nördlichen Mythologie: Sonne und Mond, Tyr, der nordische Kriegsgott, Wodan, Thor, Freyja und Saturn; und unsere frühen sächsischen Vorfahren verehrten Bilder, die all diese Gottheiten darstellten, bis das Christentum das Heidentum in Großbritannien verdrängte. Es wurde vermutet, dass unser Freitag nach Frigga, der Frau von Odin und der Hauptgöttin der alten Skandinavier, benannt wurde. Es ist jedoch viel wahrscheinlicher, dass der Tag seinen Namen von Freyja, der Göttin der Liebe, ableitet, einer Gottheit, die der römischen Venus und der griechischen Aphrodite entspricht. Freyja, die am leichtesten zu versöhnende Göttin, pflegte wohlwollend auf alle zu hören, die sie um Hilfe anriefen, und war besonders sanftherzig, wenn es darum ging, Liebespaare zu trösten. Sie wohnte in einem prächtigen Palast und reiste in einem von zwei Katzen gezogenen Wagen umher. [419]

Es wurde angedeutet, dass Freyjas Charakter nicht tadellos war und dass daraus der schlechte Ruf von Friday entstand, aber eine solche Hypothese ist völlig unhaltbar.

Aus der Prosa „Edda" erfahren wir, dass diese Göttin die Frau eines Odur war und eine Tochter namens Hnossa hatte, die wunderschön war. Es ist traurig zu berichten, dass Freyja von ihrem Mann verlassen wurde, der in fremde Länder reiste, und seitdem viel Zeit damit verbracht hat zu weinen, wobei sich ihre Tränen in Tropfen aus reinem Gold verwandelten. [420]

Der Fisch war ein Wahrzeichen von Freyja und wurde als solcher von den Skandinaviern am sechsten Tag der Woche ihrer Göttin geopfert. [421] Der Fisch wurde auch von den Babyloniern und Assyrern sowie von den alten Römern als Symbol der Venus als heilig angesehen.

Die allgemein anerkannte Theorie besagt, dass die Kreuzigung unseres Herrn am Karfreitag der Ursprung des weit verbreiteten Aberglaubens über den sechsten Tag der Woche war. Es ist jedoch sehr wahrscheinlich, dass diese Überzeugungen ihren Ursprung in einer viel früheren Epoche haben; denn ähnliche Vorstellungen sind unter den Bewohnern heidnischer Länder verbreitet, beispielsweise in Hindustan. Einer alten Mönchslegende zufolge aßen Adam und Eva an einem Freitag die verbotene Frucht; und im Mittelalter glaubte man, dass sich an diesem Tag viele ungünstige Ereignisse der Geschichte oder Tradition zugetragen hätten.

In einer französischen Handschrift aus dem Jahr 1285, die in der Bibliothèque Nationale in Paris aufbewahrt wird und den Titel „Recommandation du Vendredi" trägt, sollen folgende Ereignisse an einem Freitag stattgefunden haben: Adams Erschaffung, seine Sünde und Vertreibung aus Eden, die Ermordung Abels , die Kreuzigung Christi, die Steinigung von Stephanus, das Massaker an den Unschuldigen durch Herodes, die Kreuzigung von Petrus, die Enthauptung von Paulus und Johannes dem Täufer sowie die Flucht der Kinder Israels durch das Rote Meer; auch die Sintflut, die Sprachverwirrung beim Turmbau zu Babel und die Plagen im Land Ägypten. [422]

Der folgende Auszug aus einer Übersetzung eines sächsischen Manuskripts aus dem Jahr 1120 mag dazu dienen, die Leichtgläubigkeit dieser Epoche in England und den mit dem Freitag verbundenen Hass zu veranschaulichen:

Wer am Sonntag oder in seiner Nacht geboren wird, soll ohne Sorgen leben und schön sein. Wenn er am Montag oder in der Nacht darauf geboren wird, soll er von allen Menschen getötet werden, sei es ein Laie oder ein Geistlicher. Wenn es am Dienstag oder in der Nacht dazu ist, wird er in seinem Leben korrupt, sündig und pervers sein. Wenn er am Mittwoch oder in der Nacht darauf geboren wird, wird er sehr friedfertig und ruhig sein und gut heranwachsen und das Gute lieben. ... Wenn er am Freitag oder in der Nacht desselben geboren wird, wird er von den Menschen verflucht sein, von den Dummen und Listigen und abscheulich für alle Menschen und wird immer böse in seinem Herzen denken und wird ein Dieb und ein großer Feigling sein und nicht länger als bis zur Mitte seines Lebens leben. Wenn er am Samstag oder in seiner Nacht geboren wird, sollen seine Taten gerühmt werden, er soll ein Ratsherr sein, ob Mann oder Frau; Vieles wird ihm widerfahren, und er wird lange leben. [423]

Auch wenn uns der Aberglaube des dunklen Zeitalters so kindisch erscheinen mag, kann doch mit gutem Grund behauptet werden, dass die damals verbreiteten Überzeugungen über Tagestod im Verhältnis zur Aufklärung der Zeit nicht absurder waren als die unserer Zeit . In den „Reliques of Ancient English Poetry" von Thomas Percy, DD, findet sich die folgende „hervorragende Möglichkeit, eine Fee zu bekommen":

Besorgen Sie sich zunächst ein breites quadratisches Christall- oder Venedig-Glas mit einer Länge und Breite von drei Zoll. Dann legen Sie das Glas oder Christall drei Mittwoche oder drei Freitage in das Blut einer weißen Henne. Nehmen Sie es dann heraus und waschen Sie es mit heiligem Wasser. und begase es. Nehmen Sie dann drei Haselruten oder Stäbchen eines einjährigen Baumes; Pille sie mit Fayre und White; und machen Sie sie so lang, dass Sie den Namen des Geistes oder der Fee schreiben, den Sie dreimal auf jeden

Stock rufen, der auf einer Seite flach gemacht wird. Dann begrabe sie am Mittwoch, bevor du sie rufst, unter einem Hügel, wo sich deiner Meinung nach Feen aufhalten; und die folgenden Freitage nehmen sie hoch und um acht, oder drei oder zehn Uhr, was gute Planeten und Stunden für diesen Turne sind; Aber wenn du rufst, sei im reinen Leben und wende dein Gesicht nach Osten, und wenn du sie hast, binde sie in diesen Stein und das Glas. [424]

Whiston, der Übersetzer von Josephus, verkündete in London öffentlich, dass der Komet von 1712 am 14. Oktober dieses Jahres sichtbar sein würde und dass am darauffolgenden Freitagmorgen die Welt durch einen Brand zerstört werden würde. In der daraus resultierenden Panik bestiegen viele Menschen Boote auf der Themse und glaubten, das Wasser sei das sicherere Element, zumindest an diesem Freitag.

Herr Charles Godfrey Leland sagt in seinen „Etruscan Roman Remains“, dass in bestimmten mittelalterlichen Manuskripten die Göttin Venus als Königin der Herzen und Händlerin von Glückskarten dargestellt wurde. Daher galt der Freitag, der *Dies Veneris* , manchmal als Glückstag, insbesondere für die Ehe. Diese Meinung findet in Glasgow Anklang, wo an diesem Tag ein großer Teil der Eheschließungen stattfindet; wohingegen in den Midland Counties Englands weniger als zwei Prozent ausfallen. der Hochzeiten finden am sechsten Tag der Woche statt. [425]

In den Werken englischer Schriftsteller finden sich häufig Hinweise auf die populäre Stimmung bezüglich des Freitags. Sir Thomas Overbury sagt in seiner Beschreibung einer „schönen und glücklichen Milk-Mayd“: „Ihre Träume sind so keusch, dass sie es wagt, sie zu erzählen; Nur der Traum einer Fridaie ist all ihr Aberglaube: den sie aus Angst vor Zorn verbirgt." Auch im Stück von „Sir John Oldcastle“ gibt es diese Passage: „Freitag, Quota, ein düsterer Tag, der Lichtmesstag war dieses Jahr Freitag." [426] Und in Scotts „Marmion" steht Folgendes:

Der Highlander, dessen roter Claymore

Die Schlacht fand am Ufer von Maldas statt,

Wird an einem Freitagmorgen blass aussehen

Wenn man ihn bittet, ein Märchen zu erzählen.

Er fürchtet den rachsüchtigen Elfenkönig,

Wer verlässt an diesem Tag seinen grasbewachsenen Ring?

Unsichtbar für das menschliche Bewusstsein,

Er wandelt unter den Menschensöhnen.

Als erfrischendes Beispiel für die Unabhängigkeit des Denkens in einer leichtgläubigen Zeit können wir aus einem Brief zitieren, den Sir Winston Churchill, der Vater des Herzogs von Marlborough, geschrieben und in einem Traktat von 1687 abgedruckt hatte. Der Brief ist zwar ungrammatisch, wird aber wörtlich wiedergegeben: —

Ich habe große Erfahrung gemacht, dass es wahr ist, und habe den Freitag zu meinem eigenen Glückstag erklärt, dem Tag, an dem ich geboren, getauft und geheiratet wurde und der, wie ich glaube, der Tag meines Todes sein wird. Der Tag, an dem ich aus allerlei Gefahren auf dem See- und Landweg, aus Gefahren durch falsche Brüder, aus Gefahren durch Gerichtsverfahren usw. befreit wurde. Am selben Tag wurde ich zum Ritter geschlagen (zufällig unerwartet für mich) und es passierten mehrere gute Unfälle ich an diesem Tag; und ich bin im Glauben an sein gutes Omen so abergläubisch, dass ich beschließe, noch am selben Tag jede bedeutende Aktion zu beginnen, die mich betrifft. [427]

VI. FREITAG IN DER MODERNEN ZEIT

Der Freitag ist der Sabbat der Muslime, der dem Sonntag der Christen und dem Samstag der Juden entspricht. In Ägypten ist der Freitag daher vor allem der gesegnete Tag, während der Samstag der unglücklichste ist.

Obwohl Mohammed jedoch den Freitag für die Abhaltung der Moslemversammlung auswählte, war er nicht ausschließlich der religiösen Anbetung gewidmet, und am Ende der öffentlichen Gebete wurden die Geschäfte wie an jedem anderen Wochentag abgewickelt. [428] Unter den Mohammedanern gilt der Freitag als der glücklichste Tag; und es ist auch am beliebtesten, wenn man ein wichtiges Unterfangen beginnt, sei es ein Haus zu bauen, einen Garten anzulegen, eine Reise anzutreten, eine Ehe zu schließen oder ein Kleidungsstück herzustellen. [429]

Ein Grund für Mohammeds Wahl des Freitags als Tag für öffentliche Gebete lag wahrscheinlich darin, dass dieser Tag von den Menschen vieler Nationen Alilat, der himmlischen Venus oder Urania, geweiht wurde, die die alten Araber verehrten. [430] Mahomet sagte, dass jeder, der am Freitag badete und zum öffentlichen Gottesdienst ging, in der Nähe des *Imams* oder *Kalifen* (dem Anführer eines muslimischen Stammes) Platz nahm und der Predigt aufmerksam zuhörte und dabei leichtfertige Gespräche vermied, das erhalten würde Lohn für ein ganzes Jahr nächtlicher Gebete für jeden Schritt, den er zwischen seinem Zuhause und dem Ort dieser Versammlung unternahm. [431]

Die Moslems unter den Bauern, die in der Grenzregion zwischen Afghanistan und Indien leben, haben eine besondere Ehrfurcht vor dem Freitag; denn sie glauben, dass Gott an diesem Tag ruhte, nachdem er die

Welt erschaffen hatte. Am Freitagabend, so glauben sie, kehren die Geister der Verstorbenen üblicherweise zu ihren früheren Wohnorten zurück, und daher herrscht der Brauch vor, zu solchen Zeiten Köstlichkeiten in die Moschee zu schicken. [432]

Der Freitag war im Mittelalter der beliebteste Tag für Hochzeiten unter den Juden, und seine Wahl beruhte offenbar auf Zweckmäßigkeit, auf der Nähe zum jüdischen Sabbat und auf der Bequemlichkeit, die Trauung mit den Gottesdiensten in der Synagoge zu verbinden am letzten Tag. Das Brautpaar fastete am Morgen der Hochzeit und während der Zeremonie wurde Asche über ihre Köpfe gestreut. [433]

Nach den Lehren des Talmuds ging man davon aus, dass jeden Freitagabend eine zweite Seele in den menschlichen Körper eindringt und den ganzen darauffolgenden Tag dort verbleibt, was durch einen gesteigerten Appetit auf Nahrung angezeigt wird. [434]

Am Freitag, so heißt es in einer alten Überlieferung, wird der Hexensabbat oder die Hexenversammlung abgehalten, und man sollte darauf achten, an diesem Tag nicht über diese Kreaturen zu sprechen, denn dann ist ihr Gehör besonders scharfsinnig, und respektlose Bemerkungen können dazu führen, dass man sich ihnen zuzieht Trotz.

Nach dem Volksglauben der Schwaben ist Freitag der Tag, an dem die Hexen ihr gemeinsames Fest mit dem Teufel auf dem Heuberg bei Rotenburg feiern und anschließend das Land durchstreifen, um allerlei Unheil über Volk und Vieh anzurichten. [435]

Einem schottischen Aberglauben zufolge sollten Hexen ihre wöchentlichen Treffen jedoch samstags an selten besuchten Orten abhalten. Zu den formellen Verfahren bei diesen Gelegenheiten gehörten eine Ansprache des Teufels und die Abhaltung eines Gerichts, bei dem von jeder Hexe erwartet wurde, dass sie eine detaillierte Erklärung über ihre Taten abgibt; und diejenigen, die untätig waren, wurden mit ihren eigenen Besen geschlagen, und die Fleißigen wurden mit Geschenken verzauberter Knochen belohnt. Es folgte ein Tanz, bei dem der Teufel auf dem Dudelsack spielte und die Musik anführte. [436]

Die Iren achten darauf, die Feen weder mittwochs noch freitags namentlich zu erwähnen, da diese unsichtbaren Kreaturen an diesen beiden Tagen ungewöhnlich wachsam sind.

Besonders freitags ist ihre Macht zum Bösen sehr stark. Deshalb wird an diesem Tag sorgfältig über die Kinder und das Vieh gewacht; Ein brennender Strohhalm wird um den Kopf des Babys geschwenkt und eine abgeschreckte Kohle wird unter die Wiege und das Butterfass gelegt. Und wenn die Pferde in ihren Ställen unruhiger sind als sonst, ist das ein sicheres Zeichen dafür, dass die Feen auf ihnen reiten; Deshalb spucken die Leute dreimal auf die Tiere, und die Feen machen sich daraufhin sofort auf den Weg. [437]

In Irland ist der Freitag *ein einfacher Princeps* unter den Unglückstagen, und man sollte besonders darauf achten, an diesem Tag keinem Fremden die Tür seiner Wohnung zu öffnen. Weder Butter noch Milch sollten verschenkt werden, noch sollte eine Katze an einem Freitag von einem Haus zum anderen gebracht werden. Um den Zauber eines Zauberers aufzuheben, sollte man Gerstenkuchen essen, über dem eine Beschwörung gesprochen wurde; aber die Kuchen müssen an einem Montag oder Donnerstag gegessen werden und niemals am Freitag. [438]

In der walisischen Tradition sollen die Wassermänner freitags ein besonders wachsames Auge auf das Meer haben und es so rau und stürmisch machen.

Einer alten Legende zufolge stach an einem Freitagmorgen im Jahr 1600 ein Schiff von einem nördlichen Hafen aus in See und hatte an Bord einen jungen Mann und eine Jungfrau von seltener Schönheit, deren seltsame Handlungen und Verhaltensweisen darauf hindeuteten, dass es sich um übernatürliche Wesen handelte. Das Schiff erreichte nie den Hafen, aber in einer stürmischen Nacht wurde ein Phantomschiff gesehen, eingehüllt in ein unheimliches Licht; und auf seinem Deck standen der Jüngling und sein Schatz, eine unheimliche Vision, als das gespenstische Schiff gegen den Wind über das stürmische Meer hinwegzog. [439]

In Hessen ist Frau Hölle, die moderne Freyja, die besondere Beschützerin und Beschützerin frisch verheirateter Menschen, und dieser alte Glaube hat sich in den Köpfen der hessischen Bauern so hartnäckig gehalten, dass der Tag der Venus bei ihnen immer noch als der höchste gilt günstig für Hochzeiten. [440]

An manchen Orten ist es unglücklich, an einem Freitag Nachrichten zu erhalten, ob gut oder schlecht; und laut einem Sprichwort aus Shropshire: „Wenn du an einem Freitag etwas Neues hörst, bekommst du eine weitere Falte im Gesicht und dein Alter wird um ein weiteres Jahr verlängert." [441] Tatsächlich wurde der Begriff „Freitagsgesicht" verwendet, um ein düsteres oder niedergeschlagenes Gesicht zu bezeichnen, wie im folgenden Zitat:

Heirate, raus mit ihm! Was für ein Sklave mit Freitagsgesicht! Ich glaube, in meinem Gewissen hält sein Gesicht nie Urlaub. [442]

In Serbien gelten die am Freitag geborenen Kinder als unverwundbar gegenüber den Angriffen der ganzen Armee von Hexen und Zauberern. Der Freitag gilt in Deutschland als der schicksalhafteste aller Wochentage, sei es im Guten oder im Bösen. Der Glaube variiert in den verschiedenen Teilen des Reiches, aber es gibt ein allgemeines Vorurteil dagegen, an diesem Tag eine Reise anzutreten, in ein neues Haus zu ziehen oder die Bediensteten zu wechseln. Wer in Ostpreußen freitags backt, bekommt nur wenig Brot; Man geht jedoch davon aus, dass sonntägliche Taufen die unglücklichen Vorzeichen der am Freitag geborenen Kinder ausgleichen sollen. Für die norddeutschen Bauern ist der Freitag der beste Tag, um mit der Ernte zu beginnen. [443]

In alten Zeiten war der Freitag in Deutschland der günstigste Tag für Brautwerbung und Hochzeiten, und wenn die Braut an diesem Tag nicht zum ersten Mal ihr neues Zuhause betrat, war es wahrscheinlich, dass es zu häuslichen Konflikten kam.

Wenn sie einen schlecht gelaunten Ehemann zähmen wollte, bestand ihre erste Aufgabe darin, ihm eine Suppe aus dem Regenwasser eines Freitagsregens zuzubereiten. Der Zauberspruch der Worte, mit denen das Vieh von der Räude befreit wurde, wurde an einem Freitagmorgen gesprochen; und ein Hase, der am ersten Freitag im März erschossen worden war, war von großem therapeutischen Wert, insbesondere seine Augen, die als wirksames Heilmittel gegen Sehstörungen getrocknet und herumgetragen wurden.

Nur an einem Freitag schlugen die Kirchenglocken die Stunde zur Befreiung verzauberter Geister und zur Befreiung verzauberter Seelen von ihrem Zauber. [444]

Doktor M. Höfler sagt in seinem Werk „Volksmedizin und Aberglauben in Oberbayern" (S. 208), dass die bayerischen Bauern noch immer viele Aberglauben über den sechsten Tag der Woche hegen, den Tag, der Freyja, der alten deutschen Liebesgöttin, heilig ist. Darüber hinaus werden den in der Karfreitagnacht gelegten Hühnereiern wunderbare amulierende Eigenschaften zugeschrieben, und wer diese Eier isst, soll dadurch vor körperlichen Schäden geschützt sein. Wie lange diese Immunität anhält, ist nicht ersichtlich; aber wahrscheinlich bis ein weiteres Karfreitagabend-Ei gegessen wird. In den Haushalten der Bauern sind diese kostbaren Eier daher von der Hausherrin eifrig gesucht, die sie gerne ihrem Mann und den Landarbeitern schenkt; oder sie verwendet sie als Zutat für die Teigfiguren, die das Osterbrot schmücken.

In einigen Bezirken Ungarns ist folgender eigenartiger Brauch in Mode:

Immer wenn der Namenstag einer Person an einem Freitag stattfindet, wählt diese Person ein Stück eines ihrer abgelegten Kleidungsstücke aus, reibt ein paar Tropfen seines eigenen Blutes und Speichels darauf und verbrennt dann das Kleidungsstück. Dadurch verbrennt er auch alles Unglück, das ihm sonst im nächsten Jahr widerfahren wäre. Im Südosten Siebenbürgens wird ein wie oben beschrieben mystisch behandelter Lappen vor Sonnenaufgang des betreffenden Tages an einen Baum gehängt; Wenn es vor dem Morgengrauen des nächsten Tages verschwindet, kann die Person, die abergläubisch den Eintritt ihres Namenstages an einem Freitag feiert, ein Jahr lang über Unglück lachen. [445]

Die Magyaren beginnen an einem Freitag nicht mit der Arbeit, denn sie wird zwangsläufig fehlschlagen; Sie geben an diesem Tag auch keine Milch aus dem Haus, weil sie glauben, dass dadurch der Nutzen der Kuh beeinträchtigt würde. Im Kreis Bihar in Ungarn gilt ein am Freitag gebackener und auf einen Stock aufgespießter Laib Brot als Schutz gegen die Ausbreitung eines Feuers. Die Eingeborenen dieses Bezirks hegen ebenfalls verschiedene seltsame Fantasien, die ausgesprochen einzigartig sind. Wenn zum Beispiel ein neugeborenes Kind X-Beine hat, betrachtet die Mutter es als Wechselbalg. Deshalb setzt sie sich an einem Dienstag oder Freitag, wenn Hexen unterwegs sind, auf die Schwelle und wendet sich energisch an diese Kreaturen, um die Rückgabe ihres eigenen Kindes zu fordern, das sie ihrer Meinung nach gestohlen haben. „Pfui! Pfui! ihr Schurken!" Sie ruft: „Gib es zurück!" [446]

Die Sizilianer haben zu diesem Thema eine Menge Aberglauben. Die folgenden gehören zu den interessanteren Elementen ihrer Folklore, die sich auf den Freitag beziehen. An diesem Tag wird der Eigentümer eines gemieteten Hauses einem neuen Mieter die Schlüssel nicht übergeben und dieser erhält sie auch nicht. Im südlichen Teil der Provinz Palermo wagt kein Dieb an einem Freitag zu stehlen, und die Richtigkeit dieser Aussage wird durch die Kriminalstatistik bestätigt. Tatsächlich kann an diesem Tag auch der schüchternste Hausbesitzer sicher überall in der Provinz reisen, eine Tatsache, die dem klugen Reisenden in einem für Räubertum berüchtigten Land nicht entgehen wird. Diese Immunität ist nicht auf eine besondere Verehrung für Freyjas Tage zurückzuführen, sondern vielmehr auf die verbreitete Überzeugung, dass damals begangene Diebstähle und andere Vergehen mit Sicherheit schnell entdeckt werden würden. Es wird angenommen, dass Lachen die Göttin beleidigt, und das Sprichwort lautet: „Wer am Freitag lacht, weint am Samstag." In einem anonymen Manuskript in der Stadtbibliothek von Palermo heißt es, dass jeder, der an einem Dienstag oder Freitag Kleidungsstücke ausschneidet, Gefahr läuft, sie zu kurz zu machen und den Stoff zu verlieren. Solche Kleidungsstücke weisen kaum Gebrauchsspuren auf, denn nichts, was in diesen Tagen begonnen wurde, ist haltbar. [447]

Die Bewohner der alten Gascogne sind nicht weniger leichtgläubig, wie aus den folgenden Teilen der Freitagsgeschichte hervorgeht. Wer voreilig genug ist, eine Reise zu Pferd anzutreten, läuft besonders Gefahr, vom Pferd zu fallen und beim Versuch, einen Bach zu durchqueren, zu ertrinken. Es kam sogar vor, dass frisch gebackene Brote im Ofen mit Blutflecken gefunden wurden. Freitag ist jedoch ein guter Tag für die Essigherstellung, und die Fässer, die um drei Uhr nachmittags an diesem Tag gefüllt werden, erweisen sich als besser als andere. Dies liegt daran, dass unserem Herrn am Karfreitag um drei Uhr nachmittags Essig, vermischt mit Galle, zu trinken gegeben wurde, als er am Kreuz hing. [448]

Auch in der Normandie ist der Freitag der beliebteste Tag, um Wasser in Wein oder Apfelwein zu geben, denn die Menschen glauben, dass die Mischung an jedem anderen Tag sauer werden würde. [449]

Einem alten italienischen Glauben zufolge ist jeder, der an einem Freitag geboren wird, von zuversichtlichem Temperament, leidenschaftlich, unbeschwert und gutaussehend. Er wird Freude an Musik haben, sowohl Gesang als auch Instrumentalmusik, und eine Vorliebe für feine Kleidung haben. Darüber hinaus wird er redegewandt sein, auch wenn sein Charakter instabil ist. [450]

Die Tiroler haben ein Sprichwort: „Wer an einem Freitag geboren wird, muss Ärger erleben" und sie halten es für Torheit, an diesem Tag zu heiraten. [451]

Die Franzosen teilen voll und ganz das allgemeine Misstrauen gegenüber dem sechsten Tag der Woche. Das zeigen Statistiken der Pariser Theater, wo durchschnittlich fast zweihundert neue Stücke pro Jahr aufgeführt werden und seit vielen Jahren keines davon an einem Freitag uraufgeführt wurde. [452]

Im Elsass sind Mittwoch und Freitag Unglückstage, und ersterer wird nie für eine Hochzeit oder Taufe gewählt. Aber von beiden ist der Freitag der unerwünschtere, und an diesem Tag werden weder wichtige Geschäfte erledigt noch Reisen unternommen. Es handelt sich um den ersten Hexentag, denn dann sind böse Geister unterwegs, und ihre Aktivität an einem Freitag ist sprichwörtlich. Diese Gefühle herrschen auch in anderen deutschen Bezirken vor und werden von kultivierten und gebildeten Menschen gehegt. In der Tat kann mit Fug und Recht behauptet werden, dass der Besitz von intellektueller Kraft keineswegs unvereinbar ist mit einem abergläubischen Glauben an das Glück oder Unglück bestimmter Tage. Die Leichtgläubigkeit des großen Napoleon in dieser Hinsicht ist bekannt. Bismarck soll einmal aus Letzlingen, einem Dorf im preußischen Sachsen, an seine Frau geschrieben haben: „Ich hatte heute nicht so viel Glück bei der Jagd wie vor drei Jahren; aber dann – es ist ein Freitag." [453] Es wird berichtet, dass der französische Staatsmann Gambetta seine Reisen und geschäftlichen Angelegenheiten anhand günstiger Stunden organisierte, die von einem professionellen Kartenleser ermittelt wurden; und Präsident Félix Faure sei ähnlich leichtgläubig, heißt es. Tatsächlich sind Vorstellungen dieser Art in der französischen Hauptstadt so weit verbreitet, dass geschmackvoll verzierte Karten mit einer Liste von „Stunden, die man vermeiden sollte" auf den Straßen leicht zu verkaufen sind. [454]

Bei den Slawoniern geht man davon aus, dass die heilige Prascovia, die moderne Nachfolgerin von Venus und Freyja, jeden Freitag die Häuser der Bauern besucht, und wehe der unglücklichen Frau, die sie dann mit bestimmten Beschäftigungen beschäftigt vorfindet. Die örtliche Überlieferung besagt, dass das Nähen, Spinnen und Weben an diesem Tag Sünde sei und besonders der heiligen Prascovia, die auch als „Mutterfreitag" bekannt ist, zuwider sei, weil ihr der dabei entstehende Staub in die Augen gerät. Sie ist sehr geneigt, sich zu rächen, indem sie den Tätern verschiedene körperliche Beschwerden zufügt, wie zum Beispiel wunde Augen, weiße Flecken oder hängende Nägel. In manchen Bezirken ziehen sich die Bauern am Freitagabend früher als gewöhnlich zurück, weil sie glauben, dass Mutterfreitag diejenigen bestrafen wird, die sie bei ihren abendlichen Besuchen wach vorfindet. Diese Volksglauben werden in der folgenden Tradition veranschaulicht:

Es war einmal eine Frau, die Mutter Freitag nicht die gebührende Ehrerbietung erwies, sondern sich daran machte, einen Spinnrocken voller Flachs zu bearbeiten, ihn zu kämmen und zu wirbeln. Sie drehte sich bis zum Abendessen herum, dann fiel ihr der Schlaf ein. Plötzlich öffnete sich die Tür und herein kam Mutter Freitag, vor den Augen aller Anwesenden, gekleidet in ein weißes Kleid und in solch einer Wut! Und sie ging direkt auf die Frau zu, die gesponnen hatte, und hob eine Handvoll Staub vom Boden auf, der aus dem Flachs gefallen war, und begann, die Augen dieser Frau voll damit zu stopfen! Nachdem sie sie vollgestopft hatte, ging sie wütend davon — verschwand, ohne ein Wort zu sagen.

Als die Frau aufwachte, begann sie mit lauter Stimme um ihre Augen herumzuschreien, konnte aber nicht sagen, was mit ihnen los war. Die anderen Frauen, die große Angst gehabt hatten, begannen zu schreien: „Oh, du Elender, du! Du hast dir vom Mutterfreitag eine schreckliche Strafe zugezogen." Dann erzählten sie ihr alles, was geschehen war. Sie hörte sich alles an und begann dann zu flehen: „Mutter Freitag, vergib mir! Verzeihung, der Schuldige! Ich werde dir eine Kerze anbieten, und ich werde niemals zulassen, dass Freund oder Feind dich entehren, Mutter!"

"Naja, was denkst du? In der Nacht kam Mutter Freitag zurück und nahm der Frau den Staub aus den Augen, so dass sie sich wieder bewegen konnte. Es ist wahrlich eine große Sünde, Mutter Freitag zu entehren, indem man Flachs kämmt und spinnt!" [455]

Professor Max Müller zitiert in seinen „Beiträgen zur Wissenschaft der Mythologie" (New York und Bombay, 1897) eine Tradition der noch wenig bekannten Mythologie der Mordwinier, einer finnischen Rasse, die in den mittleren Wolga-Provinzen Russlands lebt. Eine Frau, die an einem Freitag den ganzen Tag gearbeitet und Brot für einige Waisenkinder gebacken hatte, wurde in einem Traum in die Sonne entführt und war aufgrund der Hitzeeinwirkung und der rasch zunehmenden Hitze fast erschöpft Sie hatte die Größe eines Teigstücks, das sie in den Mund gesteckt hatte, und wurde von Chkaï, dem großäugigen Mordvine-Sonnengott, angesprochen, der ihr sagte, dass sie bestraft würde, weil sie an einem Freitag Brot für die Waisenkinder gebacken hatte. Darüber hinaus wurde ihr aufgetragen, dies allen Menschen mitzuteilen. „Aber wer wird so dumm sein, mir zu glauben?" fragte die Frau höchst respektlos. Daraufhin platzierte Chkaï sein Zeichen in Scharlachrot und Blau auf ihrer Stirn – ein Emblem, das Glück bringen soll. Und danach achteten die Mordvine-Frauen darauf, an einem Freitag kein Brot zu backen und auch keine andere Arbeit zu verrichten.

In England war es schon sehr früh Brauch, den Freitag als Tag für die Hinrichtung von Kriminellen zu bestimmen, und bis vor Kurzem galt das Gleiche in diesem Land, allerdings durch die beharrlichen Bemühungen des „Thirteen Club" in New York, dessen Ziel es ist Durch die Entmutigung bestimmter populärer Aberglauben wurde der sechste Tag der Woche in den Vereinigten Staaten teilweise von dem Unmut befreit, der „Tag des Henkers" zu sein.

Ein Autor mit einer erfinderischen Denkweise hat vorgeschlagen, dass die Unbeliebtheit des Freitags teilweise darauf zurückzuführen ist, dass er spät in der Woche ist und das Geld den Armen knapp wird. Da die Woche am Samstag zu Ende ist und auch der Zahltag, bleibt keine Zeit, abergläubisch zu sein.

Einige moderne Schriftsteller haben bei der Sammlung statistischer Beweise einen fehlgeleiteten Eifer an den Tag gelegt, der darauf hindeutet, dass der Freitag ein höchst verheißungsvoller Tag in der amerikanischen Geschichte war, und haben neben anderen Ereignissen die Kapitulation von Burgoyne in Saratoga und die von Cornwallis in Yorktown angeführt, die an diesem Tag stattgefunden hätten Tag. Aber wird ein solches Argument bei englischen Lesern Anklang finden? Wenn wir unseren Kindern mit allgemeiner Zustimmung beibringen würden, dass Freitag der glücklichste Tag der Woche sei, würden sich zweifellos schnell Beweise für diese Theorie häufen, und der neue Glaube wäre bald genauso viel wert wie der alte.

Abergläubischer Umgang mit Tieren

I. RATTEN UND MÄUSE ALS RÄCHER

Als in der Antike Felder von Schwärmen schädlicher Tiere oder Insekten überrannt und Ernten zerstört wurden, betrachtete man diese Kreaturen entweder als Agenten des Teufels oder als wahre Dämonen. Darüber hinaus erfahren wir, dass Ratten und Mäuse früher besondere Objekte des Aberglaubens waren und dass ihre Handlungen sorgfältig als Vorboten von Gut oder Böse galten. [456] Ein rabbinischer Mythos besagt, dass die Ratte und das Schwein von Noah als Aasfresser der Arche erschaffen wurden; Doch als die Ratte zu einer Plage wurde, beschwor der Patriarch eine Katze aus der Nase des Löwen herauf. [457] Im „Horapollon", dem einzigen heute bekannten antiken Werk, das versuchte, ägyptische Hieroglyphen zu erklären, wird die Ratte als Symbol der Zerstörung dargestellt. Aber die Ägypter betrachteten dieses Tier auch als eine Art gutes Urteilsvermögen, denn wenn es die Wahl zwischen mehreren Brotstücken hatte, wählte es immer das Beste aus. [458]

Einer frühen Legende zufolge wurden die Teucri, oder Begründer der trojanischen Rasse, als sie die Insel Kreta verließen, um anderswo eine Kolonie zu gründen, von einem Orakel angewiesen, den Ort als Wohnsitz zu wählen, an dem sie zuerst von den Ureinwohnern angegriffen werden sollten das Land. Als sie ihr Nachtlager aufschlugen, erschien ein Schwarm Mäuse und nagte an den Lederriemen ihrer Rüstung, und dementsprechend machten sie sich an diesem Ort nieder und errichteten einen Tempel für Apollo Smintheus. [459] Dieser Titel leitet sich von dem Wort ab, das „eine Ratte " bedeutet " im Æolischen Dialekt. Im antiken Troas waren Mäuse Kultobjekte; und der griechische Schriftsteller Heraklides Ponticus sagte, dass sie in Chrysa, einer Stadt, die für ihren Apollontempel berühmt ist, besonders heilig gehalten wurden. Auch in Hamaxitus wurden Mäuse auf Staatskosten gefüttert. [460] Herodot berichtet aufgrund der Autorität einiger Priester, dass dem ägyptischen König Sethon in einer Vision offenbart wurde, dass er im Jahr 699 v. Chr. von einer assyrischen Armee unter Sanherib in Ägypten einmarschiert wurde, dass er Hilfe von ihnen erhalten SOLLTE Götter. Und am Vorabend einer erwarteten Schlacht wurde das Lager der Assyrer von einer Legion Feldmäuse angegriffen, die ihre Köcher und Bögen zerstörten, so dass die Eindringlinge, da sie keine brauchbaren Waffen hatten, am folgenden Morgen bestürzt flohen. Und zur Erinnerung an dieses fabelhafte Ereignis wurde im Vulkan-Tempel in Memphis eine Steinstatue von König Sethon errichtet, der eine Maus in der Hand hielt, mit der Inschrift: „Wer mich ansieht, der soll die Götter verehren."

In seiner Abhandlung über Wahrsagen bemerkte Cicero, als er die Absurdität des vorherrschenden Glaubens an Wunderkinder kommentierte, dass er natürlich um die Sicherheit des Commonwealth zittern müsste, wenn man sich auf Vorzeichen dieser Art verlassen würde, denn Mäuse hatten es getan Kürzlich knabberte er an einem Exemplar von Platons „Republik" in seiner Bibliothek. Plinius schrieb, dass Ratten den Marskrieg im Jahr 89 V. CHR. VORHERSAGTEN , indem sie in Lavinium, einer antiken Stadt in der Nähe von Rom, silberne Schilde und Schilde zerstörten ; und dass sie auch den Tod des römischen Generals Carbo vorhersagten, indem er seine Strumpfbänder und Schuhschnüre in Clusium, dem heutigen Chiusi, in Etrurien aß. Derselbe Autor widmet im achten Buch seiner „Naturgeschichte" ein kurzes Kapitel einer Aufzählung sagenhafter oder historischer Vorfälle, in denen die Bewohner mehrerer Städte des Römischen Reiches von schädlichen Tieren, Reptilien, aus ihren Häusern vertrieben wurden , und Insekten. Er stellt unter Berufung auf den griechischen Moralisten Theophrastus (372-287 V. CHR.) fest, dass die Eingeborenen der Insel Gyaros, einer der Kykladen, aufgrund der Verwüstung durch Ratten und Mäuse, die sie fraßen, gezwungen waren, ihre Häuser zu verlassen alles, was sie finden konnten, sogar Eisensubstanzen.

Als die Philister die Bundeslade des Herrn aus dem Lager der Israeliten holten, wie in 1. Samuel IV. berichtet, wurde eine Mäuseplage ausgesandt, um ihr Land zu verwüsten; Daraufhin gaben die Philister die Bundeslade zurück, zusammen mit einem Schuldopfer, zu dem fünf goldene Mäuse gehörten, als Sühne für ihre frevelhafte Tat.

In der Sagenwelt des Mittelalters fungieren Ratten nicht selten als Rächer. Der polnische König Popiel II., der im Jahr 820 den Thron bestieg, machte sich durch seine Unmoral und Tyrannei gegenüber seinen Untertanen unausstehlich, und der Überlieferung nach sandte der Himmel eine Schar Ratten gegen ihn, die ihn ständig verfolgten. Der König und seine Familie suchten Zuflucht in einer Burg auf einer Insel mitten im Goplo-See an der preußischen Grenze. Doch schließlich drangen die Ratten in diese Festung ein und verschlangen den König und alles, was ihm gehörte.

Wiederum im Jahr 970, so heißt es in der Legende, wurde Hatto II., Erzbischof von Mainz, der sich während einer Zeit der Hungersnot aufgrund seiner Gier und Grausamkeit seinem Volk gegenüber verhasst gemacht hatte, von einem seiner Diener darüber informiert, dass a Eine große Schar Ratten marschierte die Straßen entlang, die zum Palast führten. Der Bischof begab sich sofort zu einem Turm mitten im Rhein bei Bingen, der noch immer als „Mäuseturm" bekannt war, wo er Schutz vor seinen Verfolgern suchte. Aber die Ratten schwammen zum Turm, nagten durch seine Mauern und fraßen ihn. Wir lesen auch in „A Chronicle of the Kings of England", dass in der Regierungszeit von Wilhelm dem Eroberer ein großer Lord bei einem

Bankett von Mäusen angegriffen wurde und „obwohl er vom Land aufs Meer und vom Meer wieder an Land gebracht wurde". „Die Mäuse verfolgten ihn bis zu seinem Tod.

Ratten und Mäuse waren jedoch nicht die einzigen Agenten, die als Rächer eingesetzt wurden. Im Jahr 350, während einer langen Belagerung der römischen Festung Nisibis in Mesopotamien durch den persischen König Sapor II., flehten die Einwohner ihren Bischof, den heiligen Jakobus, an, einen Fluch gegen den Feind auszusprechen. Dementsprechend betete der Prälat, der auf einem der Mauertürme stand, zu Gott, dass er eine Schar Fliegen aussenden möge, um die Perser anzugreifen, und der Überlieferung nach wurde das Gebet sofort erhört. Eine Vielzahl der Insekten stürzte sich auf die Belagerer, ihre Pferde und Elefanten; und Menschen und Tiere, die so zur Raserei angestachelt wurden, mussten sich zurückziehen, und so wurde die Belagerung aufgehoben. Die Philister verehrten einst eine besondere Gottheit, Beelzebub, dem sie die Macht zuschrieben, Fliegen zu vernichten. [461] Dieselbe Region ist immer noch von Insektenplagen heimgesucht; aber der moderne Reisende, der kein Vertrauen in Beelzebub hat, greift eher auf Fliegenfallen und energische praktische Maßnahmen zurück.

Dies sind einige Beispiele für den übernatürlichen Einsatz von Ungeziefer und Insekten als Racheinstrumente; und wir brauchen uns kaum zu wundern, dass umgekehrt die Menschen in alten Zeiten sich übernatürlicher Methoden bedienten, um sich selbst oder ihr Eigentum vor den Verwüstungen dieser schädlichen Kreaturen zu schützen.

In Mexiko galten Ratten schon seit jeher als Gegenstand abergläubischer Verehrung, da man ihnen zuschrieb, dass sie einen scharfen Einblick in die Charaktere aller Mitglieder eines Haushalts besaßen, und dass sie es gewohnt waren, eklatante Verstöße gegen die Moral seitens dieser Mitglieder öffentlich anzukündigen, indem sie verschiedene Gegenstände annagten von Wohnmöbeln wie Matten und Körben. Es scheint jedoch nicht, dass die Nagetiere scharfsinnig genug waren, um auf das Individuum hinzuweisen, dessen Verhalten ihr Missfallen erregt hatte.

Die Mexikaner hatten auch den Aberglauben, dass jeder, der von Ratten angenagte Lebensmittel aß, fälschlicherweise eines Fehlverhaltens beschuldigt würde. [462]

II. GEISTER NEHMEN DIE FORMEN SCHWARZER TIERE AN

Der Glaube an die dämonische Besessenheit von Tieren war in Europa mehrere Jahrhunderte lang weit verbreitet, und um die bösen Geister zu vertreiben, war es üblich, verschiedene Exorzismen und Beschwörungsformeln anzuwenden, die nach Genehmigung durch die kirchliche Autorität unfehlbar sein sollten. Reginald Scot sagt in seinem Werk „Die Entdeckung der Hexerei", dass Geister nach Aussage zuverlässiger Autoren die Gestalt von Tieren annahmen, insbesondere von Pferden, Hunden, Schweinen, Ziegen und Hasen. Sie traten auch in Gestalt von Krähen und Eulen auf, erfreuten sich aber am meisten an den Ähnlichkeiten von Schlangen und Drachen. Verhexte Tiere hatten normalerweise eine schwarze Farbe. Eine schwarze Katze ist der traditionelle Begleiter oder Vertraute von Hexen auf der ganzen Welt, und der schwarze Hund wird in der Folklore einiger Länder auch mit Zauberei in Verbindung gebracht. Bei den Slawen hat der schwarze Dämon Cernabog diese Form, und die schwarze Henne ist ein häufiges Teufelssymbol in der mittelalterlichen Hexengeschichte. Darüber hinaus glauben die Zigeuner, dass schwarze Pferde über ein übernatürliches Sehvermögen verfügen, das es ihnen ermöglicht, für das menschliche Auge unsichtbare Wesen zu sehen. [463] Schwarze Tiere spielen in vielen Legenden des dunklen Zeitalters eine herausragende Rolle. So störte der Teufel in Gestalt eines schwarzen Pferdes eine Gemeinde, die sich im 13. Jahrhundert versammelt hatte, um einer Predigt des heiligen Petrus von Verona zuzuhören, wurde aber durch das Kreuzzeichen in die Flucht geschlagen. [464] Unter den Vögeln gilt die Krähe in manchen Ländern als bedrohliches Geschöpf, und im Nordosten Schottlands wird sie immer mit dem „schwarzen Vogel" in Verbindung gebracht. [465] Auch der Rabe ist traditionell unheilvoll und wird manchmal der Vogel des Teufels genannt; Sein Gefieder soll wegen seines Ungehorsams von Weiß zu Schwarz gewechselt sein. [466] In der schwedischen Legende teilt die Elster den bösen Ruf des Raben und der Krähe und wird als „ein mystischer Vogel, ein regelrechter Hexenvogel, der dem Teufel und den anderen Mächten der Nacht gehört" beschrieben. [467]

Die Kirgisen, ein nomadisches Volk Turkestans, sind gegenüber der Elster sehr abergläubisch und achten sorgfältig auf die Richtung, aus der ihr Schrei zu hören ist. Wenn es aus dem Norden kommt, bedeutet es Böses; aus dem Süden ein bemerkenswertes Ereignis; aus dem Osten bedeutet es das Kommen von Gästen; und von Westen eine Reise. [468]

Rev. Alexander Stewart missachtet in seinem „Nether Lochaber" das allgemeine Misstrauen gegenüber der Elster als unangemessen. Es scheint wahrscheinlich, dass dies weniger auf seine Farbe als auf bestimmte andere Eigenschaften zurückzuführen ist; denn die Elster ist eine ausgesprochene Nachahmerin und Kleptomanin und darüber hinaus von außerordentlicher Schlauheit.

In Bezug auf Krähen als Vorboten von Gut und Böse wird eine amüsante Geschichte von einem Mann erzählt, der selbst herausfinden wollte, ob der

Volksglaube wahr oder falsch ist, dass es ein Zeichen von Glück sei, am frühen Morgen ein paar Krähen zu sehen . Deshalb wies er seinen Diener an, ihn bei Tagesanbruch zu wecken, wenn zwei Krähen zu sehen seien. Daraufhin rief ihn eines Morgens der Diener, doch inzwischen war einer der Vögel weggeflogen. Daraufhin wurde der Herr wütend und gab seinem Diener eine heftige Tracht Prügel und tadelte ihn, er habe gezögert, bis nur noch eine Krähe übrig geblieben sei. Der Diener ließ sich jedoch nicht entmutigen und antwortete: „Siehe, Herr, haben Sie nicht das Glück gesehen, das mir zuteil wird, wenn ich zwei Krähen sehe?" [469]

Aberglaube wurde definiert als „ein Glaube, der nicht den Tatsachen entspricht", aber das ist offensichtlich falsch. Eine unwissende Person, die denkt, dass schwarze Katzen böser sind als weiße, hegt damit eine falsche Vorstellung, ist aber nicht unbedingt abergläubisch. Wenn er jedoch glaubt, dass eine schwarze Katze oder ein anderes Tier über die übernatürliche Fähigkeit verfügt, bösen Einfluss auf Menschen auszuüben, dann ist er nicht nur unwissend, sondern auch abergläubisch.

III. Exorzismus und Ungezieferbeschwörung

Die griechischen Landwirte waren es gewohnt, Mäuse zu vertreiben, indem sie ihnen eine Nachricht auf ein Blatt Papier schrieben und es auf einen Stein im befallenen Feld klebten. Ein Beispiel für eine solche Botschaft, die mit einer Beschwörung beginnt und mit einer Drohung endet, findet sich in der „Geoponica", einer griechischen landwirtschaftlichen Abhandlung.

Bei dem Versuch, den Einsatz radikaler Maßnahmen gegen Ungeziefer zu rechtfertigen, waren einige merkwürdige Fragen der Kasuistik im Spiel. Da Ratten und Mäuse Gottes Geschöpfe sind, sollte man ihnen nicht das Leben nehmen. Aber man hielt es für völlig angemessen, sie aus dem eigenen Reich zu vertreiben und ihnen den gut gefüllten Keller eines Nachbarn als vorzuziehen zu empfehlen. Exorzismusformeln oder Sätze mit Aufforderungen zur Abreise wurden auf Papierfetzen geschrieben, die dann gut eingefettet und zu kleinen Kugeln gerollt oder um vergiftete Lebensmittel gewickelt und in die Rattenlöcher gelegt wurden. [470]

Beschwörungen von Ungeziefer erfolgten meist im Namen der heiligen Gertrude, der ersten Äbtissin von Nivelle in Belgien und auch Schutzpatronin der Reisenden und Katzen sowie Beschützerin vor den Verwüstungen der kleineren Nagetiere.

Der spanische Geistliche Martin Azpilcueta, mit Nachnamen Navarra, erklärte, dass es bei der Austreibung von Ratten üblich sei, sie offiziell aus dem Gebiet Spaniens zu verbannen; und die Kreaturen gingen dann zum

Meeresufer und schwammen zu einer abgelegenen Insel, wo sie ihr Zuhause fanden.

Aus den öffentlichen Aufzeichnungen von Hameln im Königreich Hannover geht hervor, dass im Jahr 1284 ein Fremder in fröhlicher und fantastischer Kleidung die Stadt besuchte und sich selbst als professionellen Rattenfänger ausgab und als Gegenleistung anbot, den Ort von dem Ungeziefer zu befreien was es befallen hat. Nachdem die Stadtbewohner seinem Vorschlag zugestimmt hatten, begann der Fremde, eine Melodie auf seiner Pfeife zu spielen, woraufhin die Ratten in Schwärmen aus ihren Verstecken auftauchten und ihm bis zur Weser folgten, wo sie alle ertranken. Die Hamelner bereuten nun ihre Abmachung und weigerten sich, den gesamten vereinbarten Betrag zu zahlen, mit der angeblichen Begründung, die Ratten seien mit Hilfe von Zauberei vertrieben worden. Aus Rache dafür spielte der Pfeifer am nächsten Tag die gleiche Melodie, und sofort folgten ihm alle Kinder der Stadt in eine Höhle am Rande eines benachbarten Hügels, den Koppenberg. Der Pfeifer und die Kinder betraten die Höhle, die sich hinter ihnen schloss; Zur Erinnerung an dieses tragische Ereignis sind in Hameln mehrere Gedenkstätten zu sehen. Tatsächlich behaupten einige Autoren, dass die Legende eine historische Grundlage hat, und dies scheint auch die Meinung der Stadtbewohner gewesen zu sein, da öffentliche und juristische Dokumente noch Jahre später auf den traurigen Vorfall datiert wurden.

Eine alte Überlieferung besagt, dass Mäuse ursprünglich während eines Gewitters aus den Wolken auf die Erde fielen, und daher seien diese Tiere ein Symbol für Stürme; Sie sind auch mystische Wesen und haben eine Beziehung zu Donar, Wodan und Frigg. In Bayern geht man davon aus, dass Obszönitäten die Zahl der Mäuse in einer Wohnung erhöhen und dass ihr Auftreten in großer Zahl auf den Feldern auf Krieg, Pest oder Hungersnot hindeutet. [471] Böhmische Bauern pflegen für diese elfenartigen Nagetiere eine gewisse Vorsorge zu treffen; Am Heiligabend und am ersten Feiertag des Jahres wird der Rest des Mittagsmahls auf den Scheunenboden geworfen und der folgende Satz wiederholt: „O Mäuse, iss diese Reste und lasst das Getreide in Ruhe!" Auch an Heiligabend werden Erbsen in kreuzförmigen Haufen in den vier Ecken eines von Mäusen befallenen Raumes ausgelegt, damit das Ungeziefer nicht die Oberhand gewinnt und das Gelände überrannt wird. In Ostpreußen bleibt bei der Ernte die letzte Garbe Mais auf dem Feld stehen, während die Bauern sie umringen und eine Hymne singen, als Beschwörung gegen die künftige Verwüstung ihres Landes durch Ratten oder Mäuse. Oder wenn der Mais geerntet wird, werden zu einem ähnlichen Zweck drei umgedrehte Garben auf dem Scheunenboden befestigt. [472]

Einer böhmischen Legende zufolge war die Maus ursprünglich eine Schöpfung des Teufels, als Noah in Begleitung seiner Familienmitglieder und eines zahlreichen Gefolges von Tieren die Arche betrat. Der Teufel, so heißt es in der Geschichte, hasste den Patriarchen wegen seiner Frömmigkeit und erschuf in böser Absicht die Maus, die er aussandte, um ein Loch in die Seite der Bundeslade zu nagen, durch das das Wasser eindringen konnte. Doch dann erschuf Gott die Katze, die die Maus verfolgte und verschlang und so den Plan des Bösen zunichte machte. [473]

Bei der Belagerung von Angers, der alten Hauptstadt von Anjou, im Jahr 845, während der Herrschaft von König Karl dem Kahlen, waren die Franzosen sehr verärgert über Schwärme ungewöhnlich großer Heuschrecken. Sie wurden nach damaligem Brauch ordnungsgemäß exorziert und sollen, nachdem sie in die Flucht geschlagen wurden, in einen Fluss gestürzt sein. [474]

Der französische Schriftsteller St. Foix hat in seinen „Essais historiques sur Paris" berichtet, dass der Bischof von Laon im Departement Aisne im Jahr 1120 eine einstweilige Verfügung gegen Feldmäuse wegen ihrer Verwüstung erließ; und der heilige Bernhard, ein Zeitgenosse dieses Prälaten, wiederholte während seiner Predigt in Foigny in derselben Diözese, um seine Gemeinde von der Belästigung zu befreien, die durch eine Vielzahl von Fliegen verursacht wurde, eine Exkommunikationsformel gegen sie, wobei laut mönchischen Aufzeichnungen dies der Fall war , die Fliegen fielen tot in Haufen um und wurden mit Schaufeln eingesammelt.

Die frühen Angelsachsen nutzten nicht nur Amulette aus Holz oder anderem Material, auf denen Runenzeichen eingraviert waren, um sich vor Elfen und Dämonen zu schützen, [475] sondern sie führten auch das Immergrün genannte Kraut der botanischen Gattung mit sich *Vinca* , als Talisman gegen Schlangen und wilde Tiere. [476]

IV. ANHÄNGER GEGEN TIERE

Zur Veranschaulichung des abergläubischen Einsatzes von Zaubersprüchen und Exorzismen gegen Tiere und Reptilien in verschiedenen Epochen und Ländern verfügen wir über Beispiele aus vielen und unterschiedlichen Quellen.

Die Ägypter verwendeten als Zauber gegen giftige Schlangen verschiedene magische Formeln, die auf Papyrusstreifen geschrieben waren, die zusammengerollt und als Talismane getragen wurden. Ein Exemplar davon befindet sich unter den ägyptischen Manuskripten in der Louvre-Sammlung. Das Folgende ist eine Übersetzung eines Teils einer dieser Beschwörungsformeln, in der die Hilfe eines Gottes angerufen wird, um den Träger vor wilden Tieren und Reptilien zu schützen:

Komm zu mir, o Herr der Götter, vertreibe weit von mir die Löwen, die aus der Erde kommen, die Krokodile, die aus dem Fluss hervorkommen, und die Mäuler aller beißenden Reptilien, die aus ihren Löchern kommen. [477]

Plinius empfahl ein bestimmtes Kraut als Amulett gegen Schlangen und Vipern. Dieses Kraut, dem er nicht weniger als fünf lateinische Namen gibt, scheint mit der *Anchusa officinalis moderner Arzneibücher* identisch zu sein , der Bugloss oder Ochsenzunge Südeuropas, einer Pflanze, die heute nur noch selten in der Therapie verwendet wird.

Die Griechen waren zweifellos auch dem abergläubischen Einsatz von Zaubersprüchen gegen Tiere verfallen, obwohl es gute Gründe für die Aussage gibt, dass die Bürger des antiken Athens gelegentlich nicht davor zurückschreckten, die Flucht „unheilvoller Kreaturen wie Katzen und dergleichen" zu beschleunigen. indem man nachts Steine oder andere praktische Geschosse auf sie wirft, eine Methode, die völlig banal und natürlich ist. [478] Und in diesem Zusammenhang können wir die Meinung von Rev. Pater Pierre Le Brun in seiner „Histoire critique des pratiques superstitieuses" (Amsterdam, 1733) zitieren. Der gelehrte Schriftsteller bemerkt, dass es völlig ungeeignet wäre , mit dem Gebet und der Verwendung von Weihwasser zu *beginnen* , wenn man einen fremden Hund aus dem Zimmer vertreiben wollte . Man sollte lieber zuerst die Tür öffnen und einen Stock ergreifen oder etwas Essen nach draußen werfen; und wenn diese und andere praktische Maßnahmen scheitern, kann auf übernatürliche Mittel zurückgegriffen werden, sofern diese kirchlich anerkannt sind.

In einer Abhandlung gegen den Aberglauben eines französischen *Gelehrten* , Martin von Arles, die 1650 veröffentlicht wurde, heißt es, dass die Mönche des Klosters der Ardennen sich damit rühmten, dass in ihrer Nachbarschaft keine Ratten gedeihen könnten, und dass diese Tatsache auf die zurückzuführen sei Verdienste des heiligen Ulriken, des Bischofs von Augsburg, dessen Reliquien teilweise in ihrer Kirche aufbewahrt wurden. Auch in diesem Kloster war es früher üblich, gesegnete Brotkrümel an Orte zu streuen, die von Ungeziefer befallen waren, und die Mönche glaubten, dass dieses Verfahren entweder zum Tod der Tiere führte oder sie verscheuchte.

Thüringer Häuser werden manchmal auf folgende Weise von Ratten befreit: Vor Sonnenaufgang am Karfreitagmorgen geht der Hausherr barfuß und in Hemdsärmeln durch jedes Zimmer und bläst dabei auf einer winzigen Pfeife, die aus dem Oberschenkelknochen eines Menschen besteht Hinterbein der Ratte. [479] Eine andere merkwürdige Methode, Ungeziefer aus einer Wohnung zu vertreiben, ist in einigen Teilen des österreichischen Kaiserreichs in Mode. Vor Beginn eines Hauptfestes muss man einen alten

Schuh, der nicht kürzlich gereinigt wurde, nehmen und ihn an einer Stelle auf den Boden legen, an der sich zwei Straßen kreuzen. Währenddessen darf kein Wort laut gesprochen werden, sondern ein *Paternoster* soll stillschweigend wiederholt werden. Die Richtung, in die der Schuh zeigt, gibt den Kurs an, den die Ratten auf ihrem Flug einschlagen müssen. [480] Im Dorf Bechlin, ein paar Meilen nördlich von Prag, werden lästige Mäuse auf diese Weise beseitigt: Sehr früh an einem Ostersonntagmorgen, bevor die Glocken zur ersten Messe geläutet haben, sammelt die Bauernmatrone alle Mäuse ein und bindet sie zusammen Hausschlüssel. Dann wartet sie bis zum ersten Glockenschlag zur Mittagsmesse, woraufhin sie in den Keller geht und dabei kräftig mit den Schlüsseln klingelt, solange die Kirchenglocken läuten; als sie aufhören, geht sie wieder zurück, immer noch mit den Schlüsseln rasselnd; Es wird angenommen, dass diese Maßnahmen die Mäuse dauerhaft vertreiben. [481]

Gegen die Mitte des 17. Jahrhunderts drang eine große Heuschreckenarmee in die Felder in der Nähe der Stadt Mixco in Guatemala ein. Sie waren so zahlreich, dass sie eine Zeit lang das Licht der Sonne verdunkelten und die Äste der Bäume, an denen sie festhielten, abbrachen; und sie verschlangen schnell den Mais und andere Feldfrüchte. Außerdem bedeckten sie die Straßen und erschreckten die fahrenden Maultiere durch ihre flatternden Bewegungen. Auf Anordnung der Magistraten versammelte sich die Bevölkerung des Landes mit Trompeten und anderen Instrumenten auf den Feldern, um die unwillkommenen Besucher abzuschrecken. Es wurden Idole herausgebracht, insbesondere Bilder der Jungfrau und des Heiligen Nikolaus von Tolentine. Aus den ländlichen Regionen nah und fern kamen die spanischen Bauern mit Sühnopfern für den Heiligen in die Stadt Mixco und alle brachten Brote zur Segnung mit. Diese Brote trugen sie zurück zu ihren Höfen und warfen sie entweder in ihre Maisfelder oder vergruben sie unter ihren Hecken, in der Hoffnung, auf diese Weise ihre Ernte vor den Heuschrecken zu schützen. [482]

, dass die Eberesche oder Eberesche (der schottische *Rundbaum*) *ihren Namen* aufgrund ihrer Verwendung in der magischen Kunst vom lateinischen Wort *runa , einer Beschwörungsformel, abgeleitet hat.* Wehe der Hexe, die in der Hand eines getauften Mannes von einem Ast dieses Baumes berührt wird! [483]

Über die Folklore der Eberesche ist viel geschrieben worden, und sie ist tatsächlich ein mächtiger Rivale des Hufeisens in seinen talismanischen Eigenschaften, wenn auch nicht als Glücksbringer.

Aber um das Vieh vor den Einfällen der Hexen zu schützen, darf nicht einmal das Hufeisen das Ansehen der Vogelbeere an sich reißen. Wenn Zweige dieses Lieblingsbaums über die Ställe von Kühen gehängt oder um deren Hörner gewickelt werden, können sie böse Blicke oder Berührungen abwehren, sei es von Hexen oder bösartigen Feen. Und ihre Wirksamkeit wird verstärkt, wenn der Landwirt darauf achtet, in regelmäßigen Abständen die folgende inbrünstige Bitte zu wiederholen:

Von Hexen und Zauberern und Schwanzbussarden und kriechenden Wesen, die in Hecken rennen, guter Gott, befreie uns!

Jamieson bemerkt in seinem „Scottish Dictionary", dass dieser Brauch, die Eberesche um die Hörner von Kühen zu winden, eine gewisse Ähnlichkeit mit einem alten Brauch der Römer in ihrem Palilia, einem Ende April gefeierten Fest, aufweist, dessen Ziel *das* war Erhaltung der Herden. Er sagt:-

Um seine Schafe zu reinigen, befeuchtete der Hirte in der Abenddämmerung den Boden um sie herum mit einem nassen Zweig, schmückte dann die Herde mit Blättern und grünen Zweigen *und* bedeckte die Tür mit Girlanden.

In China ist es Brauch, dass die taouistischen Priester bei der Fertigstellung eines neuen Schweinestalls und vor der Aufnahme der Tiere in ihr neues Quartier bestimmte magische Riten durchführen. Zu Ehren des Chu-Lan-Too-Tee oder der Genien der Schweineställe wird ein Altar errichtet, und die Wände der Abteile des Schweinestalls sind mit roten Papierstreifen geschmückt, auf denen chinesische Schriftzeichen stehen, die bedeuten: „Lass die Feinde." Pferde, Kühe, Schafe, Hühner, Hunde und Schweine werden besänftigt." [484]

V. BILDER VON TIEREN UND VÖGELN, DIE ALS ANHÄNGER VERWENDET WERDEN

Der Glaube, dass Städte durch ein Bild oder eine Figur, die eines dieser Lebewesen darstellt, vor dem Eindringen schädlicher Tiere, Vögel oder Insekten geschützt werden könnten, ist von großer Antike. Dies scheint auf dem Grundsatz der homöopathischen Lehre zu beruhen: „Gleiches heilt Ähnliches." Eine anschauliche Veranschaulichung derselben Idee liefert der kluge Bauer, der eine tote Krähe in seinem Maisfeld aufhängt, um die Ernte zu schützen. Andererseits empfahl der exzentrische französische Schriftsteller Antoine Mizauld Folgendes als wirksamen Zauber, um eine große Anzahl von Krähen an einen Ort zu locken: Sobald das Sternbild der Jungfrau über den Horizont steigt, erscheint die Gestalt einer halben Krähe soll auf ein Stück Stoff gemalt werden, während diese Worte wiederholt werden: „Keine Krähe in diesem ganzen Bezirk soll weggehen, ohne zu diesem Bild zu kommen, wo auch immer es begraben sein mag." Anschließend wird das Stück Stoff mit seiner magischen Figur beigesetzt und der Zauber ist komplett. [485]

Apollonius von Tyana in Kappadokien, der Philosoph und angebliche Zauberer des ersten Jahrhunderts, soll Antiochia durch das dreiste Bild eines Skorpions von Skorpionen und Fliegen befreit haben. Der französische Bischof Gregor von Tours erwähnt einen alten Volksglauben, dass in Paris keine Schlangen oder Siebenschläfer zu sehen seien. Zu seiner Zeit jedoch oder gegen Ende des sechsten Jahrhunderts fanden Arbeiter, als sie den Schlamm entfernten, der einen der Bögen der Pariser Brücke bedeckte, darin eingebettet zwei eherne Bilder einer Schlange und eines Siebenschläfers, die entfernt wurden ; und von da an, sagt er, sei die Stadt von einer ungeheuren Zahl von Siebenschläfern und Schlangen heimgesucht worden. In der Abhandlung von Jean Baptiste Thiers über den Aberglauben (Paris, 1679) finden wir eine Anspielung auf eine Schlange aus Messing in Konstantinopel, die lange Zeit als Talisman diente, um lebenden Schlangen den Zutritt zu verwehren. Doch als die Stadt von Mohammed II. erobert wurde. 1453 brach dieser Monarch durch die Wucht eines Pfeilschusses die Zähne des Bildes; Und sogleich griff eine Schlangenlegion die Bewohner an, doch ohne ihnen Schaden zuzufügen, denn allen waren die Zähne gebrochen. Unter Karl dem Großen war es im Piemont Brauch, eine Formel zur Segnung von Weihwasser zu verwenden, um schädliche Tiere von den Feldern zu vertreiben, und das mit solchem Erfolg, dass weder in der ganzen Stadt Aosta noch innerhalb der Stadt ein einziger Maulwurf gefunden werden konnte dreitausend Schritte über seine Grenzen hinaus.

Herr Andrew Lang sagt in seinem Band mit dem Titel „Custom and Myth", dass in einer Kirche einer bestimmten alten sächsischen Stadt der Kirchendiener den Besuchern eine silberne Maus zu zeigen pflegte, die Unserer Lieben Frau gewidmet war; Er erklärte, dass die Stadt von Mäusen heimgesucht wurde, bis einige Damen dieses inzwischen kostbare Relikt als Sühneopfer präsentierten, woraufhin die Kreaturen sofort verschwanden.

Nach der alten Signaturenlehre wurden die therapeutischen Wirkungen von Pflanzen durch bestimmte Besonderheiten ihres äußeren Erscheinungsbildes angezeigt. Daher wurde angenommen, *dass Dracontium* , der große Drache, eine Pflanze, die eine eingebildete Ähnlichkeit mit diesem mythischen Monster hat, ein Schutzmittel gegen Schlangen sei; und das Skorpiongras (*Myosotis*), dessen Blütenstiel einem Skorpionschwanz nicht unähnlich war, galt als Gegenmittel gegen die Stiche schädlicher Insekten.

Tatsächlich behaupteten die alten Kräuterheilkundler Englands, dass die alleinige Verwendung von Kräutern nicht nur dazu diente, alle fleischlichen Krankheiten zu heilen, sondern auch Wölfe, Leoparden und alle giftigen Wildtiere zu vertreiben oder auf Distanz zu halten. [486]

Laut L. Austine Waddell, MB, dürfen wilde Doggen in Tibet nachts frei umherstreifen, eine Quelle des Schreckens für Wanderer, die daher Amulette mit sich herumtragen, die aus „dem Bild eines Hundes bestehen, der einen Maulkorb trägt und an eine Kette gefesselt ist". „ abgeschlossen durch das mystische und allmächtige Blitzzepter", während entlang des Körpers des Hundes bestimmte magische Sanskrit-Sätze geschrieben sind. [487]

VI. WÖRTER, DIE ALS CHARME VERWENDET WERDEN

Das englische Wort „Charm" leitet sich vom lateinischen *Wort „carmen" ab*, einem Vers; und man glaubte, dass die magische Kraft eines Satzes, der als Zauber verwendet wurde, in den Worten selbst liege und nicht in der Person, die sie aussprach. Nach Ansicht der kabbalistischen Magier des Mittelalters hing die Macht eines Wortzaubers davon ab, dass er unverständlich war.

Der lateinische Dichter Varius schrieb im ersten Jahrhundert V. CHR. , dass alte Frauen allein durch die Verwendung von Worten als Zauber nicht nur wilde Tiere und Schlangen bändigen und unterwerfen, sondern auch schädliche Kreaturen und Ungeziefer vertreiben konnten. Nur wenige frühe Autoren beziehen sich auf diese Praxis, die jedoch gegen Ende des Mittelalters in verschiedenen Ländern offenbar sehr in Mode war. Der Schweizer Theologe Felix Hammerlein (1389-1457) schrieb über einen in der Nähe von Zürich lebenden Bauern, der es durch die Wiederholung einer Zauberformel schaffte, befallene Grundstücke von Kreuzottern, Vipern, Eidechsen und anderen Reptilien zu befreien; [488] und in einigen Teilen der Normandie war es früher Brauch, kleine Heurollen unter die Obstbäume zu legen. Das Heu wurde dann mit Fackeln angezündet, die von kleinen Kindern getragen wurden, die währenddessen wiederholten: „Mäuse, Raupen und Maulwürfe, verschwindet von meinem Feld; Ich werde deinen Bart und deine Knochen verbrennen; Bäume und Sträucher, gib mir drei Scheffel Äpfel." Hampson bemerkt, dass diese Beschwörung ein wenig einer Beschwörungsformel ähnelt, die die alten Griechen gegen Käfer anwandten, die sie für die Zerstörung ihres Mais verantwortlich machten. Diese magischen Zeilen werden so übersetzt: „Flieg, Käfer, der gefräßige Wolf verfolgt dich." [489]

Unter den Alten wurde derzeit berichtet, dass der berühmte Philosoph Pythagoras nicht nur die Fähigkeit besaß, Stürme und Erdbeben vorherzusagen, sondern dass er durch ein magisches Wort auch in die Lage versetzt worden war, einen daunischen Bären zu zähmen, und dass er auch einen Ochsen daran gehindert hatte, Bohnen zu fressen indem man ihm ins Ohr flüstert. [490]

Antoine Mizauld, der französische Arzt und Astrologe, bekräftigte, dass man laut Ptolemäus, um Schlangen zu vertreiben, einen Talisman vorbereiten sollte, indem man die Figur zweier Schlangen in ein quadratisches Stück Kupfer eingraviert und einen Zauberspruch wie folgt ausspricht: „Mit diesem Bild verbiete ich den Schlangen, irgendjemandem Schaden zuzufügen, und befehle ihnen, den Ort zu verlassen, an dem es begraben werden soll." In ähnlicher Weise, so sagt dieselbe Autorität, muss man, um Ratten und Mäuse zu vertreiben, nur das Bild eines dieser Geschöpfe auf einem Stück Zinn oder Kupfer darstellen und ihnen zum richtigen Zeitpunkt, wie von der Astrologie bestimmt, befehlen, sich zu entfernen .

Um Schlangen, Insekten und Ungeziefer aus ihren Behausungen zu vertreiben, versuchen die bulgarischen Frauen der Türkei am letzten Februartag, die Kreaturen zu erschrecken, indem sie im ganzen Haus auf Kupfergefäße schlagen und dabei rufen: „Raus mit euch, Schlangen." , Skorpione, Fliegen, Käfer und Flöhe!" Eines der Schiffe wird dann in den Hof gebracht, wobei man erwartet, dass die Schädlinge ihm folgen. Und in Serfo, einer Insel des griechischen Archipels, wird zu Beginn der Weinlese eine Weintraube in jedes Haus geworfen, um das Ungeziefer zu vertreiben, während diese Formel wiederholt wird: „Die schwarze Traube wird dich krank machen; Die schwarze Traube wird dich vergiften! Raus mit euch, Ratten und Flöhe!" [491]

Wenn in Albanien Heuschrecken oder Maikäfer die Felder verwüsten, bilden einige Frauen, nachdem sie einige der Insekten gefangen haben, einen Schein-Beerdigungszug und ertränken sie anschließend in einem geeigneten Bach. Und auf dem Weg dorthin singen sie nacheinander das folgende Klagelied, das alle im Chor wiederholen:

O Heuschrecken, oh Maikäfer, liebe Eltern,

Als Waise hast du uns alle zurückgelassen.

Und man geht davon aus, dass dieses Vorgehen den gesamten Insektenschwarm zerstört. [492]

Der folgende Zauber gegen Füchse wurde früher in Frankreich verwendet und sollte dreimal pro Woche wiederholt werden:

Füchse, sowohl Männchen als auch Weibchen, ich beschwöre euch im Namen der Heiligen Dreifaltigkeit, dass ihr keines meiner Vögel, seien es Hähne, Hühner oder Küken, anfasst oder wegtragt; Sie dürfen auch nicht ihre Nester fressen, noch ihr Blut aussaugen, noch ihre Eier zerbrechen, noch ihnen irgendetwas Böses zufügen. [493]

Die römisch-katholische Kirche genehmigte früher die Verwendung bestimmter Sätze als Zauber gegen Vipern, und das Folgende kann als Beispiel dienen:

Ich beschwöre dich, oh Schlange, in dieser Stunde bei den fünf heiligen Wunden unseres Herrn, dass du diesen Ort nicht verlässt, so sicher, wie Gott aus einer reinen Jungfrau geboren wurde. Ansonsten beschwöre ich dich, Schlange, bei Unserer Lieben Frau, der heiligen Maria, dass du mir gehorchst, wie Wachs dem Feuer gehorcht und wie Feuer dem Wasser gehorcht, dass du weder mir noch einem anderen Christen schadest, so gewiss, wie Gott aus einem geboren wurde Unbefleckte Jungfrau, in diesem Respekt nehme ich dich auf. *In Nomine Patris et Filii et Spiritus Sancti* ... Sonst, oh Ungeziefer, musst du kommen, wie Gott zu den Juden kam. [494]

Wenn ein Türke zufällig einer Schlange begegnet, pflegt er die Hilfe von Chah-Miran, dem Schlangenkönig, anzurufen, und im Namen dieser Gottheit fordert er das Reptil auf, sich zu entfernen. Nun ist Chah-Miran schon lange tot, aber der kluge Türke argumentiert, dass die Schlangen sich dieser Tatsache nicht bewusst sind, denn wenn sie es wüssten, wäre die Menschheit ihren Angriffen hilflos ausgeliefert. [495]

Als Schutzmittel gegen Insektenstiche und um das Quaken von Fröschen zu verhindern, verwenden die Moslems Papierfetzen mit magischen Formeln oder in Steine oder Metallstücke eingravierte Sätze aus dem Koran; [496] Eine früher in Frankreich beliebte Methode, Tauben vor dem Eindringen von Skorpionen zu schützen, bestand darin, das Wort „Adam" auf jede der vier Wände des Taubenschlags zu schreiben. [497]

Die Eingeborenen von Mirzapur rezitieren im Falle eines Skorpionbisses einen Zauberspruch, der wie folgt bedeutet: „Schwarzer Skorpion aus dem Kalkstein, grün dein Schwanz und schwarz dein Mund, Gott befiehlt dir, nach Hause zu gehen." Komm heraus, Skorpion, bei dem Zauber. Komm raus, komm raus!" [498]

Der folgende Zauber gegen Insekten ist auf Lesbos in Mode: Abends wird ein Messer mit schwarzem Griff an eine Stelle gesteckt, an der sich die Insekten versammeln, und bestimmte griechische Verse werden wiederholt, von denen das Folgende eine Übersetzung ist:

Ich habe drei freche Kinder zusammen,

Eine Wespe, eine Raupe,

Und eine schwärmende Ameise die andere.

Was auch immer du isst, was auch immer du trinkst,

Daher, daher avaunt,

Zu den Hügeln und Bergen fliehen,

Und zu jedem fruchtlosen Baum.

Das Messer muss bis zum nächsten Morgen an der gleichen Stelle bleiben und dann entfernt werden. Dies vervollständigt den Zauber und es wird erwartet, dass die Insekten sofort verschwinden. [499]

In Großbritannien herrschte früher der Glaube vor, man könne Ratten zu Tode reimen, indem man sie in metrischen Versen verfluche, eine Praxis, die von Shakespeare und zeitgenössischen Dichtern erwähnt wurde und die auch heute noch nicht ganz überholt ist. [500]

In Süddeutschland wurden während der Feldzüge Napoleons I. Mäuse mit eingefärbten Füßen auf der Europakarte platziert und ihre Spuren festgehalten, um die Routen vorherzusagen, auf denen die französischen Soldaten vorrücken würden. [501]

Die Hindus betrachten die Ratte als ein heiliges Tier, und unter den unteren Klassen der Ureinwohner Westindiens gilt es als Unglück, eine Ratte beim eigenen Namen zu nennen, weshalb sie von ihr als „Rattenonkel" sprechen. [502]

VII. Abergläubischer Umgang mit wilden Tieren

Bei der Begegnung mit einem wilden Tier hielten es die Alten für sehr wichtig, dass ein Mensch das Tier sah, bevor dieser sich der Anwesenheit eines Menschen bewusst wurde. Wenn zum Beispiel ein Wolf den Mann zuerst wahrnahm, war das Tier Herr der Situation, und der Mann war weder sprachlich noch stark; wohingegen der Wolf, wenn er zum ersten Mal vom Mann gesehen wurde, zu einer leichten Beute wurde. Auch die Seite, von der sich ein wildes Tier näherte, war von Bedeutung. So warnte die „Geoponica" ihre Leser davor, einer Hyäne den Anflug von der rechten Seite zu gestatten, da sie sonst durch die Faszination ihrer Anwesenheit bewegungslos werden könnte; aber wenn es auf der linken Seite erschien, konnte das Tier mit Zuversicht angegriffen werden.

Unter den Eingeborenen Senegambias und anderer Gebiete Westafrikas kursieren verschiedene wunderbare Geschichten über den Löwen. Dieses edle Tier soll es unterlassen, einen Mann anzugreifen, der ihn mit einer respektvollen Geste begrüßt, und derselbe galante Instinkt hält das Tier davon ab, einer Frau Schaden zuzufügen. [503] In den meisten von Löwen heimgesuchten Regionen vertrauen die Eingeborenen jedoch nicht so unbedingt auf die Höflichkeit und Nachsicht wilder Tiere, sondern vertrauen eher auf die Wirksamkeit verschiedener Amulette. Wenn beispielsweise die Kaffern im Südosten Afrikas im Wald einem Löwen oder Leoparden begegnen, knabbern sie sofort an einem sogenannten Löwenamulett, bei dem es sich lediglich um ein kleines Stück Holz oder eine Wurzel handelt. Und wenn das Tier sich entfernt, ohne es zu belästigen, führt der Kaffer seine Sicherheit auf die magische Kraft des Zaubers zurück, ohne sich darüber im Klaren zu sein, dass seine Flucht auf die natürliche Angst des Menschen zurückzuführen ist, die für Tiere im Allgemeinen charakteristisch ist. [504]

Auch die Priester Mexikos pflegten ihre Körper mit einer bestimmten Salbe einzureiben, die ihrer Meinung nach ein wirksamer Schutz gegen wilde Tiere war und deren stechender Geruch wie ein Zauber wirkte, so dass sie unbehelligt in den wildesten Einsamkeiten umherwandern konnten . [505] Der geschickte Jäger jedoch, der von seinen eigenen Fähigkeiten überzeugt ist, verlässt sich weder auf die angebliche Tapferkeit der Löwen noch auf die Wirksamkeit von Amuletten, sondern vielmehr auf sein zuverlässiges Gewehr.

Der Glaube an Zauber gegen schädliche Tiere ist weit verbreitet; Denn diese Form des Aberglaubens ist nicht nur in den afrikanischen Dschungeln vorherrschend: Man findet sie auch bei zivilisierten Menschen, insbesondere in südlichen Ländern. tatsächlich überall dort, wo es giftige Kreaturen gibt. In einer Amulettsammlung von Professor Joseph Belucci aus Perugia, Italien, die auf der Pariser Weltausstellung 1891 ausgestellt wurde, befanden sich eine Reihe perforierter Steine und andere Gegenstände, die von Italienern als Amulette verwendet wurden, um den Träger vor dem Biss von Schlangen zu schützen Reptilien. [506]

VIII. RECHTLICHE VERFOLGUNG VON TIEREN

Früher wurden Gerichtsverfahren gegen Schädlinge eingeleitet, die so behandelt wurden, als wären sie Menschen mit Gewissen und für ihre Taten verantwortlich. Die Strafverfolgung von Tieren war in Frankreich und der Schweiz üblich, um die Bevölkerung vor den Raubzügen zu schützen. Also Ratten und Mäuse, aber auch Stiere, Ochsen, Kühe und Stuten; Schafe, Ziegen, Schweine und Hunde; Maulwürfe, Blutegel, Raupen und verschiedene Reptilien wurden durch ein Gerichtsverfahren bestraft. [507] Die römisch-katholische Kirche beanspruchte die volle Macht, alle belebten und unbelebten Dinge zu verfluchen, und stützte ihre Autorität auf die biblischen Präzedenzfälle des Fluches, der über die Schlange im Garten Eden ausgesprochen wurde, und auf die Verfluchung des unfruchtbaren Feigenbaums durch unseren Herrn . [508] Man ging auch davon aus, dass der Glaube an die moralische Verantwortung von Tieren durch das alte mosaische Gesetz, wie es in Genesis IX erklärt wurde, gerechtfertigt sei. 5:—

Und sicherlich werde ich das Blut eures Lebens verlangen; Ich werde es von der Hand jedes Tieres und von der Hand des Menschen fordern.

Auch in Exodus xxi. 28:—

Wenn ein Ochse einen Mann oder eine Frau stößt, so dass sie sterben, dann soll der Ochse gesteinigt werden, und sein Fleisch darf nicht gegessen werden; aber der Besitzer des Ochsen soll entlassen werden.

Im Kodex des spartanischen Gesetzgebers Lykurg und des athenischen Gesetzgebers Drakon war die formelle Verurteilung von Tieren wegen Vergehen vorgesehen. [509] Ein Überbleibsel des unvernünftigen Glaubens, dass Tiere und sogar unbelebte Objekte für ihre Handlungen verantwortlich seien, findet sich in dem inzwischen veralteten Begriff des englischen Rechts, „ deodand ", der laut Blackstone „eine persönliche Sache bedeutet, die die unmittelbare Ursache war". vom Tod eines vernünftigen Geschöpfes und aus diesem Grund Gott gegeben; das heißt, es wird der Krone verfallen, um es für fromme Zwecke zu verwenden." Der *Deodand* war griechischer Abstammung, wie aus den Zeremonien hervorgeht, die mit der Darbringung eines Opfers durch die Athener verbunden waren. Als das Tier oder Opfer durch eine Axt in den Händen des amtierenden Priesters getötet wurde, floh dieser sofort und warf die Axt weg, um einer Verhaftung zu entgehen. Dieses Instrument wurde dann von seinen Verfolgern beschlagnahmt und Klage dagegen erhoben. Der Befürworter der Axt machte geltend, dass sie weniger schuldig sei als der Schleifer, der sie geschärft habe; Der Schleifer schob die Schuld auf den Schleifstein, den er benutzt hatte; und so wurde der ganze Prozess zu einer Farce und einer Verhöhnung der Gerechtigkeit. [510]

Aus den Schriften des Benediktinermönchs Leonard Vair erfahren wir, dass die Einwohner bestimmter Bezirke Spaniens im 15. Jahrhundert, als sie Heuschrecken oder schädliches Ungeziefer vertreiben wollten, einen Zauberer als Richter wählten und einen Anwalt für die Angeklagten ernannten. mit einem Staatsanwalt, der im Namen der geschädigten Gemeinschaft Gerechtigkeit forderte. Die Unruhestifter wurden schließlich für schuldig erklärt und entweder ordnungsgemäß mit dem Fluch belegt oder offiziell exkommuniziert, [511] wobei ihnen die technische Unterscheidung zwischen den beiden Urteilen zweifellos völlig gleichgültig war. Zu dieser Zeit war auch die strafrechtliche Verfolgung von Schweinen oder Sauen, die junge Säuglinge gefressen hatten, keine Seltenheit.

Barthélémy Chassaneux, ein berühmter französischer Anwalt des 16. Jahrhunderts, erlangte erstmals in einem bemerkenswerten Prozess in Autun Anerkennung durch die Originalität seiner Plädoyers zur Verteidigung einiger Ratten. Er machte gegenüber dem Richter geltend, dass es für seine Mandanten äußerst schwierig sei, der Aufforderung des Gerichts Folge zu leisten, da sie gezwungen seien, eine Gegend zu durchqueren, in der es viele Katzen gebe, die zudem wegen der Berühmtheit der Katze besonders wachsam seien Gerichtsverfahren. [512]

Chassaneux schrieb, dass die Menschen in Autun sich schon lange mit der Frage beschäftigt hätten, wie sie die Provinz Burgund am besten von Heuschrecken befreien könnten, und er äußerte die Überzeugung, dass eine sichere Methode zur Erreichung eines so wünschenswerten Ergebnisses in der gewissenhaften Zahlung aller Zehnten und kirchlichen Abgaben bestehe. und indem man eine Frau dazu brachte, barfuß über die verseuchten Felder zu laufen. [513]

Nach dem 17. Jahrhundert wurden die Verfolgung von Tieren und die Verwendung von Beschwörungsformeln zu ihrer Vertreibung seltener. Das Ritual von Séez aus dem Jahr 1743 verbot solche Praktiken ohne die besondere Erlaubnis der Kirche, aber derselbe Band enthält eine Formel zur Vertreibung von Heuschrecken, Maikäfern und anderen Insekten. Herr CG Leland stellt in seinem Buch „Gypsy Sorcery" fest, dass Exorzismus in den Vereinigten Staaten energisch angewandt wurde, nicht nur gegen den Kartoffelkäfer und den Heerwurm, sondern auch zur Bekämpfung von Schneestürmen und der Traubenkrankheit. Bisher hatte es keinen großen Erfolg, was, wie er naiv anmerkt, wahrscheinlich am ungünstigen Klima liegt.

DAS GLÜCK UNGERADER ZAHLEN

„Denn ungerade Zahlen bringen Glück mit sich", sagt Rory O'More. – SAMUEL LOVER.

I. FRÜHE BEDEUTUNG VON ZAHLEN

In der „Kabala", der alten mystischen Philosophie der Juden, wird der Kombination bestimmter Zahlen, Buchstaben und Wörter große Bedeutung beigemessen. Einer Überlieferung zufolge wurde die früheste Kabbala vom Engel Raziel an Adam gegeben und über Generationen hinweg mündlich weitergegeben, bis zur Zeit Salomos, von dem sie erstmals in schriftlicher Form verkörpert wurde. In einem anderen Bericht wird behauptet, dass die kabbalistischen Geheimnisse der Natur von Gott von Moses auf dem Berg empfangen und anschließend Josua gelehrt wurden, der sie den siebzig Ältesten mitteilte, und dass sie seitdem von den Eingeweihten unter den Juden geschätzt würden.

Nach der Lehre der Pythagoräer galt die Einheit oder Monade als Vater der Numeri, während die Duade oder Zwei ihre Mutter war; und so wird eine Ursache für die allgemeine Vorliebe für ungerade Zahlen erklärt, da der Vater als ehrenwerter angesehen wurde als die Mutter und die ungeraden Zahlen männlich waren, während die geraden Zahlen weiblich waren. Darüber hinaus stellte die Einheit als Ursprung aller Zahlen die Göttlichkeit dar, da Gott der Schöpfer und Urheber aller Dinge war. [514] Es war auch das Symbol für Harmonie und Ordnung, während das Duad Verwirrung und Unordnung bedeutete und den Teufel darstellte.

Plutarch bemerkt in seinen „Römischen Fragen", dass der Anfang der Zahl oder Einheit eine göttliche Sache ist; wohingegen die erste der geraden Zahlen, Deuz oder Deuce, einen genau entgegengesetzten Charakter hat. Was die gerade Zahl betrifft, so sagte dieser Autor, sie sei fehlerhaft, unvollkommen und unbestimmt; wohingegen die ungerade oder ungerade Zahl endlich, vollständig und absolut ist.

Der Glaube an die glückliche Bedeutung ungerader Zahlen ist sehr alt und wird von Vergil in der achten Ekloge und von Plinius erwähnt, der sich zu seiner Verbreitung in seiner Zeit äußert, aber keine Erklärung dafür liefert. Der römische König Numa Pompilius soll Tage zu bestimmten Monaten addiert haben, um eine ungerade Zahl zu erhalten.

Darüber hinaus wird berichtet, dass Kaiser Julius Cäsar (100-44 V. CHR.), nachdem er einmal durch ein Missgeschick aus seinem Streitwagen geworfen worden war, sich danach weigerte, eine Fahrt oder Reise anzutreten, bis er dreimal eine Zauberformel wiederholt hatte; und diese Praxis scheint damals allgemein in Mode gewesen zu sein. [515]

Die Beharrlichkeit eines traditionellen Glaubens wird durch die moderne Assoziation von Glück mit ungeraden Zahlen veranschaulicht; und wahrscheinlich bevorzugte die Glücksgöttin selbst einen dreibeinigen Hocker. Wie auch immer dies sein mag, es ist offensichtlich, dass die Legionen ihrer Verehrer heute fest von dem mystischen Charme überzeugt sind, der Drillingen innewohnt. Die chinesischen Pagoden oder heiligen Türme, die von gläubigen Menschen mit dem Ziel erbaut wurden, das Glück einer Nachbarschaft zu verbessern, haben immer eine ungerade Anzahl von Stockwerken und sind zwischen drei und dreizehn Stockwerke hoch. [516] Auch in Siam herrscht dieser Aberglaube allgemein, und sein Einfluss auf den Bau von Gebäuden ist besonders deutlich; denn die Siamesen halten sich religiös an ungerade Zahlen in der Architektur, und jedes Haus muss eine ungerade Anzahl von Räumen, Fenstern und Türen haben; Jede Treppe muss eine ungerade Anzahl von Stufen haben. [517]

In der frühen Literatur und Mythologie der nördlichen Nationen wurde den Zahlen drei und neun große Bedeutung beigemessen, die den Göttern besonders heilig und teuer waren. Diese Tatsache zeigt sich in ihren religiösen Zeremonien und insbesondere in ihren Opfern, die alle neun Monate stattfanden. Darüber hinaus dauerte jedes Opfer neun Tage, und jeden Tag wurden neun Opfer, ob Menschen oder Tiere, geopfert. [518]

II. DIE NUMMER DREI

Die Drei galt als Sinnbild der Dreieinigkeit schon immer als heilige Zahl und lange vor der christlichen Ära wurde Gott als dreifache Gottheit verehrt. Dies gilt nicht nur für die Assyrer, Phönizier, Griechen und Römer, sondern auch für die alten Skandinavier, die Druiden, die Bewohner Mexikos und Perus sowie die Chinesen und Japaner.

Daher verehren die Hindus seit frühester Zeit ihre Trias aus Brahma, Vishnu und Shiva. In der Heiligen Schrift finden wir drei Schwestertugenden: Glaube, Hoffnung und Nächstenliebe; und in der klassischen Mythologie gibt es Trios von Gnaden, Schicksalen und Furien, den dreizackigen Blitz des Jupiter, den dreiköpfigen Hund Cerberus und den Dreizack von Neptun. Der Dreifuß war in der Antike ein Symbol der Prophezeiung und der göttlichen Autorität, und das Dreieck war ursprünglich das heidnische Symbol einer heiligen Triade.

Die besondere Bedeutung der Zahl Drei beruhte teilweise auf der Tatsache, dass sie die erste ungerade Zahl war, die eine gerade Eins enthielt; und aus der Bedeutung, die ihm früher zugeschrieben wurde, könnte das bekannte Sprichwort entstanden sein: „Das dritte Mal vergeht nie."

In den verschiedenen Kodizes der alten walisischen Gesetze gibt es zahlreiche sogenannte Triaden, von denen die folgenden merkwürdige Beispiele sind:

Drei Dinge, die ein Bösewicht ohne Erlaubnis seines Herrn nicht verkaufen darf; ein Pferd, Schweine und Honig. Drei Dinge, für die man nicht bezahlen kann, auch wenn sie in einer Herberge verloren gehen; ein Messer, ein Schwert und eine Hose. Es gibt drei Tiere, deren Schwanz, Augen und Leben den gleichen Wert haben; ein Kalb, ein Stutfohlen zum Gemeinwohl und eine Katze, mit Ausnahme der Katze, die den Stall des Königs bewachen soll.

Auch bei den alten Iren wurde der Zahl drei große Bedeutung beigemessen. So lesen wir, dass sich unter den Haushaltsbeamten des Hochkönigs von Erin drei königliche Gaukler, drei Narren, drei Oberwagenlenker, drei Stallmeister, drei Schweinehirten, drei Hausmeister und drei Trinker befanden.

Vielfache der mystischen Zahl Drei wurden häufig von Hexen in ihren Beschwörungsformeln verwendet, und sie sind auch heute noch bei den Chinesen beliebt, die ein Sprichwort haben, dass eins zwei und zwei drei hervorbrachte, während drei alle Dinge hervorbrachte. Diese Parteilichkeit wird in den Dimensionen des Himmelstempels in Peking veranschaulicht, wo drei und neun ständig wiederkehren.

In einem Buch mit dem Titel „Varieties" von David Person (London, 1635), das „ein Überblick über seltene und ausgezeichnete Dinge ist, die für alle Arten von Menschen notwendig und köstlich sind", kommentiert der Autor ausführlich die Bedeutung bestimmter Triaden. Unter anderem erwähnt er drei Dinge, die den Menschen betreffen: – in die Sünde zu fallen, was menschlich ist; sich wieder daraus zu erheben, was engelhaft ist; und in der Sünde zu liegen, was teuflisch ist. Auch hier sollten drei mächtige Feinde, die Welt, das Fleisch und der Teufel, die den Menschen ständig angreifen, mit drei wirksamen Waffen bekämpft werden: Fasten, Gebet und Almosen. Thomas Vaughan hat in seiner „Anthroposophia Theomagica" viel über die Vorzüge von Zahlen zu sagen. „Jede Verbindung", sagt er, „ist drei zu eins und eins zu drei." Wenn er von einer natürlichen Dreiheit spricht, möchte er jedoch nicht so verstanden werden, dass er sich auf „Küchenzeug, diese drei Lieblingsprinzipien Wasser, Öl und Erde" bezieht, sondern auf himmlische verborgene Naturen, die nur absoluten Magiern bekannt sind.

In Northumberland werden glatte Stechpalmenblätter, die spät am Freitag gesammelt werden, in einem dreieckigen Taschentuch gesammelt und nach Hause getragen. Dann werden neun der Blätter mit neun Knoten zu einem Taschentuch zusammengebunden und unter das Kissen des angehenden Wahrsagers gelegt, und so werden interessante Offenbarungen aus dem Traumland getrost vorweggenommen. In einer weiteren magischen Zeremonie stellt ein Mädchen vor dem Schlafengehen drei Eimer Wasser auf den Boden ihres Schlafzimmers und steckt drei Stechpalmenblätter an ihre linke Brust. Sie wird dann, dem Volksglauben entsprechend , durch drei laute Schreie, gefolgt von drei Pferdelachen, aus ihrem ersten Nickerchen geweckt, woraufhin ihr die Gestalt ihres zukünftigen Mannes offenbart wird. [519]

Die angebliche Wirksamkeit dieser Riten hängt zweifellos hauptsächlich von der Verwendung der magischen Stechpalme ab, aber die Wiederholung ungerader Zahlen ist auch charakteristisch für Zaubersprüche, Beschwörungsformeln und mystische Verfahren in allen Zeitaltern und auf der ganzen Welt.

III. DIE NUMMER SIEBEN

Der Zahl Sieben wird seit jeher eine besondere mystische Bedeutung zugeschrieben, und ihre vielfältigen Tugenden sind Gegenstand ausführlicher Monographien. Sowohl in der Heiligen Schrift als auch bei den frühesten historischen Völkern, in der klassischen Antike und in den Mythologien vieler Nationen war diese Zahl am prominentesten, und dieser Tatsache kann vernünftigerweise ein Teil des mit ungeraden Zahlen im Allgemeinen verbundenen Glücks zugeschrieben werden. Eine vollständige Aufzählung bekannter Beispiele für die Verwendung dieser Lieblingszahl würde den Rahmen dieser Skizze sprengen, obwohl sie für unser Thema von Bedeutung ist, aber einige Beispiele können angemessen angegeben werden.

Der Respekt, den die Nationen der Antike dieser Zahl entgegenbrachten, hat wahrscheinlich astronomischen oder genauer gesagt astrologischen Ursprung und ergab sich aus der Beobachtung der sieben großen Planeten und der Mondphasen, die jeden siebten Tag wechselten.

Saturn , als nächstes *Jupiter* , an dritter Stelle *Mars* ;

Die *Sonne* in der Mitte, die fünfte *Venus* läuft ihren Lauf,

Merkur sechster, *Mond* niedrigster und letzter im Band,

Die Planeten stehen in dieser Rangfolge und Weise. [520]

Hippokrates sagte, dass die Zahl Sieben aufgrund ihrer mystischen Tugenden dazu beitrage, alle Dinge zu vollbringen, und dass sie der Spender des Lebens und die Quelle all seiner Veränderungen sei; denn wie der Mond alle sieben Tage seine Phasen ändert, so beeinflusst diese Zahl alle sublunären Wesen. [521] Der Ausdruck „im siebten Himmel sein" wurde von den sieben Planeten abgeleitet, von denen die Babylonier glaubten, dass sie auf ebenso vielen Kristallkugeln herumgetragen würden, wobei der siebte der höchste sei. [522] In den Schriften der alten Kabbalisten werden ebenfalls sieben Himmel übereinander dargestellt, und der siebte oder höchste war die Wohnstätte Gottes und der höheren Engel. Die eigentliche Quelle der Heiligkeit der Zahl Sieben wird jedoch den *Septentriones zugeschrieben* , den sieben pflügenden Ochsen, Sternen im Sternbild des Großen Bären.

drei , der Anzahl der Seiten eines Dreiecks, und *vier* , *der Anzahl der Seiten eines Quadrats* , zusammensetzt und somit zwei der einfachsten geometrischen Formen darstellt Figuren. [523]

Einige biblische Kritiker einer spekulativen Denkweise sind zu dem Schluss gekommen, dass ihre Bedeutung als Symbol auf der symbolischen Bedeutung ihrer Bestandteile drei und vier beruht; Ersteres repräsentiert die Göttlichkeit und Letzteres die Menschheit: mit anderen Worten: „die Vereinigung zwischen Gott und dem Menschen, wie sie durch die Manifestationen der Göttlichkeit in Schöpfung und Offenbarung beeinflusst wird." [524]

In einigen Teilen eines großen Werks über Magie, das Herr AH Layard unter Fragmenten von Tontafeln in den Ruinen eines Palastes im antiken Ninive entdeckte, finden sich viele Beschwörungen, Formeln und Beschwörungen, in denen die Zahl sieben wiederholt vorkommt. [525]

Als bekannte Beispiele für die Bedeutung dieser Zahl in früheren Zeiten können die sieben Weisen Griechenlands, die sieben Tore von Theben und die Legende von den sieben Schläfern von Ephesus genannt werden.

Weitere Beispiele finden sich in den folgenden „sieben heroischen Versen", die ein gewisser Herr Michelburn an einen gewissen Herrn Crisp schickte, der die früheren sieben Schilling schuldete:

Freund Crisp, ich schicke dir nur sieben Verse,

Die Zahl ist od, Gott liebt Zahlen unev'n;

Sieben Hügel in Rom, sieben Münder des *Nilus* sind,

Sieben heilige Künste, die sieben seltenen Weltwunder,

Die Sev'n Dais der Woche, die Heav'ns Sev'n Trions Show.

Aber eine Sache bleibt bestehen, sieben Schilling, du mir, ow,

Was du bezahlst, sieben Verse schenke ich. [526]

Im alten Irland besaß jeder wohlhabende Bauer sieben Hauptbesitztümer: ein Haus, eine Mühle oder einen Anteil daran, einen Brennofen, eine Scheune, einen Schafstall, einen Kälberstall und einen Schweinestall.

Die Zahl Sieben kommt in der Heiligen Schrift mehr als dreihundert Mal vor. Gott erschuf die Welt in sechs Tagen und ruhte am siebten, und im gesamten Alten Testament sowie in der Apokalypse ist die ständige Wiederkehr dieser heiligen Zahl bemerkenswert. So lesen wir von den sieben fetten und sieben mageren Kühen im Traum des Pharao und auch im Bericht über den Fall Jerichos (Josua VI. 4): „Und sieben Priester sollen vor der Lade sieben Posaunen mit Widderhörnern tragen Am siebten Tag sollt ihr die Stadt siebenmal umrunden, und die Priester sollen mit den Posaunen blasen.

Einer populären mittelalterlichen Überlieferung zufolge blieben Adam und Eva nur sieben Stunden in Eden.

In der Bibel und in jüdischen Schriften werden sieben Erzengel erwähnt: *Michael* , der der besondere Hüter und Beschützer der Juden war und zu dessen Ehren das Michaelisfest am 29. September von den Anglikanern und Katholiken gefeiert wird Kirchen; *Gabriel* , der Bote, der der Jungfrau Maria und Zacharias erschien; *Raphael* wird im Buch Tobit als Gefährte und Beschützer von Tobias und Bezwinger des Dämons Asmodeus erwähnt; *Uriel* , ein im Buch Esdras erwähnter Engel; *Chamuel* , der nach jüdischer Überlieferung mit Jakob rang; *Jophiel* , der Adam und Eva aus Eden vertrieb und der Hüter des „Baums der Erkenntnis von Gut und Böse" war; und *Zadkiel* , der Engel, der Abrahams Hand zurückgehalten haben soll, als dieser seinen Sohn Isaak opfern wollte. [527]

Simsons Stärke lag in sieben Haarsträhnen, die die sieben Lichtstrahlen, die Quelle der Stärke, darstellten. Und das Abschneiden dieser sieben Locken durch Delilah, eine Frau mit niedrigem Charakter, wurde als Triumph des Bösen bei der Unterdrückung des Lichts beschrieben. [528]

Laut Herodot hatten die Araber der Wüste eine besondere Methode, ein Freundschaftsgelübde zu bestätigen. Zwei Männer standen auf beiden Seiten eines dritten, der mit einem scharfen Stein Einschnitte in die Handflächen machte, und nachdem er einen Teil eines Kleidungsstücks eines jeden in das Blut getaucht hatte, befeuchtete er damit sieben Steine, die darauf lagen der Boden. [529]

Das Zeitalter der Welt wurde nach Meinung früherer Gelehrter richtigerweise in sieben große Epochen eingeteilt; nämlich das *erste* , von der Erschaffung Adams bis zur Sintflut; *zweitens* vom letzten Ereignis bis zur Zeit Abrahams; *drittens* von Abraham bis zum Auszug der Kinder Israel; *viertens* , von dieser Zeit bis zum Bau des Salomo-Tempels; *fünftens* , von da an bis zur babylonischen Gefangenschaft; *sechstens* , die Zeit zwischen diesem und dem Kommen unseres Herrn; und *siebtens* vom Beginn der christlichen Ära bis zum Ende der Welt.

Laut Astrologen war das Zeitalter des Menschen in sieben Abschnitte unterteilt, die von sieben Planeten bestimmt wurden. Der erste Teil, *die Kindheit* , umfasste vier Jahre und wurde vom Mond beherrscht, einem schwachen, feuchten und veränderlichen Körper. Als nächstes kam *die Kindheit* , ein Zeitraum von zehn Jahren, der von Merkur regiert wurde, einem Planeten, der gleichgültig gut oder schlecht war, je nach dem Charakter der Planeten, mit denen er in Verbindung gebracht wurde. Darauf folgte *Youthhead* vom 14. bis zum 22. Lebensjahr, dem Venus vorstand. Als nächstes kam *die Adoleszenz* , die zwanzig Jahre dauerte und von der Sonne regiert wurde. In diesem Alter erlangte der Mensch seine volle Kraft und Lebenskraft. Die fünfte, von 42 bis 56, hieß *Manhood* und stand unter der Herrschaft des Mars, eines schlechten Sterns. Zu dieser Zeit begannen die Menschen wütend, ungeduldig und geizig zu werden, waren aber in ihrer Ernährung gemäßigter und diskreter. Der nächste Zeitraum von zwölf Jahren wurde als „*Alter*" *bezeichnet* und von Jupiter regiert, einem edlen Planeten, dessen Einfluss die Menschen religiös, keusch und gerecht machte. Das siebte war das *altersbedingte Alter* , das von Saturn regiert wurde und die Jahre von achtundsiebzig bis achtundneunzig umfasste. [530]

In der Lambeth Palace Library gibt es ein Manuskript aus dem fünfzehnten Jahrhundert, in dem die sieben kanonischen Stunden mit den sieben Perioden des menschlichen Lebens wie folgt verglichen werden:

Morgen,	Kindheit.
Vormittag,	Kindheit.
Unter,	Schulalter.
Mittag,	das Ritterzeitalter.
Nones oder High Noon,	das königliche Zeit
Mitternacht,	Älteres Alter.
Evenson,	Abnehmendes Alte

In den „Geheimnissen der Zahlen" von William Ingpen, Gent. (London, 1624) wird die Zahl Sieben aus mehreren bemerkenswerten und merkwürdigen Gründen als die vortrefflichste von allen beschrieben, und besonders hervorzuheben ist die angebliche Tatsache, dass die Seele aus sieben Teilen besteht, nämlich Scharfsinn, Witz, Fleiß, Rat, Vernunft, Weisheit und Erfahrung.

IV. Ungerade Zahlen in der Hexerei

Ungerade Zahlen sind eng mit der schwarzen Kunst verbunden, denn Hexenbeschwörungen werden üblicherweise drei- oder neunmal wiederholt. Wer hat jemals von einer Hexe gehört, die einen ihrer mystischen Riten genau vier oder sechs Mal durchführte? Hierzu sei die folgende Geschichte zitiert, die den Vorabblättern eines Werks mit dem Titel „Golspie" entnommen und von Edward WB Nicholson, MA, Bodleys Bibliothekar an der Universität Oxford, England, herausgegeben und von ihm dem Autor ausgeliehen wurde. Das Buch enthält viele interessante Folkloregeschichten aus dem äußersten Norden Schottlands:

Eine Frau, die in der Nähe von Golspie lebte, erzählte ihren Nachbarn immer, dass eine Frau, die sie alle für eine Hexe hielten, einen bösen Blick auf die Kuh und sich selbst geworfen hatte. „Ihre Milch und Butter waren verdorben", sagte sie; und sie erzählte ihnen auch, dass sie in einem Traum gesehen habe, wie die Hexe in Form eines Hasen in ihr Milchhaus kam und die Milch trank. Eines Tages, als sie im Wald war, um Stöcke zu holen, gingen ihre Nachbarn in ihren Stall, und als sie einen Unterrock an einem Nagel sahen, schnitten sie eine Reihe von Kreuzen darauf und stellten ihn in den Kuhstall. Dann befestigten sie neun rostige Nägel mit neun Knoten an einer Schnur. Diese Schnur befestigten sie an der Kette am Hals der Kuh und gingen dann weg. Kurz nachdem die Frau nach Hause gekommen war, ging sie in den Stall, und als sie den Unterrock, die Nägel usw. sah, rannte sie schreiend zu ihren Nachbarn und rief ihnen zu, sie sollten nachsehen, was die Hexe ihr angetan hatte. Um sicherzustellen, dass es das Werk der Hexe war, zeigte sie ihnen die *ungleiche Anzahl* von Nägeln und Knoten. Dann nahm sie alles, was die Hexe ihrer Meinung nach angefasst hatte, und machte ein Feuer daraus und sagte, dass sie niemandem mehr Schaden zufügen könne, weil ihre Kraft durch das Feuer zerstört worden sei.

Die Verwendung ungerader Zahlen in magischen Formeln wird im folgenden Rezept für ein Getränk gegen alle Versuchungen des Teufels veranschaulicht, das von den Sachsen in England verwendet wurde:

Nehmen Sie Betony, Bischofskraut, Lupinen, Githrife, Attorlothe, Wolfskamm, Schafgarbe; Lege sie unter den Altar, singe neun Messen darüber, rühre die Würze in Weihwasser, gib dem Mann nachts, fastend, einen Becher voll zu trinken und gieße das Weihwasser in alles Fleisch, das der Mann zu sich nimmt. Wirken Sie so eine gute Salbe gegen die Versuchungen des Teufels. [532]

Eine Hindu-Frau, die mit ihrem kleinen Kind aus einem fremden Dorf zurückkehrt, achtet darauf, bevor sie ihre eigene Wohnung betritt, sieben kleine Steine siebenmal um den Kopf des Babys herumzureichen und sie in verschiedene Richtungen zu werfen, um sie so zu zerstreuen Übel, das sich möglicherweise während ihrer Reise zugezogen hat. [533]

Und als Vorbereitung für andere mystische Verfahren, um den bösen Blick abzuwenden, schwenken die Hindus um das Gesicht des Patienten sieben Kieselsteine, die von einer Stelle stammen, an der sich drei Straßen treffen, sieben Blätter der Dattelpalme und sieben Bündel Blätter der Dattelpalme *Bor-* Baum. [534] Es mag nicht überraschen, dass solche mysteriösen Riten, deren Wirksamkeit hauptsächlich von der magischen Kraft bestimmter ungerader Zahlen abhängt, bei den Ureinwohnern Indiens beliebt sind, aber es ist bemerkenswert, dass diese Zahlen in christlichen Ländern gleichermaßen einflussreich sind. Eine Vervielfältigung von Beispielen könnte diesen Sachverhalt verdeutlichen, würde aber zu viel Platz beanspruchen. Zaubersprüche und Formeln werden häufig dreimal wiederholt, wahrscheinlich in Bezug auf die Heilige Dreifaltigkeit.

Von allen Zahlen arithmetisch,

Die Nummer drei wird für den Hauptmann gehalten,

Auch in der Naturphilosophie

Als übernatürliche Theologie. [535]

Der bayerische Bauer, der durch einen verwunschenen Ort geht, fühlt sich gegen das Böse ausreichend gerüstet, wenn er die Vorsichtsmaßnahme trifft, drei Dinge mit sich zu führen; nämlich (1) ein neues Messer, das noch nie etwas geschnitten hat und auf der Klinge mit drei Kreuzen gekennzeichnet ist; (2) ein Laib Brot, das am Dreikönigsabend gebacken wurde; (3) eine schwarze Katze. [536]

V. Ungerade Zahlen in der Volksmedizin

In einem Band, der eine große Vielfalt antiker Zaubersprüche und magischer Heilmittel enthält und von Marcellus Empiricus, einem lateinischen Schriftsteller aus dem 4. Jahrhundert n. CHR. , zusammengestellt wurde und in dem verschiedene Abhilfemaßnahmen sehr detailliert beschrieben werden, erscheinen die geraden Zahlen selten. Um also eine Fremdsubstanz aus dem Auge zu entfernen, sollte man das betroffene Organ mit den fünf Fingern der Hand derselben Seite reiben und dreimal einen Zauberspruch wiederholen. Um ein Gerstenkorn am Augenlid zu heilen, nehmen Sie wiederum neun Gerstenkörner und stechen Sie mit jedem einzeln in das Gerstenkorn, während Sie eine Zauberformel auf Griechisch wiederholen. Dann werfen Sie die Neun weg und machen Sie dasselbe mit sieben, werfen

Sie die Sieben weg und machen Sie dasselbe mit fünf, und so weiter mit drei und eins.

Die frühen sächsischen Ärzte in England scheinen ebenfalls an die besonderen Vorzüge der Zahl Neun geglaubt zu haben, wie aus vielen ihrer Vorschriften hervorgeht, von denen das folgende Präfix eines langen lateinischen Zauberspruchs ein schönes Beispiel ist:

Für fliegendes Gift und jede giftige Schwellung am Freitag Butter, die aus reinem oder rohem Fleisch derselben Farbe gemolken wurde, und sie nicht mit Wasser vermischen. Singen Sie darüber neunmal eine Litanei und neunmal den *Paternoster* und neunmal diese Beschwörung. [537]

In einem alten englischen Manuskript (Harleian Collection, Nr. 585) werden häufig Beispiele für den Einsatz ungerader Zahlen in der Therapie aufgeführt. Daher muss bei wassersüchtigen Erkrankungen sieben Tage lang täglich ein Getränk getrunken werden, das Alexander, Betony und Fenchel enthält. „Um Gift auszutreiben", muss Tausendgüldenkraut fünfzehn Tage lang eingenommen werden, und ein aus Kressesamen zubereiteter Trank wird für seine heilenden Eigenschaften gepriesen, wenn er drei Tage lang gewissenhaft eingenommen wird. [538]

Tatsächlich sind die ungeraden Zahlen in den Annalen der Volksmedizin in ganz Großbritannien prominent vertreten. Zu den drei Hauptaufgaben eines Arztes wurden folgende erklärt: die Wiederherstellung der Gesundheit bei Verlust, ihre Besserung bei Schwäche und ihre Erhaltung bei Genesung. Daher waren auch drei Eigenschaften von einem Chirurgen erforderlich; nämlich ein Adlerauge, ein Löwenherz und eine Damenhand, sind für den geschickten Bediener der Gegenwart gleichermaßen wesentliche Attribute.

Die Eingeborenen der Hebriden erben die alte skandinavische und keltische Vorliebe für bestimmte ungerade Zahlen. So besteht in Tiree ein beliebtes Heilmittel gegen Gelbsucht darin, ein Hemd zu tragen, das zuvor in Wasser von neun Wellen getaucht wurde und in dem neun Steine gekocht wurden. Dieselben Leute wandten früher eine besondere Methode zur Behandlung kranker Rinder an. Der Tierarzt, der in seinen Händen eine Tasse Sahne und einen Haferkuchen hält, setzt sich auf das Tier und wiederholt einen keltischen Zauberspruch mit den Worten „neun mal neun Mal", wobei er vor jeder Wiederholung „ein bisschen und einen Schluck" nimmt. [539]

In Cornwall wird zur Heilung entzündlicher Erkrankungen die Anrufung von drei Engeln dreimal auf jedes der neun Brombeerblätter wiederholt; und ein beliebtes Mittel gegen Keuchhusten besteht darin, ein Kind neunmal unter und über einen dreijährigen Esel zu führen. [540] Im Süden Englands wird dem Patienten bei intermittierendem Fieber empfohlen, an sieben aufeinanderfolgenden Morgen sieben Salbeiblätter zu essen und in der

Zwischenzeit zu fasten; und in Nordschottland glaubt man, dass skrofulöse Zuneigungen der Berührung eines siebten Sohnes nachgeben, wenn sie von einer Anrufung der Dreifaltigkeit begleitet wird. [541]

Der Glaube an die magischen Heilkräfte der Zahl Neun war nicht auf die nördlichen Nationen beschränkt. So ging der Bewohner des alten Apulien, als er von einem Skorpion gebissen wurde, neunmal um die Mauern seiner Heimatstadt herum.

Dr. DG Brinton bemerkt in seinem Werk „Nagualism, a Study of Native American Folk-Lore and History", dass die Zahl neun in den Zaubersprüchen mexikanischer Zauberer sehr oft wiederkehrt.

Die Frauen von Canton, China, schreiben dem Wasser, das nach Mitternacht des siebten Tages des siebten Monats entnommen wird, magische Eigenschaften zur Heilung von Hauterkrankungen zu.

Wenn ein Zigeunerkind seinen Kopf anstößt, wird zunächst eine Messerklinge auf die Schwellung gedrückt, dann wird drei-, sieben- oder neunmal ein Zauberspruch ausgesprochen und das Messer ebenso oft in die Erde gesteckt. Zur Veranschaulichung der Vermeidung gerader Zahlen bei all ihren mystischen Riten könnten viele von Zigeunern verwendete Zauber erwähnt werden. [542]

VI. DIE ZAHL DREIZEHN

Was das Glück ungerader Zahlen betrifft, so ist die Ausnahme, die gemeinhin als Beweis für die Regel gilt, die vielgeschmähte Dreizehn.

In der skandinavischen Mythologie begleitete Loki, das Prinzip des Bösen und Hauptverursacher menschlichen Unglücks, die zwölf Asen oder Halbgötter und galt als der dreizehnte unter ihnen. Darüber hinaus gab es dreizehn Walküren oder Jungfrauen, die den Helden in Walhalla dienten, und es wird angenommen, dass aus diesen Quellen der sehr verbreitete Aberglaube über das Unglück und den Tod der Zahl dreizehn stammt, insbesondere im Zusammenhang mit a Gruppe von Gästen am Tisch.

Die am weitesten verbreitete Erklärung für den Ursprung dieses Volksglaubens bezieht sich auf das Letzte Abendmahl unseres Herrn, bei dem Judas manchmal als dreizehnter Gast dargestellt wird. Aber warum Judas und nicht Johannes, der geliebte Jünger? Dies ist jedoch der allgemein akzeptierte Ausgangspunkt dieses bemerkenswerten Aberglaubens. So wie bei den Juden der dreizehnte Monat und bei den Christen der dreizehnte Tag des Jahres, das mit Weihnachten begann, als bedrohlich galt, so galt bei den Einwohnern Indiens das dreizehnte Jahr als von böser Bedeutung. Es ist daher offensichtlich, dass die Quelle dieses fast weltweiten Glaubens weder vollständig der Mythologie des Nordens noch dem Ostermahl zugeschrieben werden kann. [543]

Als das Jahr mit dreizehn Mondmonaten zu je achtundzwanzig Tagen gerechnet wurde, galt die Zahl dreizehn einer Ansicht zufolge als glückverheißend; Aber als nach der gegenwärtigen Methode der Sonnenzeit die Anzahl der Monate auf zwölf reduziert wurde, verschlechterte sich der Ruf von Dreizehn. [544]

In früheren Zeiten war das Dreikönigsfest, der dreizehnte Tag nach Heiligabend, gefürchtet, weil zu dieser Zeit die drei Göttinnen Berchta, Holle und Befana mit ihren geisterhaften Begleitern besonders aktiv waren; und als Schutz vor ihren Machenschaften wurden an vielen Türen die Anfangsbuchstaben der Namen der drei Könige oder Weisen geschrieben.

Von dem früheren Trio wurde Berchta als zottiges Monster dargestellt, dessen Name als Schreckgespenst verwendet wurde, um Kinder zu erschrecken. Ihr wurde die Aufsicht über das Spinnen anvertraut, und am Vorabend des Dreikönigstages besuchte sie die Häuser der Landbevölkerung und verteilte leere Spulen, die innerhalb einer bestimmten Zeit gefüllt werden mussten; Wurde ihren Forderungen nicht entsprochen, rächte sie sich, indem sie den Flachs verhedderte und verunreinigte.

Holle oder Holda war eine gütige und barmherzige Göttin von zuvorkommendem Wesen, die normalerweise äußerst nachsichtig war, außer wenn sie Unordnung in den Angelegenheiten eines Haushalts bemerkte. Ihre Lieblingsorte waren die Seen und Brunnen, aber sie hatte auch die Aufsicht über häusliche Belange und teilte sich mit Berchta die Aufsicht über das Spinnen. Manchmal jedoch wirkte sie wie eine alte Hexe mit struppigem, verfilztem Haar und langen Zähnen.

Befana, die dritte Göttin, war italienischen Ursprungs und ihr Name bedeutet Epiphanie. An diesem Tag stellten die Frauen und Kinder ihr zu Ehren eine Stoffpuppe ins Fenster. Persönlich war sie schwarz und hässlich, aber ihr Wesen war nicht unfreundlich.

Der Aberglaube über die Zahl dreizehn bei Tisch ist so weit verbreitet, dass es in Frankreich seit langem eine Frage der Etikette ist, genau diese Zahl an Gästen bei Dinnerpartys zu vermeiden. Der Pariser *pique-assiette*, eine Person, deren Titel dem englischen „Trencher-Freund" oder „Sponger" entspricht, wird auch als *Quatorzième bezeichnet*. Seine Hauptaufgabe besteht darin, den vierzehnten Platz bei einem Bankett einzunehmen.

Wie wir erfahren, hatten die Alten ihre eigenen Vorstellungen über die richtige Größe festlicher Zusammenkünfte. Ihre bevorzugte Anzahl von

Convives lag zwischen drei und neun, der Anzahl der Grazien bzw. der Musen.
[545]

Es gab unterschiedliche Meinungen darüber, ob das Unglück wahrscheinlich der gesamten Gruppe von dreizehn Personen widerfahren würde, die voreilig genug waren, zusammen zu speisen, oder nur demjenigen, der nach dem Mahl als erster den Raum verließ. Alles Übel sollte jedoch abgewendet werden, indem die gesamte Truppe gemeinsam aufstand. Es wurde witzig angemerkt, dass dreizehn Teller bei Tisch nur dann für Unruhe sorgen, wenn das Essen nur für zwölf Personen ausreicht.

Beim dreizehnten jährlichen Abendessen dieser einzigartigen Organisation, dem Thirteen Club, das am 13. Januar 1895 um 19.13 Uhr in New York City stattfand, hielt der VERWALTER eine Ansprache, in der er die Umstände der Clubgründung schilderte. Die Befürchtung, dass aus der Zusammenkunft von dreizehn Personen Böses entstehen könnte, war so weit verbreitet, dass man es für angebracht hielt, die Türen des Bankettsaals zu verschließen, als endlich die erforderliche Anzahl an Tischen Platz genommen hatte, damit sich nicht ein schwacher Mensch zurückzog plötzlich.

Feldmarschall Lord Roberts erwähnt in seinem Werk „Forty-One Years in India" (Bd. ip 24) einen Umstand, der sich aus seiner eigenen Erfahrung ereignete und der, sofern nötig, einen Beweis für die Falschheit des fraglichen Aberglaubens liefert. Am Neujahrstag im Jahr 1853 n. CHR . gehörte Lord Roberts zu einer Gruppe von dreizehn Personen, die gemeinsam in einer Offiziersmesse in Peshawer an der afghanischen Grenze speisten. Elf Jahre später waren alle diese Offiziere noch am Leben, die meisten hatten an der Niederschlagung der großen Sepoy-Meuterei von 1857 teilgenommen, bei der mehrere von ihnen verwundet wurden.

In Italien haben kluge Theatermanager es für zweckmäßig gehalten, die Nummer von Box 13 in 12 A zu ändern, und in vielen Straßen von Rom und Florenz sucht man vergeblich nach Hausnummern zwischen 12½ und 14. Ein Herr aus dem Bekanntenkreis des Schriftstellers, wohnt in Washington, D.C., schickte eine formelle Petition an die Behörden und bat um Erlaubnis, die Nummer seines Hauses ändern zu dürfen, und zwar allein deshalb, weil diese die bedrohlichen Zahlen enthielt.

Als Beispiel für das weit verbreitete Misstrauen gegenüber der Zahl Dreizehn unter den Dorfbewohnern des Departements Ile-et-Villaine in Frankreich kann der folgende Brauch angeführt werden, der in diesem Bezirk in Mode ist. Kinder werden dort meist von gläubigen älteren Frauen in die Kunst des Strickens eingewiesen. Die Kleinen sitzen zunächst im Kreis und müssen, um die Arbeit zu erleichtern, nach Abschluss der ersten Strickrunde die folgenden Worte wiederholen: „ *Einer* , der Vater"; am Ende der zweiten Runde: „ *Zwei* , der Sohn"; und so weiter, wie folgt: „ *Drei* , der Heilige Geist;

die *vier* Evangelisten; die *fünf* Wunden unseres Herrn; die *sechs* Gebote der Kirche; *sieben* Sakramente; *acht* Seligpreisungen; *neun* Engelschöre; *zehn* Gebote Gottes; *elftausend* Jungfrauen; *zwölf* Apostel;" und am Ende der *dreizehnten* Runde erwähnen die Kinder den Namen Judas. [546]

Dieses bemerkenswerte und unvernünftige Vorurteil gegenüber einer unschuldigen Zahl scheint alle Klassen und Gemeinschaften zu durchdringen. Der Besitz von Intelligenz und Kultur ist kein wirksames Hindernis dagegen. Argumente und Begründungen sind gleichermaßen vergeblich. Noch während ich dies schreibe, berichtet ein Abendjournal, dass bei einer kürzlichen Sitzung eines neu gewählten Ratsvorstands in einer aufgeklärten Stadt im Osten von Massachusetts eines der Mitglieder Einwände gegen die Auslosung der Sitze erhob, weil ihm die Idee, Nummer dreizehn zu ziehen, nicht gefiel . Nachdem seine Bedenken jedoch einigermaßen überwunden waren, war er sehr erleichtert, als er feststellte, dass die Zahl elf, die sowohl ungerade als auch glücklich ist, auf seinen Anteil gefallen war. [547]

Brand zitiert in Bezug auf dieses Thema Folgendes aus Fullers „Mixt Contemplations" (1660):

Ein habgieriger Höfling beschwerte sich bei König Edward dem Sechsten von Christ Colledge in Cambridge, dass es sich um eine abergläubische Stiftung handele, die aus einem Meister und zwölf Fellowes bestehe und Christus und seinen zwölf Aposteln nachahme. Er riet dem König auch, ein oder zwei Fellowships zu entziehen, um diese abergläubische Zahl zu zerstreuen. "Ach nein!" sagte der König: „Ich habe eine bessere Möglichkeit, ihre Einbildung zu trüben; Ich werde ihnen eine dreizehnte Gemeinschaft hinzufügen;" was er entsprechend tat, und so bleibt es bis zum heutigen Tag.

Die Perser betrachten die Zahl Dreizehn als so unglücklich, dass sie darauf verzichten, sie zu benennen. Wenn sie sich auf diese Zahl beziehen wollen, verwenden sie anstelle des richtigen Begriffs Wörter, die „viel mehr" oder „nichts" bedeuten. [548]

Die Mauren oder Araber Nordafrikas haben ähnliche Vorurteile, während der amerikanische Neger, normalerweise ein äußerst leichtgläubiges Wesen, den bösen Einflüssen dieser schicksalhaften Zahl gegenüber völlig gleichgültig zu sein scheint; [549] Aber in der Türkei ist die Abneigung der Bevölkerung so groß, dass das Wort für dreizehn selten verwendet wird. [550]

In Schottland ist diese Zahl als „Deil's Dozen" bekannt, ein Ausdruck, der angeblich einen Zusammenhang mit dem Kartenspiel hat, da es in den „Deil's Books" in jeder Farbe dreizehn Karten gibt. John Jamieson bekennt in seinem Scottish Dictionary, dass er den Aberglauben nicht bis zu seinem

Ursprung zurückverfolgen könne, glaubt jedoch, dass er die Idee beinhaltet, dass das Dreizehnte das Los des Teufels sei. Die Zahl dreizehn wird manchmal auch als „Bäckerdutzend" bezeichnet, da es früher üblich war, dreizehn Brote für zwölf zu geben, wobei das zusätzliche Stück als In-Brot oder To- *Brot* bezeichnet *wurde* . Dieser Brauch soll seinen Ursprung in einer Zeit haben, als für geringe Gewichte hohe Geldstrafen verhängt wurden und das zusätzliche Brot vorsorglich von den Bäckern gegeben wurde. [551]

In bestimmten Fällen gilt die Dreizehn entgegen der allgemeinen Regel als eine glückliche Zahl oder sogar als eine Zahl mit außergewöhnlichen Tugenden.

Dr. Daniel G. Brinton sagt in „A Primer of Mayan Hieroglyphics" (S. 25), dass in der alten Sprache der Mayas, einem Ureinwohnerstamm von Yucatan, die Zahlen neun und dreizehn verwendet wurden, um unbestimmte Größe und Überlegenheit zu bezeichnen Exzellenz. So besaß ein sehr glücklicher Mann neun Seelen, und der Ausdruck „dreizehn Generationen alt" vermittelte die Idee der Ewigkeit. Der „Dämon mit dreizehn Kräften" war eine herausragende Figur in der Mythologie der Tzentals, einem Maya-Stamm.

Einer weit verbreiteten landläufigen Meinung zufolge ist die Anzahl der Bruten in der Regel ungerade und es daher töricht, einer Henne eine gerade Anzahl Eier zu legen. Obwohl diese Idee falsch ist, ist es immer noch üblich, dreizehn Eier zu legen, wobei eine gerade Zahl in diesem Fall als unglücklich gilt.

Gerald Massey bemerkt in „The Natural Genesis", dass „im jüdischen Gottesdienst dreizehn Arten von Gewürzen aufgeführt waren, zusammen mit der Tierkreiszahl von zwölf Laiben Schaubrot." Der hebräische Glaube besteht aus dreizehn Artikeln, und die Kabbalisten haben dreizehn Regeln, die es ihnen ermöglichen, in die Geheimnisse der hebräischen Schriften einzudringen. Dreizehn sind die dialektischen Kanons der talmudischen Ärzte zur Bestimmung des Sinns des Gesetzes in allen zivilen und kirchlichen Fällen."

In England war der 24-Stunden-Tag früher in dreizehn Teile unterteilt, und zwar wie folgt:

1. Nach Mitternacht.

2. Hahnenschrei.

3. Zwischen dem ersten Hahnenschrei und Tagesanbruch.

4.   Die Morgendämmerung.

5.   Morgen.

6.   Mittag.

7.   Nachmittag.

8.   Sonnenuntergang.

9.   Dämmerung.

10.   Abend.

11.   Kerzenzeit.

12.   Bettzeit.

13.   Mitten in der Nacht.

Kehren wir nun zu den vorherrschenden Vorstellungen über den finsteren und unheilvollen Charakter dieser Zahl zurück, kann man durchaus ernsthaft fragen, ob das Hegen dieser und anderer fest verwurzelter abergläubischer Fantasien mit einem tiefen und bleibenden christlichen Glauben vereinbar ist. Die Antwort ist eindeutig negativ. Daher ist es zweifellos wahr – und die Wahrheit sollte uns frei machen –, dass wir umso eher eine feste und dauerhafte Abhängigkeit von der göttlichen Vorsehung erlangen und bewahren werden, je größer unsere Gleichgültigkeit gegenüber den verschiedenen angeblichen Vorzeichen und Vorzeichen ist, die uns so leicht bedrängen.

FUSSNOTEN

[1] *Neues Kabinett Cyclopædia.*

[2] *Archæologia* , Bd. iii. 1775.

[3] John Kitto, DD, *Cyclopædia of Biblical Art* .

[4] John Beckman, *Eine Geschichte der Erfindungen* .

[5] Carmen XVIII. 26.

[6] Suetonius: „Soleis mularum argenteis."

[7] Plinius: „Jumentis suis soleas ex auro induere."

[8] Fosbroke, *Dictionary of Antiquities* .

[9] *Knights mechanisches Wörterbuch.*

[10] Alexander Adam, LL. D., *Römische Altertümer* .

[11] *Archæologia* , Bd. xlvii.

[12] *Scribner's Magazine* , November 1894.

[13] John Beckman, *Eine Geschichte der Erfindungen* .

[14] Fosbroke, *Archæologia* , Bd. iii.

[15] *Notizen und Abfragen* , Reihe 3, Bd. v. 1864.

[16] *Notizen und Abfragen zu Leicestershire und Rutland* , Bd. ich. 1889-91.

[17] Margaret G. Finch, *Die Geschichte von Oakham Castle* . Oakham, 1897.

[18] *Chambers' Journal* , 10. März 1866.

[19] Camerons *Across Africa* .

[20] W. Crooke, BA, *Nordindische Volkskunde* .

[21] Clara Erskine Clement, *Neapel* .

[22] George Borrow, *The Zincali* .

[23] A. Certeux und E. Henry Carnoy, *L'Algérie traditionnelle* , Band ip 159.

[24] *Folk-Lore* , Juni 1896, S. 148.

[25] Oberstleutnant N. Prejevalsky, *Mongolei* , Bd. ii. P. 207.

[26] William M. Thomson, DD, *Das Land und das Buch* .

[27] SS Thorburn, *Bannú* .

[28] Sir John Bowring, FRS, *The Kingdom and People of Siam* , Bd. IP 145.

[29] Clara Erskine Clement, *Neapel* .

[30] Elworthy, *Evil Eye* , S. 261.

[31] *Popular Science Monthly* , November 1896.

[32] Goblet D'Alviella, *La migration des symboles* , S. 25.

[33] Rennell Rodd, *Die Bräuche und Überlieferungen des modernen Griechenlands* .
1892.

[34] *Revue des traditions populaires* , Band VIII. 1892.

[35] *Mélusine* , Band VIII. Nr. 4. 1896.

[36] M'Clintock und Strong's *Cyclopædia* , Art.-Nr. "Kopfschmuck."

[37] Lucy MJ Garnett, *Die christlichen Frauen der Türkei* .

[38] *L'Algérie traditionnelle* , Band ip 159. 1884.

[39] H. Clay Trumbull, *The Threshold Covenant* , S. 74.

[40] *Folk-Lore* , März 1898, S. 10.

[41] *Mélusine* , Band VIII. Nr. 3. 1896.

[42] *L'Algérie traditionelle* , Band IP 159. 1884.

[43] Richard Folkard, Jr., *Plant-Lore* .

[44] Rev. Timothy Harley, *Moon-Lore* , S. 192.

[45] Jesaja III. 18.

[46] *Cornhill* , März 1877.

[47] Thomas Inman, MD, *Ancient Faiths verkörpert in Ancient Names* .

[48] Barclay V. Head, *Historia Numorum* . Oxford, 1887.

[49] *Ein Wörterbuch römischer Münzen.* London, 1889.

[50] *Gentleman's Magazine* , Bd. 84. 1814.

[51] *Popular Science Monthly* , November 1895.

[52] *Journal of the Anthropological Institute of Great Britain and Ireland* , vol. 19.
1890.

[53] Bernard de Montfaucon, *L'antiquité expliquée* .

[54] Ph. Charles Berjean, *Die Pferde der Antike, des Mittelalters und der Renaissance*
. London, 1864.

[55] Theodore Andrea Cook, BA, *Old Touraine* .

[56] Professor CH Rochholz, *Altdeutsches Bürgerleben* .

[57] Richard Folkard, Jr., *Plant-Lore* .

[58] Laisnel de la Salle, *Croyances et legendes du centre de la France* . Paris, 1875.

[59] Merlin, *Buch der Zaubersprüche* .

[60] William A. Craigie, MA, *Skandinavische Volkskunde* , S. 396.

[61] Rudolph Keyser, *Die Religion der Nordmänner* , S. 299.

[62] *Popular Science Monthly* , Bd. 44. 1894.

[63] Dr. Karl Sittl, *Archäologie der Kunst* , S. 210. 1895.

[64] Edward B. Tylor, LL. D., *Primitive Kultur* .

[65] William S. Walsh, *Handy Book of Literary Curiosities* .

[66] Rev. Justus Doolittle, *Soziales Leben der Chinesen* .

[67] *Rennell Rodd* , S. 165.

[68] William George Black, *Volksmedizin* . London, 1883.

[69] JB Friedrich, *Die Symbolik und Mythologie der Natur* .

[70] F. Nork, *Mythologie der Volkssagen und Volksmärchen* . Stuttgart, 1848.

[71] Paul Sébillot, *Legenden und Kuriositäten des Metiers* .

[72] *The Folk-Lore Journal* , Bd. vii. 1889.

[73] Jacob Larwood und John C. Hotten, *The History of Signboards* .

[74] William Mackay, *Urquhart und Glenmoriston* , S. 434.

[75] Daniel Wilson, *The Archaeology and Prehistoric Annals of Scotland* .

[76] Thomas Keightley, *The Fairy Mythology* , S. 352.

[77] FS Bassett, *Sea Phantoms* .

[78] James W. Mackinlay, *Folk-Lore of Scottish Lochs and Springs* , S. 6.

[79] William Jones, *Credulities Past and Present* .

[80] Giuseppe Pitré, *Usi e costumi, credenze, e pregiudizi del popolo Siciliano* . Palermo, 1889.

[81] A. Wuttke, *Der deutsche Volksaberglaube* , S. 92.

[82] *Cornhill* , NS vol. xix. 1892.

[83] Dr. H. Ploss, *Das Kind in Brauch und Sitte der Völker* , S. 122.

[84] A. Wuttke, *Der deutsche Volksaberglaube* , S. 336.

[85] *Naturgeschichte* , Buch xxviii. CH. 81.

[86] Dr. G. Lammert, *Volksmedizin in Bayern* , S. 120.

[87] Campbell.

[88] W. Crooke, BA, *Volksreligion und Volkskunde Nordindiens* .

[89] Brief an den Autor von H. Clay Trumbull.

[90] *The Folk-Lore Journal* , Bd. vi. P. 77.

[91] Jones und Kropf, *Folk-Tales of the Magyars* , S. 410, Anmerkung.

[92] Thomas Keightley, *The Fairy Mythology* , S. 148.

[93] Moise Schuhl, *Superstitions et coutumes populaires du Judaisme* .

[94] John Gregorson Campbell, *The Fians* , S. 52.

[95] Fräulein Helene Raff.

[96] *L'Initiation* , 19. **Band** , April 1893.

[97] JC Brown, LL. D., *Menschen in Finnland in archaischen Zeiten* , S. 112.

[98] WA Craigie, *Skandinavische Volkskunde* .

[99] TF Thiselton Dyer, MA, *British Popular Customs* , S. 424.

[100] *Mélusine* , Band IV. P. 367.

[101] RG Haliburton, *Die Zwerge vom Mount Atlas* .

[102] Dr. Ludwig Beck, *Die Geschichte des Eisens* , S. 879.

[103] A. Wuttke, *Der deutsche Volksaberglaube* , S. 263.

[104] Für diese Legende und weitere Informationen über die Traditionen und Bräuche der bayerischen und Tiroler Bauernschaft ist der Autor Fräulein Helene Raff aus München zu Dank verpflichtet.

[105] Crooke, S. 199.

[106] Gregor, *Scotch Folk-Lore* , S. 45.

[107] E. Daumas, *The Horses of the Sahara* , S. 150 *ff.*

[108] Rev. James Macdonald, *Religion and Myth* , S. 92.

[109] Dr. O. Schrader, *Prähistorische Altertümer* .

[110] Richard Andree, *Ethnographische Parallelen und Vergleiche* , S. 155.

[111] Chambers' *Encyclopædia* .

[112] Banier, *Mythology* , Bd. ii. P. 570.

[113] Brinton, *Religions of Primitive Peoples* , S. 142.

[114] Henry Yule, *Cathay und der Weg dorthin* .

[115] *Gentleman's Magazine* , Bd. 281, S. 514. 1896.

[116] *Die Pilgerfahrt des komischen Pilgers nach Irland* , 1723, S. 92.

[117] Dyer, *British Popular Customs* , S. 322.

[118] WK Kelly, *Curiosities of Indo-European Tradition and Folk-Lore* , S. 48.

[119] Campbell, S. 24.

[120] Campbell, S. 318.

[121] L. Maria Child, *The Progress of Religious Ideas* , Bd. IP 276.

[122] Theophilus Hahn, Ph. D., *Tsuni-Goam* , p. 77.

[123] The Werner Company, *Kunstschätze von der Weltausstellung* . Chicago, 1895.

[124] *Das ganze Jahr über* , NS vol. xxxix. 1887.

[125] *Indian Antiquary* , Bd. xv. 1886.

[126] *Cornhill Magazine* , Bd. xix. 1869.

[127] EG Squier, AM, *Das Schlangensymbol* .

[128] Sir John Lubbock, *Der Ursprung der Zivilisation* .

[129] Marc Monnier, *Les contes populaires en Italie* .

[130] *Großes Universallexikon.*

[131] Astley, *Collection of Voyages* .

[132] Dr. Friedrich S. Krauss, *Sréca, Glück und Schicksal im Volksglauben der Südslaven* . Wien, 1886.

[133] AW Buckland, *St. Paul's Magazine* , Bd. ich. 1874.

[134] *Amer. Antik.* , Bd. xviii. P. 141. 1896.

[135] Lucy MJ Garnett, *Die christlichen Frauen der Türkei* .

[136] *Popular Science Monthly* , Bd. 35. 1889.

[137] *Mélusine* , Band VIII. Nr. 2. 1896.

[138] *Die Mythen der Neuen Welt* , S. 132.

[139] John Newton, *Notes and Queries* , 7. Reihe, Bd. iii. April 1887.

[140] W. Crooke, BA, *Volksreligion und Volkskunde Nordindiens* .

[141] Jacob Grimm, *Deutsche Mythologie* .

[142] Friedrich Creuzer, *Symbolik und Mythologie der alten Völker* , Bd. iv. P. 380.

[143] *Das Kloster* , Bd. ix. P. 97.

[144] Friedrich, S. 454.

[145] L. Austine Waddell, MB, *The Buddhism of Tibet* , p. 413.

[146] Campbell, S. 457.

[147] Schuyler, *Turkistan* , S. 30.

[148] *Mélusine* , Band VIII. Nr. 1, S. 17. 1896.

[149] Max Jähns, *Ross und Reiter* , i. 371.

[150] *Ulster Journal of Archaeology* , Bd. vii. P. 69.

[151] *Cornhill Magazine* , Artikel über „Comparative Folk-Lore", Bd. lxxvi.

[152] Thomas A. Wise, MD, *Geschichte des Heidentums in Kaledonien* .

[153] Mallet, *Northern Antiquities* , S. 154.

[154] *Gentleman's Magazine* , Bd. 278, S. 417. 1895.

[155] Fräulein Helene Raff.

[156] Professor Dr. Sepp, *Die Religion der alten Deutschen* , S. 340. 1890.

[157] Jähns, i. S. 294-296.

[158] Wuttke, S. 185.

[159] Wuttke, S. 423.

[160] Richard Andree, *Braunschweiger Volkskunde* , S. 128.

[161] Grimm, Bd. IP 47.

[162] S. Baring-Gould, MA, *Strange Survivals* .

[163] J. Scheible, *Das Kloster* , Band ix. P. 101; Thomas Carlyle, *Frühe Könige von Norwegen* , S. 8.

[164] Dr. Karl Weinhold, *Altnordisches Leben* , S. 145. 1856.

[165] Brand, Bd. ii. P. 664.

[166] Fräulein Helene Raff.

[167] JB Friedrich, *Die Symbolik und Mythologie der Natur* .

[168] E. Rolland, *Faune populaire de la France* , Band IV.

[169] CG Leland, *Gypsy Sorcery* .

[170] Gerald Massey, *Ein Buch der Anfänge* .

[171] *Volkskunde* , Bd. iv. P. 6. 1893.

[172] *Mélusine* , Band VIII. Nr. 1, S. 17. 1896.

[173] Professor Dr. Sepp, *Die Religion der alten Deutschen* , S. 263. 1890.

[174] Jähns, Bd. IP 373.

[175] *Das Buck der ritterlichen Reutterkunst.*

[176] Heinrich von Wlislocki, *Aus dem Volksleben der Magyaren* , S. 9, 10.

[177] Heinrich von Wlislocki, *Volksglaube und religiöser Brauch der Zigeuner* .

[178] M'Clintock und Strong's *Encyclopædia* , Art.-Nr. „Schamanismus"; EB Tylor, *Primitive Culture* , Bd. ii. P. 142.

[179] *Gentleman's Magazine.* 1867.

[180] Rev. T. Thiselton Dyer, *Domestic Folk-Lore* .

[181] *Museum für ausländische Literatur* , Bd. xxvi. 1835.

[182] Rev. E. Cobham Brewer, LL. D., *Wörterbuch der Phrase und Fabel* .

[183] Robert Ford, *Thistledown* .

[184] *Boston Transcript* , 9. Mai 1898.

[185] Turners *Angelsachsen* .

[186] John Brooks Felton, *The Horse-Shoe* , ein Gedicht. Cambridge, 1849.

[187] James Napier in *Folk-Lore* .

[188] H. Clay Trumbull, *The Threshold Covenant* , Kap. ich.

[189] Ralston, *Lieder des russischen Volkes* , S. 136.

[190] Bonami, *Ninive und seine Paläste* , S. 159.

[191] *Popular Science Monthly* , Bd. 44, S. 520. Februar 1894.

[192] CG Leland, *Etruscan Roman Remains* , S. 282.

[193] Petersen, *Hufeisen* , S. 7.

[194] Waddell, S. 484.

[195] Edmond O'Donovan, *The Merv Oasis* , Bd. ii. P. 141.

[196] A. Featherman, *Sozialgeschichte der Menschheit* .

[197] Rev. Charles Rogers, DD, *Social Life in Scotland* , Bd. iii. P. 229.

[198] Robert Ford, *Thistledown* , S. 262.

[199] Gregor, *Scotch Folk-Lore* .

[200] A. Wuttke, *Der deutsche Volksaberglaube* . Berlin, 1869.

[201] Robert Thorne, MA, *Ein Wörterbuch seltener und kurioser Informationen* .

[202] *Die Denham-Traktate.*

[203] *Zweiwöchentlicher Rückblick.*

[204] Sidney Oldall Addy, MA, *Household Tales* . 1895.

[205] Edward WB Nicholson, MA, *Golspie* . Edinburgh, 1897.

[206] *Notizen und Abfragen* , 5. Reihe, Bd. ix. P. 65. Januar 1878.

[207] Rev. James Macdonald, *Religion and Myth* , S. 92.

[208] *Novellenzeitung* , sechster Jahrgang, Nr. 51, S. 812.

[209] CG Leland, *Etruskische römische Überreste* .

[210] Thomas A. Wise, MD, *Geschichte des Heidentums in Kaledonien* .

[211] *Die schottische gallovidische Enzyklopädie.* London, 1824.

[212] Petersen, *Hufeisen* , S. 8.

[213] Camdens *Britannia* .

[214] Thorpes *nördliche Mythologie* .

[215] Francis Parry, FRGS, *Die heiligen Symbole und Zahlen der amerikanischen Ureinwohner in der Antike und Neuzeit* .

[216] *The American Antiquarian* , Bd. xii. P. 356; Bd. xiii. P. 58.

[217] Leopold Wagner, *Sitten, Gebräuche und Bräuche* .

[218] SH Killikelly, *Curious Questions* .

[219] *Notizen und Abfragen zu Leicestershire und Rutland* , Bd. ii. 1891-93.

[220] Grimm, S. 34.

[221] J. Scheible, *Das Kloster* , Bd. ix. P. 422.

[222] Arnold Frost, *The Ballad of the Wind, the Devil und Lincoln Minster* . Lincoln, 1897.

[223] JW Wolf, *Beiträge zur deutschen Mythologie* , S. 91.

[224] Ignaz V. Zingerle, *Sitten, Bräuche und Meinungen des tiroler Volkes* . Innsbruck, 1857.

[225] Herman Schmid und Karl Stieler, *Das Bayerische Hochland und das Salzkammergut* .

[226] Anton Birlinger, *Sagen, Legenden und Volksaberglauben* , Bd. IP 49.

[227] *Belgravia* , Bd. iv. 1887.

[228] *Yule-Tide Stories* , herausgegeben von Benjamin Thorpe. London, 1853.

[229] J. Scheible, *Das Kloster* .

[230] Thorpe's *Northern Mythology* , Bd. ii. P. 190.

[231] Ernst Meier, *Deutsche Sagen, Sitten und Gebräuche aus Schwaben* . Stuttgart, 1852.

[232] Friedrich Panzer, *Bayerische Sagen und Bräuche* , Bd. IP 127.

[233] *Zyklopädie der Künste*. Philadelphia.

[234] F. Allègre, *Étude sur la déesse grecque Tyché* . Paris, 1889.

[235] Plutarchs *Meinungen der Philosophen* .

[236] Lyon, *Nouveau dictionnaire historique* . 1804.

[237] *Geschichte Roms.*

[238] George Crabb, *Englische Synonyme* .

[239] Andrew Tooke, AM, *Das Pantheon* . Dublin, 1792.

[240] Anthons *klassisches Wörterbuch* .

[241] F. Noel, *Dictionnaire de la fable* . Paris, 1803.

[242] P. Galtruchius, *Geschichte der heidnischen Götter* . 1671.

[243] Daniel Watson, AM, *Eine Geschichte der Götter und Göttinnen* .

[244] Plutarchs *römische Fragen* .

[245] Roscher, *Lexikon der griechischen und römischen Mythologie* , S. 1523.

[246] *Das antiquarische Repertorium* , Bd. iv. P. 256. London, 1784.

[247] Basil H. Chamberlin, *Things Japanese* .

[248] L. Austine Waddell, BA, *Der Buddhismus Tibets* , S. 512.

[249] *Mythologie und Denkmäler des antiken Athen.*

[250] Rodolfo Lanciani, *Heidnisches und christliches Rom* .

[251] Thomas Wright, *Der Kelte, der Römer und der Sachsen* .

[252] Gelesen auf der Jahrestagung der American Folk-Lore Society, New York, 29. Dezember 1896.

[253] Baniers *Mythologie* . London, 1739.

[254] Bancroft, *Native Races* , Bd. ii. P. 353.

[255] JJL Ratton, MD, MC, *A Hand-Book of Common Salt* .

[256] JB Friedrich, *Die Symbolik und Mythologie der Natur* .

[257] Calmets *Wörterbuch der Heiligen Bibel* .

[258] Philemon Holland, *The Morals or Miscellane Works of Plutarch* .

[259] Horst, *Dæmonomagie* . Frankfurt, 1818.

[260] Richalmus, *Liber Revelationum de Insidiis et Versutiis Dæmonum adversus Homines* .

[261] Dr. Heinrich von Wlislocki, *Volksglaube und religiöser Brauch der Magyar* , S. 151.

[262] W. Mannhardt, *Germanische Mythen* . Berlin, 1858.

[263] W. Crooke, BA, p. 147.

[264] Alexander Adam, LL. D., *Römische Altertümer* .

[265] *Großes Universallexikon.* Leipzig und Halle, 1742.

[266] John Borrow, FRS, *Reisen in China* .

[267] *Naturgeschichte* , Buch xxxi. CH. 41.

[268] Elias Artista Hermetica, *Das Geheimniss vom Salz* .

[269] *Es wird darauf hingewiesen, dass die Person, die sie geschrieben hat, wieder ins Netz gegangen ist.*

[270] Baret, 1580.

[271] Brewer's *Dictionary of Phrase and Fable* .

[272] *Edinburgh Monthly Magazine* , Juni 1817.

[273] Chevalier d'Arvieux, *Memoiren* . Paris, 1735.

[274] JJ Manley, MA, *Salz und andere Gewürze* , p. 90.

[275] Karl Baedeker, *Die Ostalpen* , S. 124. 1895.

[276] *Zuschauer* , Bd. 66. 1891.

[277] *Gentleman's Magazine* , Teil I. 1833.

[278] Felix Liebrecht, *Die Symbolik und Mythologie der Natur* .

[279] Owen über *Schlangen* .

[280] Der Autor verdankt diese Übersetzung John P. Hopkinson, Esq.

[281] Felix Liebrecht, *Zur Volkskunde* . 1877.

[282] Shakespeare bezieht sich in mehreren Passagen auf dieses Thema, darunter in den folgenden:

Wie kam es, dass ihre Augen so leuchteten? Nicht mit Salztränen.

Sommernachts traum.

Mit Tränen so salzig wie das Meer.

2 Heinrich VI.

[283] *Current Superstitions* , herausgegeben von Fanny D. Bergen.

[284] Clifton Johnson, *What they say in New England* , S. 92. 1896.

[285] MJ Schleiden, *Das Salz* , S. 73.

[286] *Das Studium der Soziologie* , S. 5.

[287] *Revue des traditions populaires* , Band i. 1886.

[288] *Eine theologische und philosophische Abhandlung über die Natur und Güte des Salzes.* Gedruckt von Felix Kyngston für Richard Boyle in London, 1612.

[289] James Napier, *Folk-Lore* , S. 33.

[290] Pitré, Bd. iv. P. 102.

[291] RT Hampson, *Medii Ævi Kalendarium* . London, 1841.

[292] Pitré, Bd. ii. P. 161.

[293] Dr. Heino Pfannenschmid, *Das Weihwasser im heidnischen und christlichen Cultus* .

[294] *Notizen und Abfragen* , 6. Reihe, Bd. ix. P. 428. Mai 1884.

[295] *Jahrhundertwörterbuch.*

[296] Francis Grose, *Popular Superstitions* .

[297] Spensers *Faerie Queene* .

[298] Clara Erskine Clement, *Neapel* .

[299] Grimms *germanische Mythologie* .

[300] *The Folk-Lore Journal* , Bd. vii. 1889.

[301] *Journal of American Folk-Lore* , Nr. xviii. 1892.

[302] *Die Washington Post* , 27. November 1894.

[303] William Henderson, *Anmerkungen zur Volkskunde der nördlichen Länder Englands* .

[304] *Journal of American Folk-Lore* , Nr. 19. 1892.

[305] Keightleys *Feenmythologie* .

[306] Giuseppe Pitré, *Usi e costumi, credenze e pregiudizi del popolo Siciliano* , vol. iii. P. 426. Palermo, 1889.

[307] *Leechdoms, Wortcunning und Starcraft* , herausgegeben von Rev. Oswald Cockayne. London, 1865.

[308] Rev. Charles Rogers, LL. D., *Schottland, Soziales und Häusliches* .

[309] *Journal of American Folk-Lore* , Nr. 13. 1891.

[310] James M. Campbell, *Anmerkungen zur spirituellen Grundlage von Glauben und Sitte* .

[311] Lady Wilde, *Alte Legenden, mystische Zauber und Aberglauben Irlands* .

[312] *Revue des traditions populaires* , Band VI. P. 43. 1891.

[313] *Zeitschrift für deutsche Mythologie und Sittenkunde* , Band IV.

[314] *Sitzungsberichte der kaiserlichen Akademie der Wissenschaften.*

[315] Abraham Fornander, *An Account of the Polynesian Race* , Bd. ich.

[316] *Aus dem Volksleben der Magyaren* , S. 111.

[317] William Elliot Griffis, AM, *The Mikado's Empire* .

[318] Rogers, Bd. iii. P. 288.

[319] Henderson, S. 217.

[320] Burkhardts *Nubien* .

[321] MJ Schleiden, *Das Salz* .

[322] Waldrons *Geschichte* .

[323] Pitré.

[324] MJ Schleiden, *Das Salz* , S. 71.

[325] *Die Freizeitstunde* , Bd. xliii. P. 805. 1894.

[326] *Das Buch von Ser Marco Polo.* London, 1874.

[327] Oberstleutnant N. Prejevalsky, *Mongolei* , Bd. IP 122.

[328] JJ Manley, MA, *Salz und andere Gewürze* .

[329] JJ Manley, S. 13.

[330] *Nares' Glossar* , Bd. ii. P. 763.

[331] *Cosmopolitan* , Bd. xx. P. 94. 1894.

[332] *Zeitgenössische Rezension* , vol. xxxi.

[333] RH Busk, *Römische Legenden* .

[334] Schleiden, S. 73.

[335] M. Dacier, *Das Leben des Pythagoras* , S. 60. London, 1707.

[336] Feu M. Jean François Buddeus, *Traité de l'athéisme et de la superstition* .

[337] Thomas Wright, *Eine Geschichte der häuslichen Sitten in England im Mittelalter* .

[338] Richard Boyle. 1612.

[339] Chambers' *Book of Days* .

[340] Emily S. Holt, *Ye Olden Time* , S. 130.

[341] Fosbroke, *Encyclopædia of Antiquities* .

[342] *Leges Curiales Regis Canuti; apud Bartholin* , S. 583; JS Forsyth, *Das Portfolio des Antiquars* . London, 1825.

[343] Elizabeth Hodges, *Einige alte englische Häuser* .

[344] Rogers, Bd. IP 233.

[345] PH Ditchfield, MA, FSA, *Old English Customs* . 1896.

[346] Martin Schoock, *De Sternutatione Tractatus Copiosus* . Amsterdam, 1664.

[347] Joh. Gerhardus Menschen, *Disquisitio Philologica de Ritu Salutandi Sternutantes* . Kiloni, 1704.

[348] John Potter, DD, *Altertümer Griechenlands* .

[349] Francis Rous, *Archæologiæ Atticæ* . London, 1685.

[350] *Encyclopédie méthodique.* Paris, 1788.

[351] US *Literary Gazette* , Bd. iv. 1826.

[352] Eustace Neville Rolfe, BA, *Pompeji, Popular and Practical* . London, 1888.

[353] Gerald Massey, *The Natural Genesis* , Bd. ich. S. 83-85.

[354] Henderson, S. 128.

[355] *Mélusine* , Bd. iv. 1888-89.

[356] William Jones, *Leichtgläubigkeiten* .

[357] John Beaumont, Gent., *A Treatise of Spirits* . London, 1705.

[358] *Zwölfter Jahresbericht des Thirteen Club of New York* , Januar 1894. Der Autor hat auch das Originalmanuskript konsultiert.

[359] Grimms *germanische Mythologie* .

[360] A. Featherman, *Die Sozialgeschichte der Rassen der Menschheit* .

[361] RH Codrington, DD, *The Melanesians* .

[362] *Notizen und Abfragen* , 1. Reihe, Bd. xii.

[363] Rev. Charles Rogers, LL. D., FSA, *Schottland, Soziales und Häusliches* .

[364] Alexandre Desrousseaux, *Mœurs populaires de la Flandre française* .

[365] *Gentleman's Magazine* , Bd. 252, S. 237. Januar 1882.

[366] Wuttke, S. 243.

[367] *Philadelphia Inquirer* , 24. Februar 1898.

[368] Eugene Schuyler, *Turkistan* , S. 29.

[369] Griffis, *Japan* , S. 187.

[370] *Journal of American Folk-Lore* , Bd. xp 272. 1897.

[371] Henderson, S. 206.

[372] Bd. 73, S. 41, 42. 1896.

[373] *Cornhill Magazine* , Bd. 76.

[374] Vortrag von Dr. DG Brinton am Lowell Institute, Boston, Mass., 9. November 1896.

[375] Elijah M. Haines, *The American Indian* , S. 416.

[376] DG Brinton, *Myths of the New World* , S. 307.

[377] Andree, *Ethnographische Parallelen* , S. 177.

[378] Herbert Spencer, *Principles of Sociology* , Bd. iii. P. 186.

[379] Rev. William Wyatt Gill, BA, *Mythen und Lieder aus dem Südpazifik* .

[380] L. Maria Child, *The Progress of Religious Ideas* , Bd. IP 276.

[381] Schuyler, *Turkistan* , S. 29.

[382] Isabella L. Bishop, *Among the Tibetans* , S. 104.

[383] Rev. JA Graham, MA, *On the Threshold of Three Closed Lands* , S. 76.

[384] G. Maspero, *Der Beginn der Zivilisation* . 1894.

[385] Professor EP Evans, *Popular Science Monthly* , November 1895.

[386] W. Crooke, BA, *Volksreligion und Volkskunde Nordindiens* .

[387] S. Baring Gould, *Legenden der Patriarchen und Propheten* .

[388] *Die katholische Welt* , Bd. iii. 1866.

[389] Brand's *Popular Antiquities of Great Britain* .

[390] *Enzyklopädie der Künste und Wissenschaften.* Philadelphia, 1798.

[391] Pedro Mexio, *The Treasurie of Auncient and Moderne Times* . 1613.

[392] *Legenden von Island* , gesammelt von Jón Arnason, 2. Serie, S. 646.

[393] Edward B. Tylor, *Primitive Kultur* .

[394] *Temple Bar* , Bd. 43. 1875.

[395] *Wörterbuch der okkulten Wissenschaften.*

[396] William S. Walsh, *Handy-Book of Literary Curiosities* .

[397] Edward William Lane, *Die modernen Ägypter* .

[398] James Owen Dorsey, „A Study of Siouan Cults", *Elfter Jahresbericht des Bureau of Ethnology* , Washington, DC

[399] Lady Wildes *alte Heilmittel, Zauber und Gebräuche Irlands* .

[400] M. l'Abbé Bertram, *Dictionnaire de toutes les religions* .

[401] *Cornhill Magazine* , Bd. 76.

[402] Marke, Bd. IP 361.

[403] CF Gordon-Cumming, *At Home in Fiji* , S. 105.

[404] E. Henry Carnay, *Litterature orale de la Picardie* . Paris, 1883.

[405] Ernst Meier, *Deutsche Sagen, Sitten und Gebräuche aus Schwaben* . Stuttgart, 1852.

[406] François Lenormant, *Chaldäische Magie* .

[407] Adolf Erman, *Leben im alten Ägypten* , S. 351.

[408] F. Chabas, *Le calendrier des jours fastes et néfastes et de l'année egyptienne* , S. 124.

[409] M. Court de Gebelin, *Monde primitiv* , vol. iv. Paris, 1776.

[410] Jean Baptiste Thiers, *Traité des superstitions* . Paris, 1679.

[411] *Historia litteraria* , Bd. ii. London, 1731.

[412] Monsieur Danet, *Ein Wörterbuch der griechischen und römischen Altertümer* . London, 1700.

[413] Chabas, S. 124.

[414] Rev. Edward Cockayne, MA, *Leechdoms, Wortcunning und Starcraft of Early England* .

[415] Brands *populäre Antiquitäten* .

[416] Dr. C. Edward Sachan, *The Chronology of Ancient Nations* . London, 1879.

[417] Israel Abrahams, MA, *Jüdisches Leben im Mittelalter* , S. 184.

[418] Bowring, *Siam* , Bd. IP 158.

[419] Mallets *nördliche Altertümer* .

[420] Mallet, S. 426.

[421] Clifford Howard, *Sex Worship* , S. 119.

[422] Mélusine, Band IV. 1888-89.

[423] Cockayne, Bd. iii. P. 163.

[424] „Popular Superstitions", *Gentleman's Magazine Library* , Bd. ich.

[425] William Jones, *Credulities Past and Present* .

[426] TF Thiselton Dyer, *British Popular Customs* .

[427] Isaac Disraeli, *Curiosities of Literature* , Bd. IP 280.

[428] Sir William Muir, KCSI, *The Life of Mahomet* .

[429] John J. Pool, *Studies in Mohammedanism* , S. 103.

[430] M. l'Abbé Bertrand, *Dictionnaire universal de toutes les religions* .

[431] Thomas Patrick Hughes, BD, MRAS, *A Dictionary of Islam* .

[432] SS Thorburn, *Bannú* .

[433] Israel Abrahams, MA, *Jüdisches Leben im Mittelalter* , S. 186.

[434] Gerald Massey, *The Natural Genesis* , Bd. ii. P. 298.

[435] Moritz Busch, *Deutscher Volksglaube* .

[436] Rogers, Bd. iii. P. 278.

[437] Lady Wilde, *Ancient Legends, Mystic Charms, and Superstitions of Ireland* , S. 136.

[438] Lady Wilde, *Alte Heilmittel, Zauber und Gebräuche Irlands* .

[439] PG Heims, *Seespuk* , S. 135.

[440] Wilhelm Kolbe, *Hessische Volks-Sitten und Gebräuche* .

[441] *Shropshire Folk-Lore* , S. 260.

[442] „Wily Beguiled", Hawkins's *English Drama* , Bd. iii. P. 356.

[443] Dr. Adolf Wuttke, *Der deutsche Volksaberglaube* . Berlin, 1869.

[444] EL Rochholz, *Altdeutsches Bürgerleben* , S. 52, 53.

[445] Wlislocki, *Aus dem Volksleben der Magyaren* , S. 68.

[446] *Zeitschrift des Vereins für Volkskunde* , Bd. iv. P. 307. 1894.

[447] Giuseppe Pitré, *Usi e costumi, credenze e pregiudizi del popolo Siciliano* . 1889.

[448] M. Jean-François Bladé, *Contes populaires de la Gascogne* . Paris, 1886.

[449] M. l'Abbé Migne, *Dictionnaire des superstitions populaires* .

[450] Giuseppe Pitré, *Il venerdi nelle tradizioni popolari Italiane* .

[451] Busch, *op. cit.*

[452] *Eine Welt voller Wunder* , herausgegeben von Albany Poyntz.

[453] *Zeitschrift für deutsche Mythologie* , iv. 147.

[454] *Boston Herald* , 1. Mai 1898.

[455] WRS Ralston, MA, *Russische Volksmärchen* .

[456] Larousse, *Grand Dictionnaire Universel* .

[457] MD Conway, *Demonology and Devil-Lore* .

[458] Fr. Noel, *Wörterbuch der Fabel* .

[459] Danet's *Dictionary of Greek and Roman Antiquities* . London, 1700.

[460] Andrew Lang, *Brauch und Mythos* .

[461] Ermete Pierotti, *Bräuche und Traditionen Palästinas* .

[462] *Journal of American Folk-Lore* , Bd. X. Nr. 39, S. 274. 1897.

[463] Lelands *Zigeunerzauberei* .

[464] Brewer's *Dictionary of Miracles* .

[465] Rev. Walter Gregor, MA, *Anmerkungen zur Volkskunde im Nordosten Schottlands* .

[466] Hulme, *Natural History Lore and Legend* , S. 241.

[467] Thorpe, ii. P. 84.

[468] Schuyler, *Turkestan* , S. 30.

[469] Edward Jewitt Robinson, *Tales and Poems of South India* , S. 378.

[470] E. Rolland, *Faune populaire de la France* . Paris, 1877.

[471] Wuttke, S. 118.

[472] Wuttke, S. 276.

[473] Dr. Joseph Virgil Grohmann, *Aberglauben und Gebräuche aus Böhmen und Mähren* , S. 232.

[474] *Encyclopédie theologique* , Band „Sciences occultes“.

[475] John Thrupp, *The Angelsaxon Home* . London, 1852.

[476] *Leechdoms, Wortcunning und Starcraft* , herausgegeben von Rev. Oswald Cockayne.

[477] Francis Lenormant, *Chaldäische Magie und Zauberei* .

[478] Francis Rous, *Archæologiæ Atticæ* . London, 1635.

[479] Grohmann, *Apollo Smintheus* , S. 60.

[480] Grohmann, *Aberglauben* , Bd. IP 59.

[481] Grohmann, *Aberglauben* , Bd. IP 61.

[482] Thomas Gage, *Eine neue Übersicht über die Westindischen Inseln* . London, 1677.

[483] Rev. Hilderic Friend, *Flowers and Flower-Lore* , S. 554.

[484] John Henry Gray, MA, LL. D., *China* , S. 169.

[485] Martin Frederick Blumber, *Eine Geschichte der Amulette* .

[486] Richard Folkard, Jr., *Plant-Lore* , S. 160.

[487] *Der Buddhismus Tibets.*

[488] *Die Nation.* 15. Juni 1866.

[489] RT Hampson, *Medii Ævi Kalendarium* . Siehe auch Artikel von WW Newell im *Journal of American Folk-Lore* , Bd. v. Nr. 14.

[490] Anthons *klassisches Wörterbuch* .

[491] Garnett, S. 340.

[492] Lucy MJ Garnett, *The Women of Turkey* , S. 286.

[493] Jean Frederic Bernard, *Superstitions anciennes et modernes* , Band ip 101. 1733.

[494] Scot's *Discoverie of Witchcraft* .

[495] *Der Folklorist* , Bd. ich. Juli 1893.

[496] William Jones, *Credulities Past and Present* .

[497] JB Thiers, *Traité des superstitions* .

[498] W. Crooke, BA, *Nordindische Volkskunde* .

[499] *Folklore.* Juni 1896.

[500] WW Newell, *Journal of American Folk-Lore* , Nr. 16. 1892.

[501] MD Conway, *Demonology and Devil-Lore* .

[502] James M. Campbell, *Anmerkungen zur geistigen Grundlage von Glauben und Sitte* .

[503] *Bulletin der Societé d'Ethnographie.* Juli 1887.

[504] Rev. JG Wood, MA, *Die unzivilisierten Rassen der Menschen* .

[505] *Die okkulten Wissenschaften* , aus dem Französischen von Eusebe Salverte.

[506] *Journal of American Folk-Lore* , Nr. 13. 1891.

[507] L. Lalanne, *Curiosités des traditions* . Paris, 1847.

[508] EP Evans, *Atlantic Monthly* , Bd. 54. 1884.

[509] W. Lander Lindsay, MD, *Geist in den niederen Tieren* .

[510] Baniers *Mythologie* .

[511] JB Thiers, *Traité des superstitions* .

[512] Louis Duval, *Rôle des croyances populaires dans la Protection des animaux* . 1889.

[513] *The Student and Intellectual Observer* , Bd. iii. 1869.

[514] Rev. G. Oliver, DD, *Das Pythagoräische Dreieck* .

[515] Plinius, *Naturgeschichte* , Buch xxviii.

[516] *Jahrhundertwörterbuch.*

[517] Sir John Bowring, FRS, *The Kingdom and People of Siam* , vol. IP 139.

[518] Mallets *Northern Antiquities* , S. 112.

[519] Folkard, S. 377.

[520] Robert Vilvain, aus Excester, *Enchiridium Epigrammatum* , S. 148. 1654.

[521] T. Wain, *Die wunderbare Nummer Sieben* .

[522] Charles De B. Mills, *Der Baum der Mythologie* .

[523] *The International Cyclopædia* , Bd. xiii. P. 360.

[524] Smith's *Dictionary of the Bible* , Art. "Sieben."

[525] F. Lenormant, *Chaldäische Magie und Zauberei* .

[526] *Enchiridium Epigrammatum* , S. 141. 1654.

[527] T. Wain, *Die wunderbare Nummer Sieben* .

[528] S. Pancoast, MD, *The Kabbala* , S. 247.

[529] *The National Review* , Bd. xxi. P. 199. 1893.

[530] D. Person, *Sorten* .

[531] *Das ganze Jahr über* , Bd. iii. 1870.

[532] Cockayne, Bd. ii. P. 335.

[533] Crooke, S. 199.

[534] Campbell, *Spirit Basis of Custom and Belief* , S. 208.

[535] *Der Pfiff der Times.*

[536] Fräulein Helene Raff.

[537] *Leechdoms, Wortcunning und Starcraft* , herausgegeben von Rev. Oswald Cockayne.

[538] *Archæologia* , Bd. xxx. P. 427. 1844.

[539] *Celtic Magazine* , Bd. viii. P. 252.

[540] William G. Black, *Volksmedizin* .

[541] *Soziales Leben in Schottland* , vol. iii. P. 227.

[542] CG Leland, *Zigeunerzauberei* .

[543] *Das Kloster* , Band xii. P. 771; Thorpe's *Northern Mythology* , Bd. IP 227; Grimms *teutonische Mythologie* , Bd. ich. S. 272 *ff.*

[544] Gerald Massey, *Luniolatry* , p. 17.

[545] JB Salgues, *Des erreurs et des préjuges* .

[546] *Zeitschrift des Vereins für Volkskunde* , Bd. iv. P. 250. 1894.

[547] *Boston Transcript* , 30. Dezember 1897.

[548] Generalchirurg Edward Balfour, *The Encyclopædia of India* .

[549] *Journal of American Folk-Lore* , Nr. 17. April 1892.

[550] Brewers' *Dictionary of Phrase and Fable* .

[551] *Das Jahrhundertwörterbuch.*